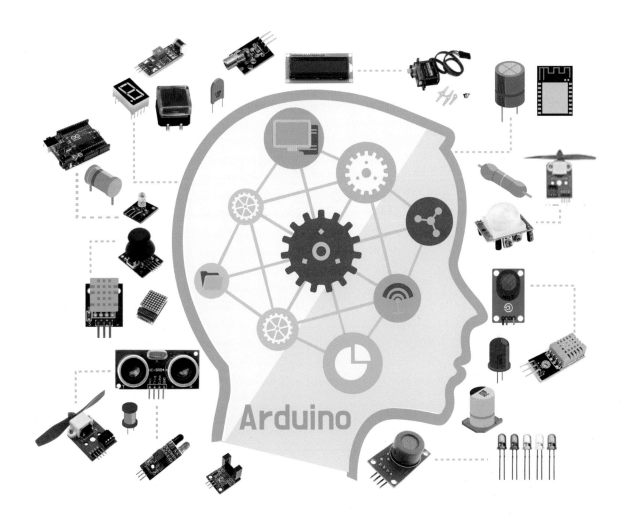

Arduino

생각하고 만드는
아두이노

틴커캐드로 배우는 사물인터넷 체험 학습
다양한 프로젝트 활용과 융합적 사고와 문제 해결 능력 키우기

생각하고 만드는

아두이노

틴커캐드로 배우는 IoT 사물인터넷 체험 학습

초판 1쇄 발행 | 2022년 01월 28일

지은이 | 오승석
펴낸이 | 김병성
펴낸곳 | 앤써북

출판사 등록번호 | 제 382-2012-0007 호
주소 | 파주시 탄현면 방촌로 548
전화 | 070-8877-4177
FAX | 031-942-9852
도서문의 | 앤써북 http://answerbook.co.kr

ISBN | 979-11-85553-92-4 13000

[안내]
• 이 책은 다양한 전자 부품을 활용하여 예제를 실습할 수 있습니다. 단, 전자 부품을 잘못 사용할 경우 파손 외 2차적인 피해가 발생할 수 있으니, 실습 시 반드시 책에서 표시된 내용을 준수하여 사용해야 함을 고지합니다.
• 이 책에 내용을 기반으로 실습 및 운용 결과에 대해 저자, 소프트웨어 개발자 및 제공자, 앤써북 출판사, 서비스 제공자는 일체의 책임지지 않음을 안내드립니다.
• 이 책에 소개된 회사명, 제품명은 각 회사의 등록 상표 또는 상표이며 본문 중 TM, ⓒ, ® 마크 등을 생략하였습니다.
• 이 책은 소프트웨어, 플랫폼, 서비스 등은 집필 당시 신 버전으로 설명하였습니다. 단, 독자의 학습 시점에 따라 책의 내용과 일부 다를 수 있습니다.

이 책의 예제 파일 실행에 문제가 없는 것을 편집부와 저자가 확인했습니다. 하지만 사용자의 실습 환경, 소프트웨어 버전 등에 따른 사용 결과 시 문제가 발생하더라도 모든 손해에 대해 저자 및 출판사에서는 그 어떤 책임을 지지 않기 때문에 사용자 본인 책임 아래 사용해주시기 바랍니다.

Preface
머리말

오늘 수업은 창의력 수업입니다!

"오늘은 창의력을 키우는 수업을 해보겠습니다. 제시된 문제를 해결하기 위한 창의적인 아이디어를 자신의 연습장에 적어보세요."라는 설명을 듣고 학생들은 하나둘 연습장에 작성하기 시작합니다. 연습장 한 면을 빼곡히 채우는 학생이 있는 반면에 연습장이 깨끗한 학생들도 있었죠. 해당 수업을 진행하면서 '새로운 아이디어를 연습장에 작성만 하면 창의적 사고가 향상될 수 있을까?' 하는 의문점이 생겼습니다. 이 의문점을 해결하기 위한 고심 끝에, '학생들이 주도적으로 문제점을 발견해서 해결 방법을 찾아 그 결과물을 눈으로 확인하고, 또 다른 문제점은 없는지 스스로가 고민해 보는 피드백을 통해 결과물을 보완하면서 성공의 기쁨을 주면 어떨까?'라는 생각을 하게 되었습니다. 이러한 생각들의 말미로 디자인 싱킹(Design Thinking) 기법과 아두이노(ARDUINO)를 찾아 수업에 적용해 보았습니다.

필자는 교육경력 24년 차인 기술 교사입니다. 디자인 싱킹 기법은 학생들이 이해하기에 부담 없이 수업 활동에 바로 적용할 수 있었지만, 아두이노는 생소한 영역이기에 적용하기 쉽지 않았습니다. 그래서 좀 더 쉬운 접근법을 찾기 위해 전국에서 열린 아두이노 강의를 찾아가서 직접 듣고, 인터넷과 다양한 서적 등을 참고하면서 학습 과정을 체계화하였습니다. 이를 통해 학생들이 아두이노의 원리와 알고리즘을 빠르게 이해하고, 협업을 통한 프로젝트 문제 해결 능력을 키우는 데 도움이 되고자 이 책을 집필하게 되었습니다.

이 책은 아두이노 이해, 브레드보드 사용법, 통합 개발 환경 이해, 기본 코딩 이해, C언어 문법 이해를 통한 응용, 각종 전자 부품 원리와 제어, 여러 부품 융합하기 등으로 구성되어 있습니다. 본문에 삽입된 아두이노와 부품 회로 구성은 틴커 캐드(https://www.tinkercad.com) 프로그램을 활용하여 구성하였으며, 틴커 캐드 프로그램에서 제공되지 않은 부품은 필자가 직접 이미지를 제작하여 회로 구성을 하였습니다.

이 책을 통해 독자 여러분이 아두이노를 다양한 프로젝트에 활용하면서 융합적인 사고 역량과 문제 해결 능력을 키우며, 쓸모있는 가치를 창출할 수 있는 발판으로 삼기를 바랍니다.

저자 씀

Reader Support Center

독자 지원 센터

독자 지원 센터는 이 책을 보는데 필요한 책 소스 파일, 독자 문의 등 책을 보는데 필요한 사항을 지원합니다.

책 소스 및 프로젝트 파일

이 책과 관련된 실습 소스 및 프로젝트 파일은 앤써북 카페(answerbook.co.kr)의 [도서별 독자 지원 센터]–[생각하고 만드는 아두이노] 게시판을 클릭합니다. 4051번 "〈생각하고 만드는 아두이노〉 책 소스입니다." 게시글을 클릭한 후 안내에 따라 다운로드 받으시면 됩니다.

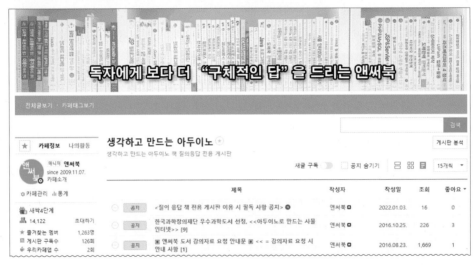

독자 문의

이 책과 관련된 실습 소스 및 프로젝트 파일은 앤써북 카페(answerbook.co.kr)의 [도서별 독자 지원 센터]–[생각하고 만드는 아두이노] 게시판을 클릭합니다.

우측 아래의 [글쓰기] 버튼을 클릭한 후 제목에 다음과 같이 "[문의] 페이지수, 질문 제목"을 입력하고 궁금한 사항은 아래에 작성 후 [등록] 버튼을 클릭하여 등록합니다. 등록된 질의글은 저자님께서 최대한 빠른 시간에 답변드릴 수 있도록 안내합니다.

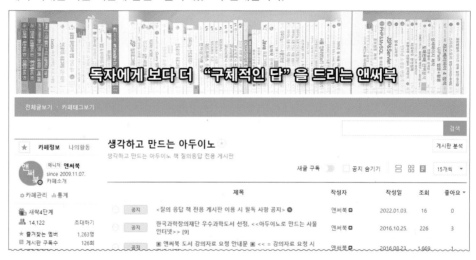

Hands-on supplies

이 책의 실습 준비물

다음은 이 책에서 아두이노 실습 시 사용하는 부품의 목록입니다. 다음 부품 그림은 독자의 편의를 위해 제공하는 부품 목록이며, 제품 제작 업체에 따라 상이할 수 있음을 안내드립니다.

번호	부품	부품번호	수량(개)	번호	부품	부품번호	수량(개)
❶	아두이노 우노 R3		1	⓮	PIR 센서	HC-SR501	1
	아두이노 우노 케이블		1	⓯	피에조 버저	수동 버저	1
❷	저항	10K옴	5	⓰	토양 수분 센서	FC-28	1
		220옴	20	⓱	7세그먼트	애노드 타입	1
		330옴	20			캐소드 타입	
❸	LED	(빨강,흰색,파랑,녹색,빨강)	30	⓲	RTC 모듈	DS1302 RTC 모듈	1
❹	조도센서		1	⓳	도트 매트릭스	MAX7219	1
❺	서보모터	SG 90	3	⓴	사운드 센서	LM393	1
❻	버튼		8	㉑	알코올 센서	MQ-3	1
❼	외부전원	9V 건전지(알카라인)	1	㉒	DC 모터	L9110 FAN MODULE	1
		9V배터리전용어댑터클립	1	㉓	진동 센서	801S	1
❽	초음파센서	HC-SR04	2	㉔	적외선 근접 센서	FC-51	1
❾	점퍼선	수수선(23cm)	30	㉕	휨 센서	SEN-10264	1
		암수선(23cm)	30	㉖	포토 인터럽터 센서	FC-33	1
❿	온습도센서	DHT11	1	㉗	레이저 센서	KY-008	1
⓫	I2C LCD		1	㉘	조이스틱	DM-101	1
⓬	RGB LED	캐소트 타입 RGB LED	1	㉙	브레드 보드		1
⓭	온도센서	LM 35	1				

[실습 부품 구매 방법]

다음은 이 책의 실습 시 사용된 부품 목록입니다. 각각의 부품은 다음 그림처럼 네이버 검색 창에서 "부품명" 또는 "부품번호"를 검색한 후 부품, 가격, 판매처 등의 비교를 통해 가장 적합한 부품을 본인 책임 아래 구매하면 됩니다.

N HC-SR04	✉ ▾ Q

전체 부품 중 자신에게 필요한 부품만 본인 책임 아래 선택적으로 구매할 수 있습니다. 또한 이 책의 실습에는 다음 그림처럼 필요한 준비물이 표기되어 있기 때문에 실습을 원하는 작품에 맞는 부품만 선별적으로 구매해도 됩니다. 부품 선택에 따라 손해가 발생하더라도 저자 및 출판사에서는 그 어떤 책임을 지지 않기 때문에 사용자 본인 책임 아래 구매해주시기 바랍니다.

LCD에 초음파 센서 측정 값 출력해 보기	
학습 목표	매개변수는 없고 반환 값이 있는 Distance() 함수를 선언하고, 매개변수와 반환 값이 모두 없는 Lcd() 함수를 선언하여 측정값을 LCD에 출력해 보기
준비물	I2C LCD 모듈 1개, 초음파 센서(HC-SR04) 1개, 점퍼선 10개

Contents
목차

02 아두이노 기본 문법 익히기

Contents

목차

03 아두이노 실력 키우기

Contents

목차

Contents

목차

Contents

목차

01

아두이노(Arduino)
기초 익히기

Arduino

01 _ 01 아두이노(Arduino) 이해하기

아두이노란?

아두이노는 ATmega328 칩을 기반으로 마이크로컨트롤러를 내장한 기기 제어용 보드로, 컴퓨터 메인 보드를 단순화시킨 소형 컴퓨터라고 할 수 있습니다. 이에 다양한 센서나 전기 · 전자 부품 등의 장치를 연결하고, USB 커넥터를 사용하여 컴퓨터와 연동시킵니다. 이후 통합 개발 환경(IDE)에서 작성한 프로그램을 아두이노에 업로드하여 사용자가 원하는 방향으로 장치들이 작동되는지 확인할 수 있습니다.

아두이노 우노 보드의 스펙

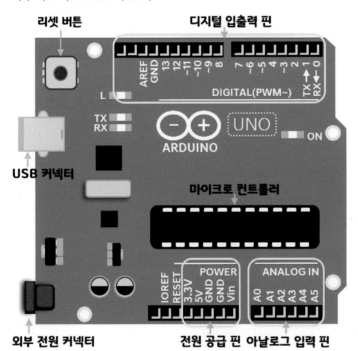

ARDUINO UNO

- 마이크로컨트롤러: ATmega328
- 입력 전압: 7V~12V
- 플래시 메모리: 32KB
- 동작 전압: 5V
- 리셋 버튼: 아두이노에 업로드된 프로그램을 처음부터 다시 시작하고 싶을 때 사용하는 버튼입니다.
- 디지털 입출력 판: 14개(0~13) ⇒ PWM(~3, ~5, ~6, ~9, ~10, ~11) 핀은 아날로그 출력 핀으로도 사용합니다.
- 아날로그 입력 핀 : 6개(A0~A5), 스케치 코드 작성 시 A0는 0, A1은 1, A2는 2, A3는 3, A4는 4, A5는 5로 사용 가능합니다.
- A0 ~ A5는 디지털 핀 14 ~19번의 입출력 핀으로 사용 가능합니다.
- GND: 접지 핀
- Vin: 외부전원 공급

아두이노 개발 환경 설치하기

Step01 먼저 아두이노 통합 개발 환경(IDE) 프로그램을 다운로드해야 합니다. 아두이노 홈페이지(https://www.arduino.cc)에 접속해서 좌측 상단 메뉴 탭의 SOFTWARE를 클릭합니다.

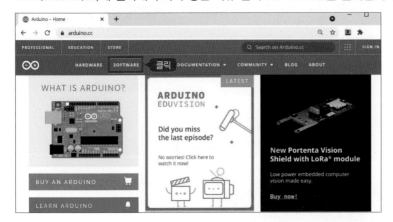

Step02 DOWNLOAD OPTIONS 아래 Windows win 7 and newer를 클릭합니다. Arduino IDE 버전은 업그레이드되기 때문에 책과 다를 수 있습니다. 필자가 다운로드할 때의 버전은 Arduino IDE 1.8.15입니다. 최신 버전을 다운로드 받으면 됩니다.

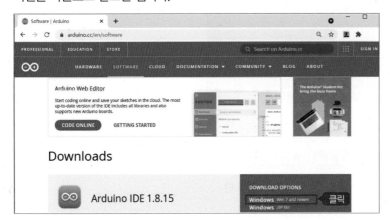

Step03 중앙 하단에 보이는 JUST DOWNLOAD를 클릭합니다.

Step04 다운로드한 arduino-1.8.15-windows 설치 프로그램을 실행합니다. 다음과 같은 화면이 나타나면 I Agree 버튼을 클릭해 설치를 시작하세요.

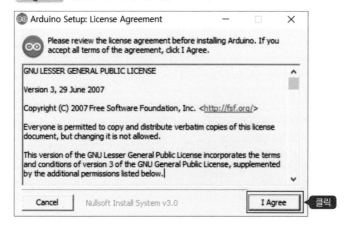

Step05 다음과 같은 화면이 나타나면 Next 버튼을 클릭해 주세요.

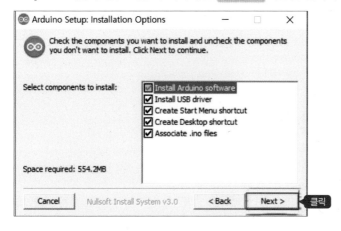

Step06 설치할 폴더가 표시됩니다. 다른 폴더를 선택하려면 Browse... 버튼을 클릭해 변경하고, 그렇지 않으면 Install 버튼을 클릭해 주세요.

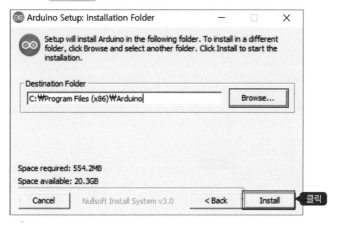

Step07 설치가 진행되는 화면이 나타납니다.

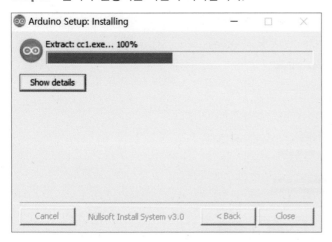

Step08 설치 마지막 단계에 Arduino USB Driver 소프트웨어 설치 화면이 나타납니다. 항상 신뢰(A)에 ☑ (체크) 하시고, 설치(I) 버튼을 클릭해 주세요.

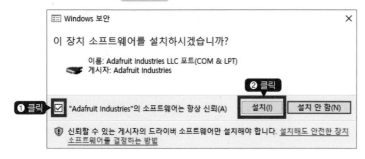

Step09 설치가 완료되면 다음과 같은 화면이 나타납니다. Close 버튼을 클릭해 주세요. 설치가 끝났습니다.

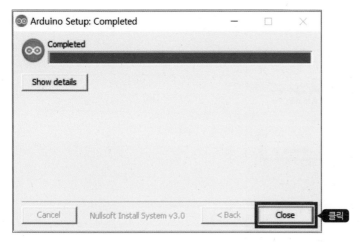

Step10 설치가 잘 되었는지 확인하기 위해서는 USB 케이블을 아두이노와 컴퓨터에 연결한 후, 내 PC에서 마우스 오른쪽 버튼을 누른 다음 장치 관리자를 클릭하면 아래 화면이 나타납니다. 포트(COM & LPT) 하단에 Arduino Uno(COM 4)가 보이면 설치 성공입니다. COM 포트 뒤 숫자는 컴퓨터 환경에 따라서 다릅니다.

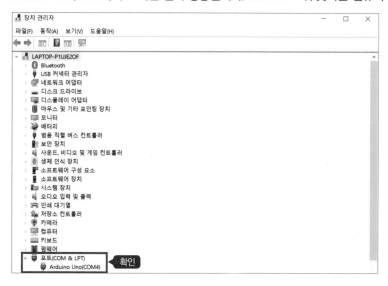

아두이노 통합 개발 환경(IDE) 메뉴 알아보기

아두이노 통합 개발 환경(IDE) 메인 화면

❶ 메인 툴바(Main Tool Bar) : 중요하게 많이 쓰이는 기능이나 명령을 메뉴와 아이콘으로 표시한 곳입니다.

　　✓ 컴파일: 편집 창에 작성된 스케치 코드를 확인합니다.

　　→ 업로드: 스케치 코드를 컴파일한 뒤, 컴퓨터에 연결된 아두이노 보드로 스케치 코드를 업로드합니다.

　　📄 새 파일: 스케치 코드를 작성할 수 있는 새로운 문서 탭을 생성합니다.

　　📂 열기: 컴퓨터에 저장된 스케치 코드를 불러올 때 사용합니다.

　　💾 저장: 작성 중인 스케치 코드를 컴퓨터나 USB에 저장합니다.

　　🔍 시리얼 모니터: 시리얼 통신을 통해서 센서들의 값을 표시하거나, 아두이노에 명령을 내릴 수 있습니다.

❷ 탭 목록(Tab List) : 스케치 코드 작업 창을 알리는 곳입니다.

❸ 텍스트 편집기(Text Editor) : 스케치 코드를 작성하는 곳입니다.

❹ 콘솔(Console) : 컴파일시 스케치 코드의 상태(정상 or 에러)를 나타내는 곳입니다. 이를 활용해 코드 내의 오류가 있는 부분을 찾아낼 수 있습니다.

※ 컴파일(Compile) : 사람이 이해하는 언어(C, C++, Python 등)로 작성된 프로그램을 컴퓨터가 쉽게 이해할 수 있는 언어로 바꿔주는 과정입니다.
※ 스케치(Sketch) : 아두이노 통합 개발 환경(IDE)을 사용하여 작성된 프로그램입니다. (파일 확장자 : ***.ino)

아두이노 스케치 단축키

단축키	설명	단축키	설명
Ctrl + D	라인 삭제	Ctrl + A	전체 선택
Ctrl + R	컴파일	Ctrl + Shift + D	다른 이름으로 저장
Ctrl + U	업로드	Ctrl + T	자동 줄 맞춤
Ctrl + Slash	주석	Ctrl + Shift + M	시리얼 모니터
Ctrl + N	새로운 파일	Ctrl + O	열기
Ctrl + S	저장	Ctrl + Shift + S	다른 이름으로 저장
Ctrl + C	복사	Ctrl + V	붙이기
Ctrl + Z	되돌리기	Ctrl + Y	되돌리기 이전

아두이노 스케치 글꼴 바꾸기

스케치 → 파일 메뉴 클릭 → 환경설정 클릭 → 하단에 있는 preferences.txt 클릭 → preferences 더블 클릭 → 편집 클릭 → 찾기 클릭 → font 쓰고, 다음 찾기 클릭→ Monospeed를 D2Coding로 바꾸기 → 파일 클릭 → 저장(저장 시에는 열려 있는 스케치 프로그램을 닫고 실행하기)

※ D2Coding은 무료로 다운로드 받을 수 있습니다.

아두이노 스케치 코드 동작 알아보기

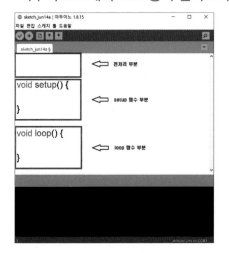

```
int led = 13;          전처리(setup과 loop문에 관
                       여한다.)
void setup() {         최초 한 번만 실행
  문장 1               프로그램 진행 순서
  문장 2               문장 1 → 문장 2 → 문장 3 →
  문장 3               loop로
}
void loop() {          무한 반복 실행
  문장 4               프로그램 진행 순서
  문장 5               문장 4 → 문장 5 → 문장 6 →
  문장 6               문장 4 → 문장 5 → 문장 6 →
}                      ∞
```

❝ 스케치 코드 작성 시 void setup()과 void loop() 함수 2개는 반드시 작성해 주어야 코드가 실행됩니다.

전처리

컴파일하기 이전에 미리 처리되는 문장으로, 선행 처리라고도 합니다. 일반적으로 스케치 코드를 변경하기 쉽게 만들기도 하며, setup() 함수, loop() 함수, 다른 함수에 모두 관여하기 위해서 사용됩니다. 예를 들어 전처리 부분에 int led = 13이라는 전역 변수 led를 선언하면, void setup()과 void loop() 함수에 이미 선언된 전역 변수 led를 그대로 사용할 수 있게 되며, 이 변수에 디지털 13번 핀을 담고 있습니다. 이때 회로 구성을 위해서 다른 디지털 핀을 사용하고자 할 때는 전처리 부분에 있는 13을 12로 변경하면, void setup()과 void loop() 함수의 전역 변수 led에 담고 있는 13번 핀이 디지털 12번 핀으로 쉽게 바뀌어 사용할 수 있게 됩니다.

예 전처리문 예시: #include, #define, 데이터 타입, 라이브러리 등

setup( ) 함수

setup() 함수는 스케치를 시작할 때 불러오며, 이곳에 아두이노 하드웨어 설정, 변수 및 핀 모드 설정, 라이브러리 사용 시작 등을 명령어로 작성합니다. 아두이노 보드에 스케치 코드를 업로드하여 스케치가 시작되면 한 번만 실행됩니다. 사용자가 프로젝트 진행 시 setup() 함수 부분을 잘 활용하면 원하는 값을 얻는데 용이합니다.

사용 방법

```
void setup(){
  pinMode(11, OUTPUT);      //디지털 11번 핀에 연결하여 출력 핀으로 설정
  my_servo.attach(9);       //서보모터를 9번 핀에 연결
  digitalWrite(11, LOW);    //사용자가 원하는 프로젝트를 위한 사전 작업
  my_servo.write(0);        //사용자가 원하는 프로젝트를 위한 사전 작업
```

위 스케치 코드 분석하기

- 디지털 11번 핀에 연결된 장치를 꺼라
- 서보모터 작동 전에 회전 각도를 0°로 복귀

loop( ) 함수

전원이 공급되는 동안은 프로그램이 무한대로 반복하여 실행할 수 있게 하는 함수입니다. loop() 함수 안에 명령문은 코드로 멈추거나 전원을 공급하지 않는 이상, 처음부터 끝까지 반복 실행됩니다. 아두이노 보드를 능동적으로 제어하는 코드는 이 loop() 함수 안에 작성하여 사용하게 됩니다.

순차 구조

아두이노를 제어하는 명령문(스케치 코드)은 기본적으로 위에서 아래로 순차적으로 실행됩니다. 이처럼 정해진 순서에 따라 차례대로 명령문을 처리하는 구조를 '순차 구조'라고 합니다.

주석(Comment)

주석은 스케치 코드에서의 메모를 말하며, 컴파일 시에 컴퓨터가 읽지 않는 문장입니다. 개발자가 스케치 코드를 쉽게 이해할 수 있도록 사용하는 것이 목적입니다. 스케치 코드가 길고 복잡해지면 나중에 개발자가 어떤 명령(프로젝트)을 실행하기 위해서 코드를 작성했는지 착각할 수 있기 때문에 주석을 작성해 놓으면 코드를 이해하기가 수월해지며, 다른 개발자와 협업하는 데 있어서 소통이 원활해지는 이점이 있습니다.

> **사용 방법**
>
> // : 한 줄(line)에 대해 주석 처리를 할 때 사용
> /*(시작) */(끝) : 특정 영역에 대해 범위를 지정하여 주석 처리를 할 때 사용

브레드보드(Breadboard) 알아보기

브레드보드는 점퍼 선과 전기 · 전자 연결 단자에 직접 납땜을 하지 않고 간단하게 회로를 구성할 수 있게 도와주는 부품입니다.

- A 블록 30번 줄 abcde는 한 줄로 같이 연결되어 있습니다.(29번 줄과 30번 줄은 연결되어 있지 않습니다)
- B 블록 30번 줄 fghij는 한 줄로 같이 연결되어 있습니다.
- A 블록과 B 블록은 분리되어 있습니다. (즉, 연결되어 있지 않습니다)
- C 블록의 파란색 네모 박스는 한 줄로 연결되어 있습니다. (GND 연결)
- D 블록의 빨간색 네모 박스는 한 줄로 연결되어 있습니다. (5V 연결)
- C 블록과 D 블록은 분리되어 있습니다. (즉, 연결되어 있지 않습니다)
- 아래 이미지를 참고하여 회로 구성 시 사용합니다.

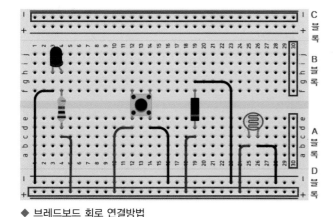

◆ 브레드보드 회로 연결방법

01 _ 02 아두이노(Arduino) 연결 확인하기

아두이노 코드 작성 및 업로드 하기

문제를 해결하기 위해 다음과 같은 절차로 진행합니다.

스케치 코드 작성하기 ➡ 아두이노 연결하기 ➡ 스케치 코드를 아두이노에 업로드 ➡ 결과 확인하기

Step01 스케치 코드 작성하기

학습 목표 함수 명령어를 이해하고 스케치 코드를 작성해 컴퓨터에 연결된 아두이노로 업로드한 후 작동 여부 확인해 보기

※ 아두이노의 디지털 13번 핀은 보드에 내장된 LED에서 출력을 확인할 수 있습니다.

문제 해결 프로그램 스케치 코드 작성하기

학습 목표에서 제시된 문제를 해결하기 위해 다음과 같이 스케치 코드를 작성합니다.

소스 파일명 : 02_01.ino

```
01 void setup() {              //코드 작성 시 대문자/소문자 구분하세요!
02   pinMode(13, OUTPUT);      // 디지털 13번 핀을 출력으로 설정
03 }
04
05 void loop() {
06   digitalWrite(13, HIGH);   // 디지털 13번 핀을 켜라
07   delay(1000);              // 1초 기다려라
08   digitalWrite(13, LOW);    // 디지털 13번 핀을 꺼라
09   delay(1000);              // 1초 기다려라
10 }
```

함수 명령어 이해하기

- pinMode: 특정 핀을 출력 또는 입력 모드로 설정하는 명령어입니다.

  예 사용법: pinMode(pin, mode); => pin은 설정하고자 하는 핀의 번호, mode는 INPUT(입력 모드) or OUTPUT(출력 모드)을 설정

- digitalWrite: 디지털 핀의 전압을 LOW 또는 HIGH로 설정하는 출력 명령어

  예 사용법: digitalWrite(pin, value); => pin은 제어하고자 하는 핀의 번호, value는 HIGH(1) = 켜짐(5V) or LOW(0) = 꺼짐(0V)

- delay: 지정된 시간 동안 아두이노를 멈추게 하는 명령어입니다.

  예 사용법: delay(ms); 시간에 들어갈 값은 ms 단위이므로, 1/1000초입니다. 따라서 1초를 표현할 때는 delay(1000), 0.2초를 표현할 때는 delay(200)로 표현할 수 있습니다.

- ; (세미콜론): 문장의 끝을 알리는 문자이며, 문장의 끝은 항상 세미콜론으로 마무리를 합니다.

digitalWrite() 함수에 사용된 vlaue값 이해하기

디지털 값	2진수	boolean	출력 전압
HIGH	1	true	5V
LOW	0	false	0V

Step02 아두이노 연결하기

1 컴퓨터와 아두이노 연결하기 _ USB케이블을 이용하여 컴퓨터와 연결합니다.

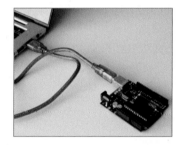

2 아두이노 우노 보드 선택하기 _ [툴]-[보드 "Auduino Uno"]로 선택합니다.

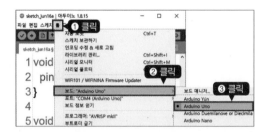

3 연결 포트 선택하기 _ 아두이노가 연결된 포트를 선택합니다.

※ 앞으로 실습 설명 시 아두이노 연결하기 과정 설명은 생략하겠습니다.

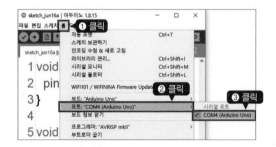

Step03 스케치 코드를 아두이노에 업로드 및 확인하기

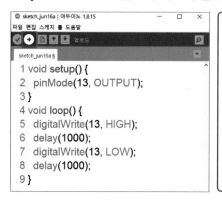

- Ctrl +U 를 누르거나 업로드 버튼(🔜)을 눌러 아두이노에 스케치 코드를 업로드하면, 스케치를 컴파일한 다음 이상이 없으면 업로드 완료가 됩니다.

- 아두이노에 내장된 디지털 13번 핀 LED에서 1초씩 켜졌다 꺼지기를 반복하는 깜박거림을 확인할 수 있습니다.

전기 신호 이해하기

디지털 신호(Digital Signal)

디지털 신호는 물리적인 양을 0과 1로 출력해 주는 신호입니다. 디지털 신호 '0'은 아두이노에서 0V, OFF, LOW 값으로 표현하며, 디지털 신호 '1'은 5V, ON, HIGH 값으로 표현합니다. 이들은 시간의 흐름에 따라 중간값을 가질 수가 없기 때문에 불연속적인 신호라고 합니다. 아두이노 보드의 동작 전압에는 5V와 3.3V가 공급되는데, 이때 5V에서 HIGH의 값은 5V, LOW의 값은 0V이며, 3.3V에서 HIGH의 값은 3.3V, LOW의 값은 0V가 됩니다. 아두이노 보드에서 공급되는 전압에 따라서 HIGH의 공급 전압이 달라진다는 점을 고려하여 회로의 구성을 완성해야 합니다.

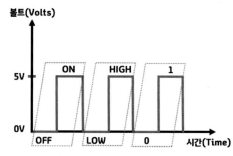

◆ 디지털 신호

Digital	Arduino		
0	OFF	LOW	0V
1	ON	HIGH	5V

◆ 디지털 신호와 아두이노

아날로그 신호(Analog Signal)

아날로그 신호는 디지털 신호의 0과 1에서 그 사이의 값을 시간의 흐름에 따라 연속적인 값으로 표현할 수 있습니다. 예를 들어 아두이노에서 5V 전원이 공급되었을 때의 디지털 신호 '0'은 0V이며 '1'은 5V이므로, 아날로그 신호에서 0V는 0, 5V는 1023에 비례하여 구분된 값으로 변환 후 전자 부품을 세부적으로 제어할 수 있습니다.

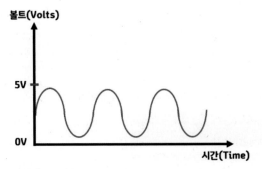

◆ 아날로그 신호

10bit ADC (Analog to Digital Converter)를 통해 아날로그 신호를 디지털 핀에서 출력하여 사용할 수 있습니다. 이때 PWM(Pulse Width Modulation, 주파수 변조) 기능을 사용합니다. (10bit, $2^{10} = 1,024$개, PWM, $2^8 = 0{\sim}255$)

전압 · 전류 · 저항 이해하기

아두이노를 사용하기 위해서는 간단한 전기 회로를 구성해야 하는데, 이때 사용되는 것이 옴의 법칙입니다. 옴의 법칙(Ohm's law)은 전기 회로에서 전압, 전류, 저항 간의 관계를 계산해 안전한 회로를 구성하는데 필요한 공식입니다.

전압(V) = 전류 (I) × 저항(R)

구분	기호	단위
전압	V(Voltage)	V(볼트)
전류	I(Intensity)	A(암페어)
저항	R(Resistance)	Ω(옴)

◆ 옴의 법칙 구성

◆ 옴의 법칙 관계도

사용 방법

다음 사진에서 보면, 아두이노에서 5V를 LED +극에 공급해 주는 회로를 구성했을 때 과연 LED는 어떤 반응을 보일까요? 아마도 LED는 시간이 지나면 지날수록 밝기를 잃어가면서 꺼지게 될 것입니다. LED의 보통 필요 전압이 1.7V에서 3.5V 사이의 값이 필요한데, 5V가 공급되었기 때문에 LED에 과전압이 걸리게 되어 시간이 지날수록 타버리게 되는 것입니다.

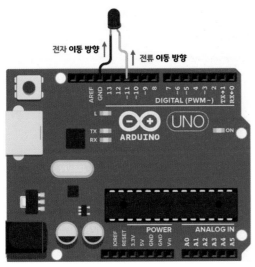

전자 **이동 방향** ↑   ↑ **전류 이동 방향**

◆ 아두이노 회로 구성

문제 해결 방법

LED에 정격 전압이 1.8V이고 사용 전류가 20mA라고 한다면, 직렬 회로 구성의 모든 구간에서는 전류가 일정합니다.

R = V/I = (5−1.8)/0.02 = 160Ω 입니다. (20mA = 0.02A),

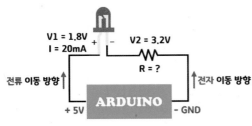

V1 = 1.8V
I = 20mA

V2 = 3.2V

R = ?

전류 **이동 방향** ↑   ↑ **전자 이동 방향**

+ 5V   ARDUINO   − GND

◆ 아두이노 회로 구성

※결론 : LED는 반드시 저항과 함께 회로 구성을 해야 합니다.
※참고 : LED는 색상별로 정격전압이 달라지므로 데이터 시트를 참고하세요!

저항값 읽는 방법 이해하기

저항은 전류의 흐름을 방해하는 소자로, 회로 구성 시 많이 사용하는 부품입니다. 극성이 존재하지 않기에 회로를 구성할 때 전자 부품(예, LED) (+)극이나 (−)극 어디에 연결해도 가능한 특징을 가지고 있습니다. 저항은 겉면에 띠를 두르고 있으며, 각각의 띠 색에는 값이 정해져 있기 때문에 아래 색상표를 활용하여 저항값을 읽을 수 있습니다.

띠색	값	띠색	값
검은색	0	파란색	6
갈색	1	보라색	7
빨간색	2	회색	8
주황색	3	흰색	9
노란색	4	금색	±5%(오차)
초록색	5	은색	±10%(오차)

◆ 저항 색상표

사용 방법

4색 띠 _ $ab \times 10^c$ ±오차

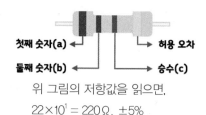

첫째 숫자(a)
둘째 숫자(b)
허용 오차
승수(c)

위 그림의 저항값을 읽으면,
$22 \times 10^1 = 220\,\Omega$, ±5%

5색 띠 _ $abc \times 10^d$ ±오차

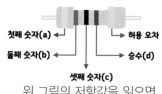

첫째 숫자(a)
둘째 숫자(b)
허용 오차
승수(d)
셋째 숫자(c)

위 그림의 저항값을 읽으면,
$470 \times 10^2 = 47000\,\Omega = 47k\Omega$, ±5%

01 _ 03 시리얼 통신(Serial communication) 이해하기

시리얼 통신

 Serial은 직렬이라는 뜻으로 직렬 통신을 말하며, 연속적으로 통신 채널이나 케이블을 통해 디지털화된 바이트(byte) 단위의 데이터를 직렬방식으로 전송하는 통신 기술을 말합니다. 시리얼 통신을 이용하면 아두이노에서 컴퓨터로 신호를 보내 시리얼 모니터에 데이터를 표시할 수 있으며, 컴퓨터에서 아두이노로 신호를 보내 아두이노를 제어할 수 있습니다.

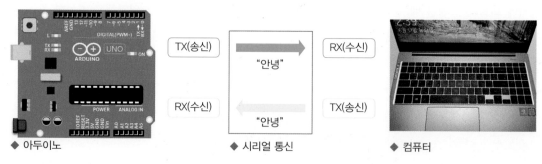

◆ 아두이노   ◆ 시리얼 통신   ◆ 컴퓨터

시리얼 모니터(Serial monitor)

• 전송 옵션: 새 줄이나 Both NL & CR은 줄 바꿈 문자를 전송하고, line ending 없음이나 캐리지 리턴을 선택하면 줄 바꿈 문자가 전송되지 않습니다.
• 아두이노 우노의 경우 0번 핀(RX)과 1번 핀(TX)을 통해서 시리얼 통신을 할 수 있습니다. (다른 디지털 핀도 사용 가능)
• 시리얼 통신을 사용할 때는 0번과 1번 핀을 디지털 입출력으로 사용할 수 없습니다.
• 컴퓨터의 가상 시리얼 포트와 아두이노의 Serial을 통해 통신을 할 수 있습니다.

통신 속도(Baud Rate)

통신 속도는 직렬 전송에서 데이터를 주고받는 속도이며, 단위는 bps(bit per second)입니다. 통신 속도 값은 일반적으로 300~115200 값으로 설정할 수 있으며, 통신 속도에 크게 영향을 받지 않는 전자 부품인 경우에는 9600 bps를 사용합니다. 통신 속도 값이 클수록 송수신 속도가 빠르며, 값이 너무 크거나 스케치 코드에서 설정한 통신 속도와 시리얼 모니터에서의 설정값이 다른 경우에는 데이터값을 출력할 수 없습니다.

Serial.begin(통신속도)

시리얼 통신을 시작하기 위해서 사용하는 명령어이며, setup() 함수에서 작성해 사용합니다. 매개변수는 시리얼 통신을 위한 전송속도를 몇 bps로 할 것인지 설정합니다.

▶ **사용법:** Serial.begin(9600); => 데이터 송수신을 9600 bps의 속도로 시리얼 통신을 시작한다는 의미입니다.

Serial.print(val)

시리얼 통신의 데이터를 출력시키는 명령어이며, 출력값은 시리얼 모니터로 확인할 수 있습니다.

▶ **사용법:** Serial.print(val); => val에는 "문자열", 변수, 정수, 실수 등이 들어갈 수 있습니다. 단, 문자열을 출력할 때는 반드시 "큰따옴표"를 사용합니다.

▶ 출력 방법

```
Serial.print("Hello ");
Serial.print("Arduino!");
```

=> 업로드 버튼()을 눌러 업로드를 완료하고 시리얼 모니터 버튼(🔍)을 누르면 시리얼 모니터에 한 줄로 줄 바꿈 없이 연속적으로 출력되는 것을 확인할 수 있습니다.

```
© COM4                              —  □  ×
[                                        ] [전송]
Hello Arduino!Hello Arduino!••
```

Serial.println(val)

시리얼 통신의 데이터를 출력시키는 명령어이며, 출력 이후 줄 바꿈 문자(₩n)를 추가로 출력합니다. 출력값은 시리얼 모니터로 확인할 수 있습니다.

▶ 사용법: Serial.println(val); => val에는 "문자열", 변수, 정수, 실수 등이 들어갈 수 있습니다. 단, 문자열을 출력할 때는 반드시 큰따옴표를 사용합니다.

▶ 출력 방법

```
Serial.println("Hello ");
Serial.println("Arduino!");
```

=> 업로드 버튼(🔘)을 누른 후 시리얼 모니터 버튼(🔍)을 누르면 시리얼 모니터에 줄을 바꾸어서 연속적으로 출력 됩니다.

▶ 전송 옵션 : line ending 없음

문자열 두 개("Hello ", "Arduino!")를 한 줄로 붙여서 출력하는 방법

학습 목표	Serial.print()와 Serial.println() 함수를 사용하여 문자열 두 개를 한 줄로 붙여서 출력해 보기

문제 해결 프로그램

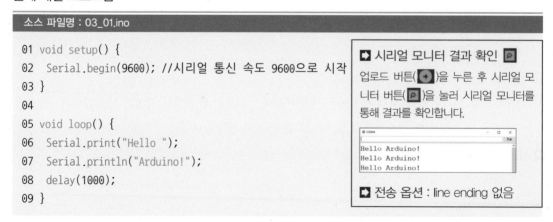

소스 파일명 : 03_01.ino

```
01 void setup() {
02   Serial.begin(9600); //시리얼 통신 속도 9600으로 시작
03 }
04
05 void loop() {
06   Serial.print("Hello ");
07   Serial.println("Arduino!");
08   delay(1000);
09 }
```

▶ 시리얼 모니터 결과 확인 🔍
업로드 버튼(🔘)을 누른 후 시리얼 모니터 버튼(🔍)을 눌러 시리얼 모니터를 통해 결과를 확인합니다.

```
© COM4                              —  □  ×
Hello Arduino!
Hello Arduino!
Hello Arduino!
```

▶ 전송 옵션 : line ending 없음

※ 앞으로 업로드 버튼을 누르는 과정 설명은 생략하겠습니다. 결과를 확인하기 위해서는 업로드 버튼(🔘) → 시리얼 모니터 버튼(🔍)을 누릅니다.

Serial.end( )

직렬 통신을 비활성화하여 RX 및 TX 핀을 일반 입력 및 출력에 사용할 수 있습니다. 즉, 시리얼 통신을 종료할 때 사용합니다.

Serial.available( )

시리얼 통신을 통해서 수신된 데이터는 버퍼(Buffer)에 저장됩니다. 이는 저장된 데이터의 바이트 (byte) 수를 반환하는 데 사용하는 함수 명령어로, 최대 64바이트까지 저장할 수 있습니다. Serial. available()은 시리얼 통신을 통해 데이터를 수신했는지 확인할 때 쓰이며, 데이터를 받았다면 데이터 개수를 반환하고, 받지 않았다면 '0'을 반환해 줍니다.

> **〃 버퍼(Buffer)** _ 출처 : 네이버 지식백과
>
> 하나의 장치에서 다른 장치로 데이터를 전송할 경우에 양자간의 데이터의 전송속도나 처리속도의 차를 보상하여 양호하게 결합할 목적으로 사용하는 기억영역입니다.

시리얼 통신을 통해서 데이터 확인하기

학습 목표 Serial.available( ) 함수를 사용하여 컴퓨터와 아두이노의 데이터 통신이 이루어지는지 확인해 보기

문제 해결 프로그램

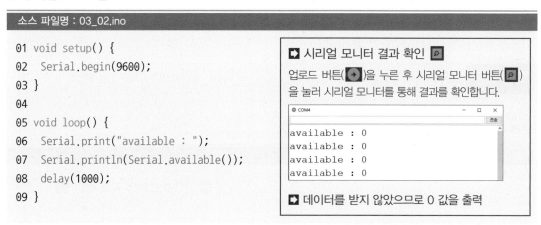

소스 파일명 : 03_02.ino

```
01 void setup() {
02   Serial.begin(9600);
03 }
04
05 void loop() {
06   Serial.print("available : ");
07   Serial.println(Serial.available());
08   delay(1000);
09 }
```

▶ 시리얼 모니터 결과 확인

업로드 버튼(●)을 누른 후 시리얼 모니터 버튼(🔎)을 눌러 시리얼 모니터를 통해 결과를 확인합니다.

```
available : 0
available : 0
available : 0
available : 0
```

▶ 데이터를 받지 않았으므로 0 값을 출력

시리얼 모니터에서 명령 창에 AS를 입력하고 전송 버튼을 누르세요. => $\begin{array}{c}S\\A\end{array}$ 버퍼에 저장, AS 2개의 데이터를 받았으므로 2를 출력합니다.

➡️ 시리얼 모니터 결과 확인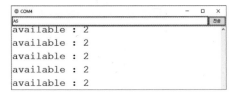

※ AS로 붙여서 입력하여도 1개의 문자씩 버퍼에 저장되므로 2개의 데이터로 인식합니다.

만약에 스페이스를 사용하여 A S라고 입력할 경우에는 스페이스도 문자로 인식하기 때문에 3을 출력합니다.

➡️ 시리얼 모니터 결과 확인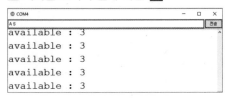

➡️ 전송 옵션 : line ending 없음

Serial.read( )

직렬 통신 수신 버퍼에서 첫 번째 바이트(byte)를 읽어서 반환하며, 수신 버퍼에 사용 가능한 데이터가 없으면 −1을 반환합니다.

시리얼 통신을 통해서 데이터 값 확인하기

학습 목표 Serial.read( ) 함수를 사용하여 컴퓨터와 아두이노의 데이터 통신이 이루어지는 값을 확인해 보기

문제 해결 프로그램

소스 파일명 : 03_03.ino

```
01 void setup() {
02   Serial.begin(9600);
03 }
04
05 void loop() {
06   Serial.print("read ");
07   Serial.println(Serial.read());
08   delay(1000);
09 }
```

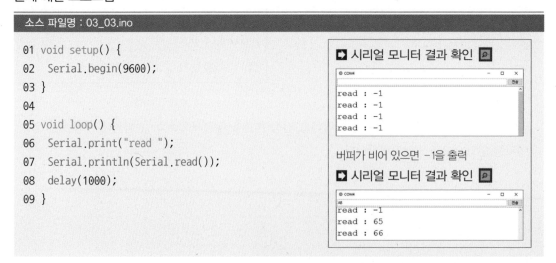

➡️ 시리얼 모니터 결과 확인

```
read : -1
read : -1
read : -1
read : -1
```

버퍼가 비어 있으면 −1을 출력

➡️ 시리얼 모니터 결과 확인

```
read : -1
read : 65
read : 66
```

AB를 입력하면 차례대로 버퍼에 입력되고, 순서대로 출력됩니다. read()로 데이터를 읽고, 출력할 때에는 10진수 ASCII 코드 값으로 반환합니다.

➡ 전송 옵션 : line ending 없음

> **❝ ASCII 코드 _** 출처 : 네이버 지식백과
>
> 미국에서 표준화가 추진된 7비트 부호이며, 96개의 대소 영문자, 숫자, 특수 문자와 32개의 제어 문자를 포함하여 128개의 문자를 입력할 수 있는 코드입니다.

char를 활용하여 데이터 값을 출력해 보기

학습 목표 char 명령어를 사용하여 시리얼 모니터 명령 창에 입력한 문자 값을 그대로 출력해 보기

※ char는 문자를 저장하는 데 사용되는 자료형입니다.

문제 해결 프로그램

소스 파일명 : 03_04.ino

```
01 void setup() {
02   Serial.begin(9600);
03 }
04
05 void loop() {
06   if(Serial.available()) { //만약 직렬 통신에 데이터 값이 들어오면
     //문자를 저장할 수 있는 data 변수에 직렬 통신 데이터를 읽어서 저장
07     char data = Serial.read();
08     Serial.print("read : ");
09     Serial.println(data); //data에 저장된 값 출력
10   }
11 }
```

➡ 시리얼 모니터 결과 확인 🔎

```
 COM4                    –  □  ×
                              전송
read : A
read : S
read : D
read : F
```

➡ 전송 옵션 : line ending 없음

※ A = B; ➪ '='은 대입 연산자로, 'B를 A에 대입(저장)하세요'라는 의미입니다.
※ 조건문
if(조건식){ //조건식을 만족하면
  문장;   //문장을 실행
}

시리얼 모니터에서 LED 제어하기

char를 활용하여 한 개의 문자로 LED 제어하기

학습 목표	char 명령어를 사용하여 시리얼 모니터 명령 창에 'a'를 입력하면 LED가 켜지고, 그밖에 문자를 입력하면 LED가 꺼지게 해보기
준비물	LED 1개, 저항 220Ω 1개, 점퍼선 2개

◆ 회로 구성

LED	아두이노
ㅡ(저항)	GND
+	D11

◆ 아두이노와 부품 연결 방법

다음은 아두이노와 부품을 실제로 연결한 결과 화면입니다.

문제 해결 프로그램

```
01 void setup() {
02   pinMode(11, OUTPUT);
03   Serial.begin(9600);
04 }
05
06 void loop() {
07   if(Serial.available()) {
08     char data = Serial.read();
09     if(data == 'a') {
10       digitalWrite(11, HIGH);
11       Serial.println("led on");
12     }
13     else {
14       digitalWrite(11, LOW);
15       Serial.print("data : ");
16       Serial.println(data);
17       Serial.println("led off");
18     }
19   }
20 }
```

02 : 디지털 11번 핀을 출력 핀으로 설정

03 : 통신 속도 9600으로 시리얼 통신 시작

07 : 만약 직렬 통신에 데이터 값이 들어오면

08 : 문자를 저장할 수 있는 data 변수에 직렬 통신 데이터를 읽어서 저장

09 : 만약에 data가 a 이면

10 : 디지털 11번 핀을 켜라

13 : 그렇지 않으면

14 : 디지털 11번 핀을 꺼라

> • A == B ⇨ '==' 비교 연산자로, A는 B와 같다를 나타냅니다.
> • A = B ⇨ '=' 대입 연산자로, B를 A에 대입을 나타냅니다.
> • char를 사용할 때는 변수 안에 저장할 문자는 '작은따옴표'를, 문자를 읽기 위해서는 Serial.read()를 사용합니다.

String을 활용하여 문자열로 LED 제어하기

String 명령어를 사용하여 시리얼 모니터 명령 창에 "on"을 입력하면 LED가 켜지고, "off"를 입력하면 LED가 꺼지게 해보기

LED 1개, 저항 220Ω 1개, 점퍼선 2개

※ String은 문자열를 저장하는 데 사용되는 자료형입니다.

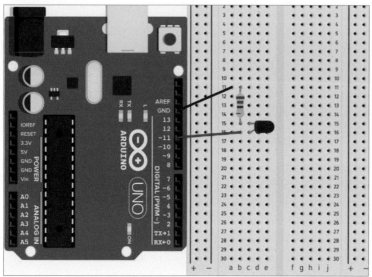

◆ 회로 구성

LED	아두이노
−(저항)	GND
+	D11

◆ 아두이노와 부품 연결 방법

문제 해결 프로그램

```
01 void setup() {
02   pinMode(11, OUTPUT);
03   Serial.begin(9600);
04 }
05
06 void loop() {
07   if(Serial.available()) {
08     String data = Serial.readString();
09     if(data == "on") {
10       digitalWrite(11, HIGH);
11       Serial.println("led on");
12     }
13     else if(data == "off") {
14       digitalWrite(11, LOW);
15       Serial.println("led off");
16     }
17   }
18 }
```

02 : 디지털 11번 핀을 출력 핀으로 설정

03 : 통신 속도 9600으로 시리얼 통신 시작

07 : 만약 직렬 통신에 데이터 값이 들어오면

08 : 문자열을 저장할 수 있는 data 변수에 직렬 통신 데이터를 읽어서 저장

09 : 만약에 data 값이 on이면

10 : 디지털 11번 핀을 켜라

13 : 그렇지 않고 data 값이 off이면

14 : 디지털 11번 핀을 꺼라

※ String을 사용하면 통신 속도가 다소 늦다는 단점이 있습니다.

> **"** • String을 사용할 때는 변수 안에 저장할 문자는 "큰따옴표"를, 문자열을 읽기 위해서는 Serial.readString()을 사용합니다.
>
> • 조건문
>
> ```
> if(조건식 1){          //조건식 1을 만족하면
>  코드 1;               //코드 1을 실행
> }
> else if(조건식 2){     //그렇지 않고 조건식 2를 만족하면
>  코드 2;               //코드 2를 실행
> }
> ```

02

아두이노
기본 문법 익히기

Arduino

02 _ 01 변수(Varlable) 이해하기

변수

변수는 '변하는 수'라는 뜻으로, 프로그램에서 임의의 데이터 값들을 일시적으로 저장하는 공간(그릇)을 말합니다.

◆ 저장 ⇨ String bowl = "짜장면"   ◆ 출력 ⇨ Serial.println(bowl);

위 그림에서 bowl이라는 변수(그릇)에 짜장면을 저장하면 변수는 짜장면 그릇이 되고 짬뽕을 저장하면 짬뽕 그릇이 되는 것처럼, 그릇 안의 내용물에 따라서 값이 바뀌는 것을 변수라고 말합니다.

전역 변수를 사용하는 방법

학습 목표 String 자료형으로 전역 변수를 선언하여 loop() 함수를 제어해 보기

문제 해결 프로그램

소스 파일명 : 03_04.ino

```
01 String bowl = "짜장면";        //String 자료형을 사용, bowl 전역 변수를 선언하여 짜장면
                                 을 저장
02 void setup() {
03   Serial.begin(9600);
04 }
05
06 void loop() {
07   Serial.print("bowl : ");
08   Serial.println(bowl);
09   delay(1000);
10   bowl = "짬뽕";   //bowl 변수에 짬뽕을 저장
11   Serial.print("bowl : ");
12   Serial.println(bowl);
13   delay(1000);
14 }
```

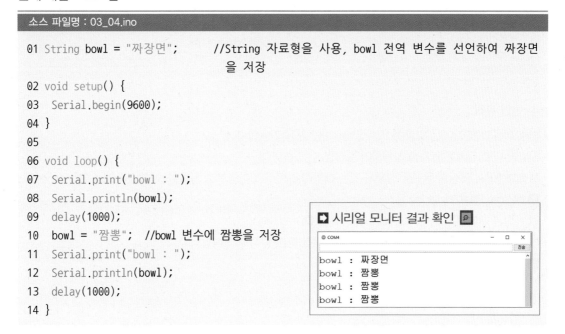

전역 변수(Global Variable)

함수 밖에서 선언하여 모든 함수와 프로그램 전체에 사용할 수 있는 변수를 전역 변수라고 합니다.

지역 변수(Local Variable)

하나의 함수 내에서 선언하여 사용되는 변수를 지역 변수라고 합니다. 지역 변수는 선언된 함수 내에서만 사용이 되며, 다른 함수에서는 사용할 수 없습니다.

전역 변수와 지역 변수를 사용하는 방법

학습 목표 전역 변수와 지역 변수를 선언해 loop() 함수를 제어해 보기

문제 해결 프로그램

소스 파일명 : 04_02.ino

```
01 int global = 11;   //global은 함수 밖에서 선언된 전역 변수로 어느 지역 함수에도 모두 사용 가능합니다.
02 void setup( ) {
03   Serial.begin(9600);
04 }
05
06 void loop( ) {   //local은 loop( ) 함수 안에서 선언된 지역 변수로, 이 함수 안에서만 사용 가능합니다.
07   int local = 12;
8    Serial.print("global : ");
9    Serial.println(global);
10   Serial.print("local : ");
11   Serial.println(local);
12   delay(1000);
13 }
```

▶ 시리얼 모니터 결과 확인 🔍

```
global : 11
local : 12
global : 11
local : 12
```

변수 선언 규칙

• 변수 이름의 첫 글자는 알파벳 또는 밑줄(_)만 사용 가능합니다.
• 알파벳 바로 뒤에는 숫자를 사용하여 표현할 수 있습니다.
• 프로그램에서 특정한 용도로 정해져 있는 예약어를 변수의 이름으로 사용할 수 없습니다.
   예 int, float, char, for, delay 등
• 변수 이름 사이에는 공백을 넣을 수 없습니다. **예** le d (×)
• 변수의 이름에 사용하는 대문자와 소문자는 각각 다른 문자로 인식합니다.
   예 Tech와 tech는 서로 다른 변수입니다.

변수 선언 예시

Case 1 (전역 변수)

소스 파일명 : 04_03.ino

```
01 int led = 13;
02
03 void setup() {
04   Serial.begin(9600);
05 }
06
07 void loop() {
08   Serial.println(led);
09   Serial.end();
10 }
```

▶ 시리얼 모니터 결과 확인 🔍

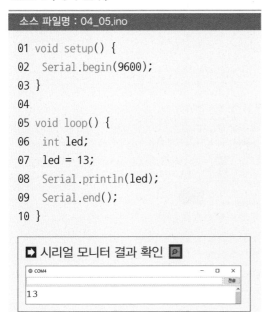

Case 2 (전역 변수)

소스 파일명 : 04_04.ino

```
01 int led;
02 void setup() {
03   Serial.begin(9600);
04 }
05
06 void loop() {
07   led = 13;
08   Serial.println(led);
09   Serial.end();
10 }
```

▶ 시리얼 모니터 결과 확인 🔍

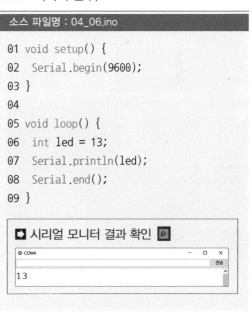

Case 3 (지역 변수)

소스 파일명 : 04_05.ino

```
01 void setup() {
02   Serial.begin(9600);
03 }
04
05 void loop() {
06   int led;
07   led = 13;
08   Serial.println(led);
09   Serial.end();
10 }
```

▶ 시리얼 모니터 결과 확인 🔍

Case 4 (지역 변수)

소스 파일명 : 04_06.ino

```
01 void setup() {
02   Serial.begin(9600);
03 }
04
05 void loop() {
06   int led = 13;
07   Serial.println(led);
08   Serial.end();
09 }
```

▶ 시리얼 모니터 결과 확인 🔍

자료형(Data Type)

컴퓨터는 모든 정보를 0과 1로 메모리에 저장하여 데이터의 용량과 형식이 무엇인지를 식별할 수 있게 해줍니다. 이때 다양한 변수나 함수의 형식을 선언하는 데 사용되는 것을 자료형이라고 합니다. 자료형의 종류는 논리형, 정수형, 문자형, 실수형 등이 있습니다.

예 int led = 13;은 입력한 숫자를 정수형 데이터 타입으로 받아들이며, 아두이노에서는 2바이트 메모리를 할당받아 숫자를 표현합니다.

논리형

자료형	크기(Byte) 8bit 보드	값의 범위	사용처
boolean	1	true or false (참) (거짓)	푸시 버튼 특정 조건 만족 체크

논리형 변수 사용하는 방법

학습 목표 논리형 변수와 논리 부정 연산자를 사용하여 LED를 깜박이게 해보기

준비물 LED 1개, 저항 220Ω 1개, 점퍼선 2개

◆ 회로 구성

LED	아두이노
─(저항)	GND
+	D11

◆ 아두이노와 부품 연결 방법

문제 해결 프로그램

```
01 int led = 11;              //정수형 전역 변수 led를 선언하여 11을 저장
02 boolean condition = true;   //논리형으로 condition 변수를 선언하여 참을 저장
03
04 void setup() {
05   pinMode(led, OUTPUT);
06 }
07
08 void loop() {
09   digitalWrite(led, condition); //led를 condition에 들어 있는 값으로 실행
10   condition = !condition;        //condition의 값을 반전시켜서 condition에 대입
11   delay(1000);
12 }
```

※ !A ⇨ '!'는 논리 부정 연산자로, 오른쪽 A의 값을 반전시킵니다.('참'일 경우는 '거짓'으로, '거짓'일 경우는 '참'으로 반전)

정수형

자료형	크기(Byte) 8bit 보드	사용처
byte	1	0~255 정수 숫자를 저장
int	2	양수와 음수 모두 표현 가능(-32768~32767)
long	4	int 형 변수의 한계를 극복하기 위해 사용 -21억 개 ~ 21억 개까지 표현 가능
unsigned int	2	양수와 0만 표현이 가능(0~65535)
unsigned long	4	양수 쪽으로 할당하여 총 0부터 약 42억까지의 정수를 표현 가능

문자형

자료형	크기(Byte) 8bit 보드	사용처
char	1	• -128 ~ 127까지 표현이 가능 단, 한글이나 한자는 저장할 수 없음 • 사용법: char data = 'A'; ⇨ char형으로 data 변수를 만들고, 그 변수에 문자 A를 저장 • 사용법: char data = '1'; • char를 사용할 때는 변수 안에 저장할 문자는 '작은따옴표'를, 문자를 읽기 위해서는 Serial.read()를 사용합니다.
String	클래스(Class) '문자의 수에 따라 용량이 정해짐'	• 사용법: String data = "on" ⇨ String형으로 data 변수를 만들고, 그 변수에 문자 on을 저장 • String을 사용할 때는 변수 안에 저장할 문자는 "큰따옴표"를, 문자열을 읽기 위해서는 Serial.readString()을 사용합니다. • 문자를 활용하기 위해 사용하는 전용 클래스로 다양한 멤버 함수와 연산자 사용으로 char 형보다 다양하게 문자를 사용할 수 있습니다.
unsigned char	1	• 양수와 0만 표현이 가능(0 ~ 255)

실수형

소수점을 사용하는 숫자를 저장하기 위한 자료형입니다.

자료형	크기(Byte) 8bit 보드	사용처
float	4	• 소수점 이하 6자리까지 표현이 가능 • $-3.4*10^{38} \sim 3.4*10^{38}$ 사이의 숫자를 표현 가능
double	4	• 소수점 이하 15자리까지 표현이 가능 • $-1.79*10^{308} \sim 1.79*10^{308}$ 사이의 값을 표현 가능

상수

변수와 다르게 데이터 값이 변하지 않는 '고정된 수'를 말하며, 프로그램이 실행되는 동안에 데이터 값을 변경하려면 에러가 발생합니다. 또한 아두이노의 적은 메모리 용량 특성상, 고정된 값을 사용 시에 상수로 선언해서 사용하면 메모리에 공간을 할당하지 않고 사용할 수 있습니다.

상수를 선언하는 방법

❶ #define

▶ 사용법

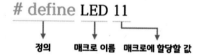

define LED 11

정의   매크로 이름   매크로에 할당할 값

=> 해석: LED라는 매크로를 상수화 시켜 숫자 11에 대응해 사용. 즉, LED는 읽기 전용으로 상수가 되며 컴파일 시에는 11이라는 값이 들어가게 됩니다. 매크로 이름은 변수를 만드는 규칙을 따름

> ❝ #define을 사용 시 문장이 끝나면 세미콜론(;)을 사용하지 않습니다.

> ❝ 매크로(Macro) _ 출처 : 네이버 지식백과
> 프로그램 내에서 1개 이상의 문장으로 이루어진 프로그램의 한 블록이 프로그램 곳곳에 반복적으로 사용되는 부분을 약자로 따로 정의하여 사용되는 명령어

❷ const

▶ 사용법: const int LED = 11;

=> 해석: LED라는 정수형 변수를 상수화 시켜 숫자 11에 대응해 사용. 즉, LED는 읽기 전용으로 정수형 상수가 되며 컴파일 시에는 11이라는 값이 들어가게 됩니다.

> ❝ 상수는 선언과 동시에 초기값을 대응 시켜 주어야 합니다.

02 _ 02 연산자(Operator) 이해하기

연산자

프로그래밍에서 모든 값의 연산과 여러 수식 활용에 사용되는 부호이며, 아두이노에서는 C/C++ 언어에 사용되는 모든 연산자를 사용할 수 있습니다.

대입 연산자/산술 연산자

연산자	의미	사용 예시	해석
=	대입	led = 11;	11을 led에 대입한다.
+	더하기	a + b	a와 b의 값을 더한다.
−	빼기	a − b	a에서 b를 뺀다
*	곱하기	a*b	a와 b를 곱한다.
/	나누기	10/2	10을 2로 나눈 몫 5를 취한다.
%	나머지	9/2	9를 2로 나눈 나머지 1을 취한다.

연산자 사용 방법

학습 목표	연산자를 사용하여 프로그램 지연 시간을 제어해 보기

준비물	LED 1개, 저항 220Ω 1개, 점퍼선 2개

◆ 회로 구성

LED	아두이노
−(저항)	GND
+	D11

◆ 아두이노와 부품 연결 방법

문제 해결 프로그램

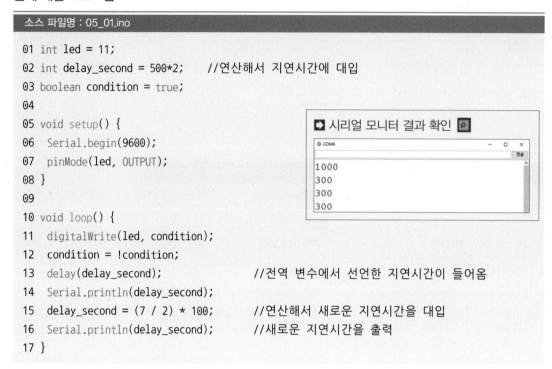

```
01 int led = 11;
02 int delay_second = 500*2;     //연산해서 지연시간에 대입
03 boolean condition = true;
04
05 void setup() {
06   Serial.begin(9600);
07   pinMode(led, OUTPUT);
08 }
09
10 void loop() {
11   digitalWrite(led, condition);
12   condition = !condition;
13   delay(delay_second);                //전역 변수에서 선언한 지연시간이 들어옴
14   Serial.println(delay_second);
15   delay_second = (7 / 2) * 100;       //연산해서 새로운 지연시간을 대입
16   Serial.println(delay_second);       //새로운 지연시간을 출력
17 }
```

시리얼 모니터 결과 확인

```
1000
300
300
300
```

복합 대입 연산자

산술 연산과 대입 연산을 동시에 할 수 있는 연산자입니다.

송류	연산자	사용 예시	해석
산술 연산	+=	a +=b	a = a + b
	-=	a -=b	a = a - b
	*=	a *=b	a = a * b
	/=	a /=b	a = a / b
	%=	a %=b	a = a % b
증감 연산	++	a++	연산한 후에 a 값을 1 증가
		++a	a 값을 1 증가 시키고 연산을 실행
	--	a--	연산을 한 후에 a 값을 1 감소
		--a	a 값을 1 감소 시키고 연산을 실행

관계(비교) 연산자

하나의 변수와 다른 변수를 비교해 참일 경우 1(true), 거짓일 경우 0(false)을 결정하는 데 사용하며, 주로 조건문이나 반복문에 쓰입니다.

연산자	사용 예시	해석
>	a > b	a가 b보다 크면 참, 그렇지 않으면 거짓
>=	a >= b	a가 b보다 크거나 같으면 참, 그렇지 않으면 거짓
<	a < b	a가 b보다 작으면 참, 그렇지 않으면 거짓
<=	a <= b	a가 b보다 작거나 같으면 참, 그렇지 않으면 거짓
==	a == b	a와 b가 같으면 참, 그렇지 않으면 거짓
!=	a != b	a와 b가 다르면 참, 그렇지 않으면 거짓

논리 연산자

연산자	사용 예시	해석
논리곱(&&)	a && b	a와 b 값이 모두 참일 경우에만 참(하나라도 거짓일 경우 거짓)
논리합(||)	a || b	a와 b 값이 하나라도 참이면 참(모두 거짓일 경우에만 거짓)
논리부정(!)	!b	b 값을 반전시킨다('참'일 경우 '거짓'으로, '거짓'일 경우 '참'으로)

02 _ 03 제어문(Control Statement) 이해하기

제어문(Control Statement)

아두이노에 사용되는 프로그램은 순차 구조이기 때문에, 프로그램의 흐름을 조건에 따라 수행하거나 원하는 문장을 반복시키면서 개발자가 원하는 방향으로 프로그램을 작동시키는 명령문을 말합니다. 제어문에는 조건문, 반복문 등이 있습니다.

조건문(Conditional statement)

프로그램 실행 중 미리 정해둔 조건이 참과 거짓에 따라 프로그램의 흐름을 제어하는 명령으로, if 문, if ~ else 문, 다중 if ~ else 문, switch ~ case 문 등이 있습니다.

if 문

if 문 구조 형식 해석

if(조건식) 문의 조건이 참(Yes)이면 if 문 중괄호{ } 안에 있는 코드 1을 실행하고 코드 2로 넘어갑니다. if(조건식) 문의 조건이 거짓(No)이면 if 문 중괄호{ } 안에 있는 코드 1을 실행하지 않고 코드 2

로 넘어갑니다. 코드가 한 줄일 경우 중괄호는 생략이 가능하지만, 코딩을 하다 보면 if 조건문 아래 한 줄 코드보다는 여러 줄 스케치 코드를 작성할 때가 많기 때문에 처음 아두이노를 접하는 사용자 분에게는 중괄호 사용을 권장합니다.

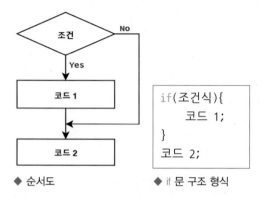

```
if(조건식){
    코드 1;
}
코드 2;
```

◆ 순서도　　　　　　　◆ if 문 구조 형식

if ~ else 문

if ~ else 문 구조 형식 해석

if(조건식) 문의 조건이 참(Yes)이면 if 문 중괄호{ } 안에 있는 코드 1을 실행하고, else 문에 있는 코드 2는 실행하지 않고 코드 3을 실행합니다. if(조건식) 문의 조건이 거짓(No)이면 if 문에 있는 코드 1은 실행하지 않고, else 중괄호{ } 안에 있는 코드 2를 실행한 후 코드 3을 실행합니다.

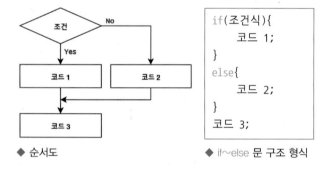

```
if(조건식){
    코드 1;
}
else{
    코드 2;
}
코드 3;
```

◆ 순서도　　　　　　　◆ if~else 문 구조 형식

다중 if ~ else 문

다중 if ~ else 문 구조 형식 해석

if(조건식 1) 문의 조건이 참(Yes)이면 중괄호{ } 안에 있는 코드 1을 실행하고, else if 문과 else 문 중괄호{ } 안에 있는 코드 2와 코드 3은 실행하지 않고, 코드 4를 실행합니다. if(조건식 1) 문의 조건이 거짓(No)이고, else if(조건식 2) 문의 조건이 참(Yes)이면 중괄호{ } 안에 있는 코드 2를 실행하고, if 문과 else 문 중괄호{ } 안에 있는 코드 1과 코드 3은 실행하지 않고, 코드 4를 실행합니다. if 문과 else if 문 모두 조건이 거짓(No)이면 if 문과, else if 문 중괄호{ } 안에 있는 코드 1과 코드 2는 실행하지 않고, else 문 중괄호{ } 안에 있는 코드 3을 실행한 후 코드 4를 실행합니다.

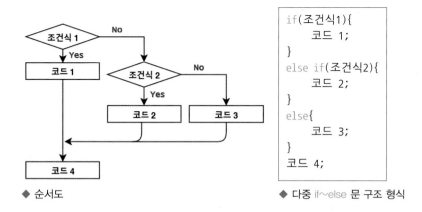

```
if(조건식1){
    코드 1;
}
else if(조건식2){
    코드 2;
}
else{
    코드 3;
}
코드 4;
```

◆ 순서도   ◆ 다중 if~else 문 구조 형식

switch ~ case 문

if 문은 하나의 조건에 대해 하나의 값만 비교하지만, switch ~ case 문은 하나의 식에 여러 가지 값을 비교한 후 조건을 분기 시켜 명령문을 선택적으로 실행할 수 있습니다.

switch ~ case 문 구조 형식 해석

switch(정수식) 문에서 정수식에 입력된 값이 case 1의 값과 같으면 코드 1을 실행하고, break를 통해서 switch 문을 빠져나온 후 코드 4를 실행합니다. switch(정수식) 문에서 정수식에 입력된 값이 case 2의 값과 같으면 코드 2를 실행하고, break를 통해서 switch 문을 빠져나온 후 코드 4를 실행합니다. switch(정수식) 문에서 정수식에 입력된 값이 case 1과 case 2의 값과 일치하지 않으면, default로 넘어가서 코드 3을 실행한 후 switch 문을 빠져나와 코드 4를 실행합니다.

case를 처리하고 switch 문을 빠져나오기 위해서는 break를 사용하여야 합니다. 만약에 break를 사용하지 않을 때 case 1부터 끝나는 default 값까지 모든 문장이 실행되므로 원하는 작업이 아니라면 반드시 break를 작성해야 합니다. case 값 작성 시, 문장이 끝나는 지점에 반드시 콜론(:)을 사용 합니다.

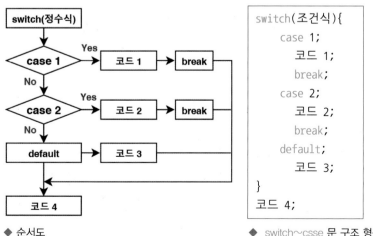

```
switch(조건식){
    case 1;
        코드 1;
        break;
    case 2;
        코드 2;
        break;
    default;
        코드 3;
}
코드 4;
```

◆ 순서도   ◆ switch~csse 문 구조 형식

반복문(Repetitive statement)

프로그램 내에서 반복적으로 같은 일을 수행할 수 있도록 하는 명령문으로, 종류는 for 문, while 문, do ~ while 문이 있습니다.

for 문

for 문 구조 형식 해석

초기값과 조건식을 비교하여 참(Yes)이면 코드 1을 실행, 증감식을 사용하여 초기값을 증가하거나 감소 시켜 초기값에 변경 값을 대입한 후 조건식과 비교하여 참(Yes)이면 다시 코드 1을 실행합니다. 이런 반복 흐름을 통해서 초기값과 조건식을 비교하여 거짓(No)이면 for 문을 벗어나 코드 2를 실행합니다. for 문 안의 초기값, 조건식, 증감식은 각각 세미콜론(;)으로 구분하며, for 문도 if 문과 마찬가지로 코드가 한 줄일 경우 중괄호는 생략이 가능합니다.

※ 코드 실행 순서 : ❶ → ❷ → ❸ → ❹ 순환, 조건식에 맞지 않으면 → ❺

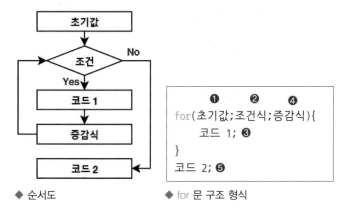

◆ 순서도　　　　◆ for 문 구조 형식

for 문 구조 작성법

• 초기값에는 조건식에 비교될 변수의 값을 지정한 명령문을 작성 => 예 int i = 0;
• 조건식에는 for 문을 실행할지, 아니면 for 문을 벗어날지를 결정하는 명령문을 작성 => 예 i <= 7;
• 증가식에는 초기화된 변수를 증가시키거나 감소시키는 명령문을 작성 => 예 i++ (증가) or i-- (감소)

while 문

while 문 구조 형식 해석

while(조건식) 문의 조건이 참(Yes)일 경우 중괄호{ } 안에 있는 코드 1을 반복해서 실행합니다. while(조건식) 문의 조건이 거짓(No)일 경우에 while 문을 빠져나와 코드 2를 실행합니다. 만약 조건식에 거짓이 되는 조건이 없으면 무한 루프에 빠질 수 있기 때문에, 반드시 while 문을 빠져나올 수 있는 종료 조건을 조건식에 작성해 주어야 합니다.

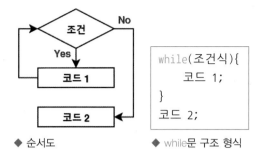

◆ 순서도   ◆ while문 구조 형식

while 문 사용 방법

소스 파일명 : 06_01.ino

```
1 void setup() {
2   Serial.begin(9600);
3   int i = 0;            //초기값은 반드시 while문 밖에선언
4   while (i < 5) {       //조건식은 while(조건식)으로 작성
5     Serial.println("Good Job");
6     i++;                //증감식은 while문 내부에 작성
7   }
8 }
9
10 void loop() {
11 }
```

▶ 시리얼 모니터 결과 확인 🔍

```
COM4                                              –
|
Good Job
Good Job
Good Job
Good Job
Good Job
```

do ~ while 문

do ~ while 문 구조 형식 해석

do 문 중괄호{ } 안에 있는 코드 1은 처음에 무조건 실행하며, while(조건식) 문의 조건을 판별하여 참이면 다시 do 문의 코드 1을 실행합니다. while(조건식) 문의 조건을 판별하여 거짓이면 do 문을 벗어나 코드 2를 실행합니다.

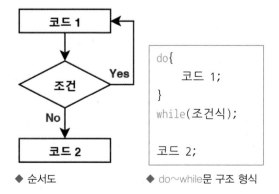

◆ 순서도   ◆ do~while문 구조 형식

while 문 활용 사례

```
01 void setup() {
02   Serial.begin(9600);
03 }
04 void loop() {
05   int i = 1;
06   int sum = 0;
07   while (i < 11) {
08     sum = sum + i;
09     Serial.print("i : ");
10     Serial.println(i);
11     i++;
12   }
13   Serial.print("sum : ");
14   Serial.println(sum);
15   Serial.end();
16 }
```

do ~ while 문 활용 사례

```
01 void setup() {
02   Serial.begin(9600);
03 }
04 void loop() {
05   int i = 1;
06   int sum = 0;
07   do {
08     sum = sum + i;
09     Serial.print("i : ");
10     Serial.println(i);
11     i++;
12   }
13   while (i < 11);
14   Serial.print("sum : ");
15   Serial.println(sum);
16   Serial.end();
17 }
```

02 _ 04 배열(Array) 이해하기

배열

동일한 특성의 자료형 데이터를 정해진 형식에 따라 나열하여 한 묶음으로 저장할 수 있는 형식을 말합니다. 배열을 사용하면 동일한 특성의 자료형 데이터를 여러 번 선언할 필요 없이 하나의 자료형 변수를 선언하고, 변수 그릇에 많은 요소를 각각 담을 수 있어서 코드를 간결하게 작성할 수 있습니다.

배열 선언 방법

배열을 선언하는 방법은 자료형 변수를 선언하는 방법과 비슷하며, 데이터 타입, 변수명, 대괄호[ ] 를 사용하여 배열의 길이를 정해주면 됩니다.

int Arr [5] ;
    ↳ 배열의 길이
  ↳ 배열의 이름
↳ 배열의 자료형

위 배열은 '정수형인 변수 5개로 이루어진 Arr 배열 선언'을 말하며, 배열은 각각의 요소를 개별적으로 접근할 수 있습니다. 이렇게 각 요소에 접근하기 위해서는 배열의 위치를 가리키는 색인(index)을 지정하여 사용하며, 배열의 색인(index)은 0을 시작점으로 번호를 1씩 증가시키면서 사용합니다.

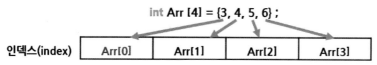

int Arr [4] = {3, 4, 5, 6} ;

| 인덱스(index) | Arr[0] | Arr[1] | Arr[2] | Arr[3] |

◆ 메모리 할당

위 배열은 길이가 4인 정수형 Arr 배열에 각각 Arr[0] = 3, Arr[1] = 4, Arr[2] = 5, Arr[3] = 6으로 초기화를 하여 선언하는 것을 말합니다. 만약 배열의 길이를 중괄호{ } 안에 있는 요소보다 더 길게 선언하는 경우에 남아 있는 index는 0으로 출력되며, 더 짧게 선언하면 오류가 출력됩니다. 배열의 길이를 생략하는 경우에는 컴파일러에서 자동으로 배열의 길이를 배정하여 실행합니다.

02 _ 05 함수(Function) 이해하기

함수

사용자가 원하는 특정한 작업을 처리하기 위해 독립적으로 설계된 코드의 집합으로, 필요하면 loop() 함수에서 호출하여 사용합니다. 이렇게 스케치 된 함수는 필요하면 호출하여 사용할 수 있기 때문에 재사용이 용이해집니다.

함수의 종류

라이브러리(Library) 함수

아두이노 라이브러리는 사용자가 자주 쓰는 여러 가지 기능을 간단한 함수로 만들어서 정리해 놓은 것을 말하며, 아두이노에서는 setup(), loop(), random(), map(), digitalWrite(), analogWrite() 등 다양한 함수들을 기본적으로 제공하고 있어, 사용자가 쉽게 코딩에 활용할 수 있습니다.

사용자 정의 함수

사용자가 직접 필요한 함수를 정의하고 loop() 함수에서 호출하여 사용하는 함수를 말합니다. 아두이노 라이브러리에서 제공되지 않는 다양한 함수를 직접 정의하고 사용함으로써 사용자가 프로그램을 쉽고 간결하게 표현할 수 있습니다. 또한 스케치 코드의 가독성이 높아집니다.

함수의 구조

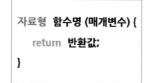

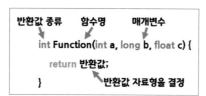

- 자료형 : 함수를 호출한 곳에 반환할 값의 데이터 타입을 명시하며, 반환할 값이 없으면 함수 앞에 void 형을 사용하고 return 뒤에는 아무것도 쓰지 않습니다. 반환할 값이 있으면 return 뒤에 작성한 결괏값과 동일한 데이터 타입을 선언해 주면 됩니다. 이때 return은 함수를 호출한 곳에 반환 값 정보를 돌려주는 명령어입니다.

반환값이 없는 경우	반환값이 있는 경우

void Function(int a, float b)
{
  return ;
}
	int Function(){
	  int a = 15;
	  return a;
	}

- 함수명 : 식별자의 규칙을 벗어나지 않는 범위에서 사용자가 함수의 기능을 표현할 수 있는 이름을 부여하면 됩니다.
- 매개변수(parameter) : loop() 함수에서 새로운 함수를 호출하면, 호출된 함수에 인자를 전달하기 위해 사용되는 변수를 말합니다.

※ 인자(argument) : 함수로 제공되는 실제 값

함수의 유형

매개변수와 반환 값이 모두 없는 경우. 매개변수(×), 반환 값(×)

학습 목표	매개변수와 반환 값이 모두 없는 함수를 선언한 후 호출해서 LED ON/OFF 해보기

준비물	LED 1개, 저항 220Ω 1개, 점퍼선 2개

◆ 회로 구성

LED	아두이노
−(저항)	GND
+	D11

◆ 아두이노와 부품 연결 방법

문제 해결 프로그램

```
01 int led = 11;
02
03 void setup() {
04   pinMode(led, OUTPUT);
05 }
06
07 void loop() {
08   ledOn();
09 }
10
11 void ledOn(){
12   digitalWrite(led, HIGH);
13   delay(500);
14   digitalWrite(led, LOW);
15   delay(500);
16 }
```

01 : 정수형 전역 변수 led를 선언하여 11로 초기화
04 : 전역 변수 led를 출력 핀으로 설정
08 : ledOn() 함수 호출
11 : edOn() 함수 정의 ledOn 소괄호() 안에 매개변수가 없으며, 반환 값 또한 없음으로 void로 선언

매개변수는 없고 반환 값이 있는 경우. 매개변수(×), 반환 값(○)

학습 목표 반환 값만 있는 함수를 선언해 LED 지연시간을 제어해 보기

준비물 LED 2개, 저항 220Ω 2개, 점퍼선 5개

◆ 회로 구성

LED(빨간색)	LED(녹색)	아두이노
-(저항)	-(저항)	GND
+	.	D11
.	+	D9

◆ 아두이노와 부품 연결 방법

문제 해결 프로그램

```
01 int red_led = 11;
02 int green_led = 9;
03
04 void setup() {
05   pinMode(red_led, OUTPUT);
06   pinMode(green_led, OUTPUT);
07 }
08
09 void loop() {
10   ledOn();
11   delay(Delay());
12 }
13
14 void ledOn() {
15   digitalWrite(red_led, HIGH);
16   delay(200);
17   digitalWrite(red_led, LOW);
18   delay(200);
19   digitalWrite(green_led, HIGH);
20   delay(200);
21   digitalWrite(green_led, LOW);
22   delay(200);
23 }
24
25 int Delay() {
26   int t = 2000;
27   return t;
28 }
```

10 : ledOn() 함수 정의

11 : delay() 값에 Delay() 함수를 호출하여 반환 값을 받음

14 : ledOn() 함수 선언

25 : int형으로 Delay() 함수 정의, 매개변수는 없음, 반환값이 정수형

26 : int형 t 값 선언

27 : 반환 값 t

매개변수는 있고 반환 값이 없는 경우. 매개변수(○), 반환 값(×)

매개변수만 있는 함수를 선언해 LED 지연시간을 제어해 보기

준비물 LED 2개, 저항 220Ω 2개, 점퍼선 5개

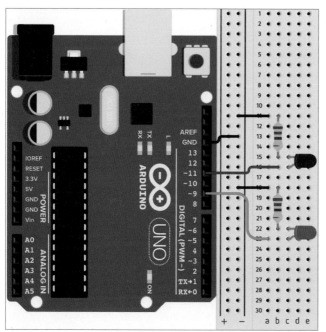

◆ 회로 구성

LED(빨간색)	LED(녹색)	아두이노
−(저항)	−(저항)	GND
+	.	D11
.	+	D9

◆ 아두이노와 부품 연결 방법

문제 해결 프로그램

소스 파일명 : 08_03.ino

```
01 int red_led = 11;
02 int green_led = 9;
03
04 void setup() {
05   pinMode(red_led, OUTPUT);
06   pinMode(green_led, OUTPUT);
07 }
08
09 void loop() {
10   ledOn(300, 1000);
11 }
12
13 void ledOn(int a, int b) {
14   digitalWrite(red_led, HIGH);
15   delay(a);
```

```
16   digitalWrite(red_led, LOW);
17   delay(a);
18   digitalWrite(green_led, HIGH);
19   delay(b);
20   digitalWrite(green_led, LOW);
21   delay(b);
22 }
```

01 : 정수형 red_led 전역 변수를 선언하여 11로 초기화
02 : 정수형 green_led 전역 변수를 선언하여 12로 초기화
05 : red_led를 출력 핀으로 설정
06 : green_led를 출력 핀으로 설정
10 : ledOn() 함수 호출, 매개변수 값 300과 1000을 선언
13 : ledOn() 함수 정의, 매개변수에 정수형 변수 a와 b를 선언 loop() 함수에서 정의한 a 값에 300, b 값에 1000을 대입. 반환 값이 없기 때문에 void형으로 함수를 선언
14~21 : red_led는 0.3초간 켜졌다가 0.3초간 꺼진 후, green_led가 1초간 켜졌다가 1초간 꺼짐을 반복합니다.

매개변수와 반환 값이 모두 있는 경우. 매개변수(○), 반환 값(○)

학습 목표	매개변수와 반환 값이 모두 있는 함수를 선언해 LED 지연시간을 제어해 보기

준비물	LED 2개, 저항 220Ω 2개, 점퍼선 5개

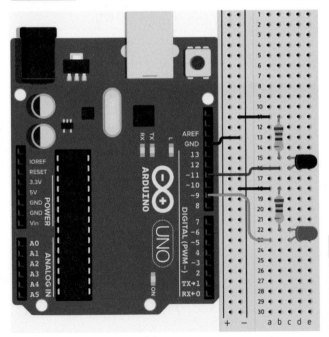

◆ 회로 구성

LED(빨간색)	LED(녹색)	아두이노
−(저항)	−(저항)	GND
+	.	D11
.	+	D9

◆ 아두이노와 부품 연결 방법

문제 해결 프로그램

```
01 int red_led = 11;
02 int green_led = 9;
03
04 void setup() {
05   pinMode(red_led, OUTPUT);
06   pinMode(green_led, OUTPUT);
07 }
08
09 void loop() {
10   ledOn(100, Total(250, 250));
11 }
12
13 void ledOn(int a, int b) {
14   digitalWrite(red_led, HIGH);
15   delay(a);
16   digitalWrite(red_led, LOW);
17   delay(a);
18   digitalWrite(green_led, HIGH);
19   delay(b);
20   digitalWrite(green_led, LOW);
21   delay(b);
22 }
23
24 int Total(int c, int d) {
25   int e = c + d;
26   return e;
27 }
```

10	: ledOn() 함수 호출. 매개변수 값 100과 Total(250, 250)를 선언 후 Total() 함수를 호출하여 매개변수의 값을 대입
13	: ledOn() 함수 정의. 매개변수에 정수형 변수 a와 b를 선언. a 값에는 loop() 함수에서 선언한 100을, b에는 Total(250, 250)함수의 반환 값을 대입
14~21	: red_led는 0.1초간 켜졌다가 0.1초간 꺼진 후, green_led가 0.5초간 켜졌다가 0.5초간 꺼짐을 반복합니다
24	: Total()함수 선언 후 매개변수 c와 d에 각각 250을 대입
25	: c와 d를 더해서 정수형 e(500) 변수에 대입
26	: 계산한 값 e를 리턴하여 loop()함수 내에 있는 Total(250, 250) 함수에 대입. 반환 값이 정수형이기 때문에 int형으로 함수를 선언.

03

아두이노
실력 키우기

Arduino

03 _ 01 발광다이오드(LED) = Light Emitting Diode

전기 에너지를 빛 에너지로 전환하는 반도체 소자입니다. 전류를 순방향 즉, 애노드에서 캐소드 쪽으로 흘려 주었을 때 빛이 발생합니다. LED의 긴 다리가 애노드 쪽으로 (+)이며, 짧은 다리 쪽이 캐소드 쪽으로 (-)입니다. 회로를 구성할 때 반드시 극성에 주의해서 연결해주어야 합니다.

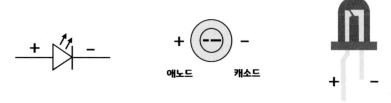

◆ 다이오드 구조

➡ 조작 방법
- 긴 다리 쪽을 살짝 구부려 극성이 (+) 임을 표시한 후, 회로 연결에 사용합니다.
- (+) 쪽에는 5V or 디지털 핀 or 아날로그 핀을 연결하며, (-) 쪽에는 GND를 연결하여 회로를 구성합니다.
- LED를 작동시키기 위해서는 전압이 1.7V~3.5V가 필요하기 때문에 반드시 저항을 함께 사용하여 회로를 구성해야 안전합니다.

LED 색상에 따른 반도체 구성 요소와 구동 전압(출처: 위키백과)

색상	반도체 구성 요소	구동 전압
빨간색	Ga, Al, As	1.9V
노란색	Ga, As, P	2.1V
녹색	Ga, P	2.2V
파란색	Zn, Se	3.5V
흰색	Ga, In, N	3.3V

반도체 구성 요소와 작동에 필요한 최소 전압과 최대 전압은 LED 종류에 따라 다르기 때문에 데이터 시트를 참고해 정확한 값을 확인하고 회로를 구성해야 합니다. LED의 허용 전류는 일반적으로 20mA입니다.

LED 한 개 제어하기

◆ 회로 구성

LED	아두이노
−(저항)	GND
+	D11

◆ 아두이노와 부품 연결 방법

문제 해결 프로그램

소스 파일명 : 09_01_01.ino

```
01 void setup() {
02   pinMode(11, OUTPUT);
03 }
04
05 void loop() {
06   digitalWrite(11, HIGH);
07   delay(1000);
08   digitalWrite(11, LOW);
09   delay(1000);
10 }
```

01 : 처음 한 번만 실행
02 : 디지털 11번 핀을 출력으로 설정
05 : 무한 반복 실행
06 : 디지털 11번 핀을 켜라
07 : 1초 기다려라
08 : 디지털 11번 핀을 꺼라
09 : 1초 기다려라

▶ 동작 동영상

https://youtu.be/Jki5jTuwEBY

상수형 변수를 선언하여 LED 한 개 제어하기

학습 목표	상수형 변수를 선언하여 LED가 0.5초 간격으로 깜박이게 해보기

준비물	LED 빨간색 1개, 저항 220Ω 1개, 점퍼선 2개

◆ 회로 구성

◆ 아두이노와 부품 연결 방법

LED	아두이노
−(저항)	GND
+	D11

문제 해결 프로그램

소스 파일명 : 09_01_02.ino

```
01 #define led 11
02 #define delay_time 500
03
04 void setup() {
05   pinMode(led, OUTPUT);
06 }
07
08 void loop() {
09   digitalWrite(led, HIGH);
10   delay(delay_time);
11   digitalWrite(led, LOW);
12   delay(delay_time);
13 }
```

01 : led 매크로를 상수화 시켜 11로 초기화
02 : delay_time 매크로를 상수화 시켜 500으로 초기화
※ led와 delay_time을 매크로로 선언해 setup() 함수와 loop() 함수에 관여하게 합니다. 매크로를 선언하게 되면, 각 함수 구문의 매크로를 수정하지 않고 값을 바꾸어 코드를 쉽게 제어할 수 있는 장점이 있습니다.
05 : led를 출력 핀으로 설정
09 : led를 켜라. (led 매크로 안에는 디지털 11번 핀이 저장되어 있음)
10 : 1초 기다려라
11 : led를 꺼라. (led 매크로 안에는 디지털 11번 핀이 저장되어 있음)
12 : 1초 기다려라

▶ 동작 동영상

https://youtu.be/EUGAp70gm-8

#define 사용 방법

예 #define 상수명 값

#define은 특정 상수의 값을 선언할 때 사용하며, 선언된 상수의 값은 이후 setup() 함수나 loop() 함수에서 변경이 되지 않습니다. 이렇게 선언된 상수는 메모리 공간을 차지하지 않으므로 문장이 긴 코드를 작성할 때 활용합니다. 또한 값을 고정하기 위해서도 사용합니다.

아날로그(Analog) 신호로 LED 한 개 제어하기 I

학습 목표	아날로그 신호에 PWM과 for 문을 사용하여 LED가 서서히 밝아지게 해보기

준비물	LED 빨간색 1개, 저항 220Ω 1개, 점퍼선 2개

◆ 회로 구성

LED	아두이노
—(저항)	GND
+	D10

◆ 아두이노와 부품 연결 방법

문제 해결 프로그램

소스 파일명 : 09_01_03.ino

```
01 const int led = 10;
02 const int delay_time = 10;
03
04 void setup() {
05   pinMode(led, OUTPUT);
06 }
07
08 void loop() {
09   for (int i = 0; i <= 255; i++) {
10     analogWrite(led, i);
11     delay(delay_time);
12   }
13 }
```

01   : led 정수형 변수를 상수화 시켜 10으로 초기화

02   : delay_time 정수형 변수를 상수화 시켜 10으로 초기화

09~10 : for 반복문을 사용. 변수 i를 선언해 0을 대입, i <= 255 조건에 참이면 아날로그로 led를 작동, i++ 증가 식
        을 통해서 1을 증가시킨 후 다시 i에 대입, 조건을 만족하면 계속 작동하며, 조건(i <= 255) 에 거짓이 되면
        for 문을 빠져나옵니다.

11   : for 문 안에서 이루어지는 지연시간 0.01초

※ led는 0에서 255까지의 값이 들어가면서 서서히 밝아지고, 다시 0으로 돌아와서 서서히 밝아지는 패턴을 보입니다.

▶ 동작 동영상

https://youtu.be/_d8RKernjIM

analogWrite( ) 사용 방법

예 analogWrite(pin, value);

pin은 PWM(Pulse Width Modulation)이 가능한 디지털 핀(~3, ~5, ~6, ~9, ~10, ~11)을 사용
하며, value는 0~255 사이의 정수를 사용합니다.

이때 0은 0V이며, 255는 5V의 값이 공급됩니다. 디지털은 0과 1을 사용하여 중간값이 없지만, 아날
로그(0~1023)는 연속적인 값을 처리할 수 있어서 좀 더 다양한 값을 표현할 수 있습니다.

아날로그(Analog) 신호로 LED 한 개 제어하기 Ⅱ

LED	아두이노
(저항)	GND
+	D10

◆ 회로 구성   ◆ 아두이노와 부품 연결 방법

문제 해결 프로그램

소스 파일명 : 09_01_04.ino

```
01  const int led = 10;
02  const int delay_time = 10;
03
04  void setup() {
05    pinMode(led, OUTPUT);
06  }
07
08  void loop() {
09    for (int i = 0; i <= 255; i++) {
10      analogWrite(led, i);
11      delay(delay_time);
12    }
```

```
13    for (int i = 255; i >= 0; i--) {
14        analogWrite(led, i);
15        delay(delay_time);
16    }
17 }
```

01 : led 정수형 변수를 상수화 시켜 10으로 초기화
02 : delay_time 정수형 변수를 상수화 시켜 10으로 초기화
09~10 : for 반복문을 사용. 변수 i를 선언하여 0을 대입. i <= 255 조건에 참이면 아날로그로 led를 작동. i++ 증가
        식을 통해서 1을 증가시킨 후 다시 i에 대입. 조건을 만족하면 계속 작동하며. 조건(i <= 255)에 거짓이 되면
        for 문을 빠져나옵니다.
11 : for 문 안에서 이루어지는 지연시간 0.01초
13~15 : for 반복문을 사용하여 변수 i를 선언하여 255를 대입. i >= 0 조건에 참이면 아날로그로 led를 작동. i--
        감소 식을 통해서 1을 감소시킨 후 다시 i에 대입. 조건을 만족하면 계속 작동하며. 조건(i >= 0) 에 거짓이
        되면 for 문을 빠져나옵니다.

▶ 동작 동영상

https://youtu.be/5eZk6OAbSz8

LED의 깜빡이 횟수를 체크해서 제어하기

학습 목표	빨간색 LED의 깜빡이 횟수가 5회가 되면 녹색 LED를 2초간 켜졌다가 꺼지게 해보기

준비물	LED 2개, 저항 220Ω 2개, 점퍼선 5개

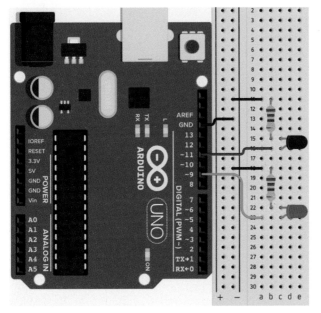

◆ 회로 구성

LED(빨간색)	LED(녹색)	아두이노
−(저항)	−(저항)	GND
+	·	D11
·	+	D9

◆ 아두이노와 부품 연결 방법

문제 해결 프로그램

```
01 const int red_led = 11;
02 const int green_led = 9;
03 const int delay_time = 500;
04 int counter = 0;
05
06 void setup() {
07   pinMode(red_led, OUTPUT);
08   pinMode(green_led, OUTPUT);
09 }
10
11 void loop() {
12   digitalWrite(red_led, HIGH);
13   delay(delay_time);
14   digitalWrite(red_led, LOW);
15   delay(delay_time);
16   counter++;
17
18   if (counter == 5) {
19     digitalWrite(green_led, HIGH);
20     delay(2000);
21     digitalWrite(green_led, LOW);
22     counter = 0;
23   }
24 }
```

01 : red_led 정수형 변수를 상수화 시켜 11로 초기화
02 : green_led 정수형 변수를 상수화 시켜 9로 초기화
04 : 정수형 counter 전역 변수를 선언하여 0으로 초기화
16 : 빨간색 led가 켜지고 꺼지면 counter를 1씩 증가
18 : 만약에 counter 횟수가 5이면
19 : green_led를 켜라
20 : 2초간 지연
21 : green_led를 꺼라
22 : 다시 처음부터 카운터 횟수를 세기 위해서 counter를 0으로 초기화

▶ 동작 동영상

https://youtu.be/~9PCL9DFJ~g

LED 여러 개 제어하기

학습 목표 기본 코드를 사용하여 LED 다섯 개를 0.5초 지연 시간 동안 순차적으로 켜졌다가 다시 꺼지게 해보기

준비물 LED 5개, 저항 220Ω 5개, 점퍼선 6개

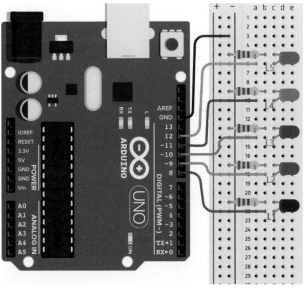

	L1	L2	L3	L4	L5	아두이노
	−(저항)	−(저항)	−(저항)	−(저항)	−(저항)	GND
	+	·	·	·	·	D8
	·	+	·	·	·	D9
	·	·	+	·	·	D10
	·	·	·	+	·	D11
	·	·	·	·	+	D12

◆ 회로 구성 　　　　　　　　　　　　　　　　◆ 아두이노와 부품 연결 방법

소스 파일명 : 09_01_06.ino

```
01 const int led1 = 8;
02 const int led2 = 9;
03 const int led3 = 10;
04 const int led4 = 11;
05 const int led5 = 12;
06
07 void setup() {
08   pinMode(led1, OUTPUT);
09   pinMode(led2, OUTPUT);
10   pinMode(led3, OUTPUT);
11   pinMode(led4, OUTPUT);
12   pinMode(led5, OUTPUT);
13 }
14
15 void loop() {
16   digitalWrite(led1, HIGH);
17   delay(500);
18   digitalWrite(led2, HIGH);
19   delay(500);
```

```
20    digitalWrite(led3, HIGH);
21    delay(500);
22    digitalWrite(led4, HIGH);
23    delay(500);
24    digitalWrite(led5, HIGH);
25    delay(500);
26    digitalWrite(led1, LOW);
27    delay(500);
28    digitalWrite(led2, LOW);
29    delay(500);
30    digitalWrite(led3, LOW);
31    delay(500);
32    digitalWrite(led4, LOW);
33    delay(500);
34    digitalWrite(led5, LOW);
35    delay(500);
36  }
```

▶ 동작 동영상

https://youtu.be/uo2NRTBsBCQ

for 문을 사용하여 스케치 코드를 간단하게 표현하기

학습 목표	for 문을 사용하여 다섯 개 LED의 제어 코드를 단순화시킨 후 순차적으로 켰다가 다시 역순으로 꺼지게 해보기

준비물	LED 5개, 저항 220Ω 5개, 점퍼선 6개

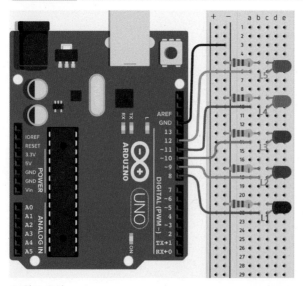

◆ 회로 구성

L1	L2	L3	L4	L5	아두이노
−(저항)	−(저항)	−(저항)	−(저항)	−(저항)	GND
+	·	·	·	·	D8
·	+	·	·	·	D9
·	·	+	·	·	D10
·	·	·	+	·	D11
·	·	·	·	+	D12

◆ 아두이노와 부품 연결 방법

문제 해결 프로그램

소스 파일명 : 09_01_07.ino

```
1 const int delay_time = 100;
2
3 void setup() {
4   for(int i = 8; i <= 12; i++) {
5   pinMode(i, OUTPUT);
6   }
7 }
8
9 void loop() {
10   for(int i = 8; i <= 12; i++) {
11     digitalWrite(i, HIGH);
12     delay(delay_time);
13   }
14
15   for(int i = 12; i >= 8; i--) {
16     digitalWrite(i, LOW);
17     delay(delay_time);
18   }
19 }
```

01 : delay_time 정수형 변수를 상수화 시켜 100으로 초기화
04 : for 문으로 i값 8부터 12까지 1씩 증가
05 : 디지털 핀 i에 8부터 12까지 대입하여 출력 핀으로 설정
10 : for 문으로 i값 8부터 12까지 1씩 증가
11 : 디지털 출력으로 i를 켜라, 이때 i에는 8부터 12까지 값이 들어옴
12 : 지연시간 0.5초
15 : for 문으로 i값 12부터 8까지 1씩 감소
16 : 디지털 출력으로 i를 꺼라, 이때 i에는 12부터 8까지 값이 들어옴
17 : 지연시간 0.5초

▶ 동작 동영상

https://youtu.be/d3OJiyoUlJU

배열과 for 문을 사용하여 스케치 코드를 간단하게 표현하기

학습 목표	다섯 개의 LED를 배열한 후, for 문을 사용하여 코드를 단순화시키고 순차적으로 켰다가 다시 역순으로 꺼지게 해보기

준비물	LED 5개, 저항 220Ω 5개, 점퍼선 6개

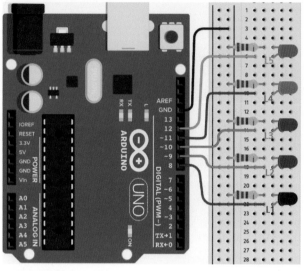

L1	L2	L3	L4	L5	아두이노
−(저항)	−(저항)	−(저항)	−(저항)	−(저항)	GND
+	·	·	·	·	D8
·	+	·	·	·	D9
·	·	+	·	·	D10
·	·	·	+	·	D11
·	·	·	·	+	D12

◆ 회로 구성   ◆ 아두이노와 부품 연결 방법

문제 해결 프로그램

소스 파일명 : 09_01_08.ino

```
01 int led_pins[5] = {8, 9, 10, 11, 12};
02 int delay_time = 50;
03
04 void setup() {
05   for(int i = 0; i <= 4; i++) {
06     pinMode(led_pins[i], OUTPUT);
07   }
08 }
09
10 void loop() {
11   for(int i = 0; i <= 4; i++) {
12     digitalWrite(led_pins[i], HIGH);
13     delay(delay_time);
14   }
15
16   for(int i = 4; i >= 0; i--) {
17     digitalWrite(led_pins[i], LOW);
18     delay(delay_time);
19   }
20 }
```

01 : 정수형 5개로 이루어진 led_pins 변수를 배열로 선언

05 : 배열 색인(index)을 0부터 4까지 배정해 led 5개를 출력 핀으로 설정

led_pins[0] = 8, led_pins[1] = 9, led_pins[2] = 10, led_pins[3] = 11

led_pins[4] = 12

11 : for 문으로 0∼4까지 1씩 증가

12 : 배열 색인(index)을 사용하여 led를 순차적으로 켜기

16 : for 문으로 4∼0까지 1씩 감소

17 : 배열 색인(index)을 사용하여 led를 순차적으로 끄기

▶ 동작 동영상

https://youtu.be/36WwPj4rIZI

배열을 사용하여 홀 · 짝수 LED 점멸해 보기

학습 목표 다섯 개의 LED를 배열한 후, 산술 연산자를 사용하여 홀수 LED와 짝수 LED ON/OFF 해보기

준비물 LED 5개, 저항 220Ω 5개, 점퍼선 6개

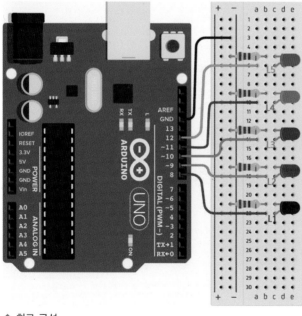

◆ 회로 구성

L1	L2	L3	L4	L5	아두이노
−(저항)	−(저항)	−(저항)	−(저항)	−(저항)	GND
+	·	·	·	·	D8
·	+	·	·	·	D9
·	·	+	·	·	D10
·	·	·	+	·	D11
·	·	·	·	+	D12

◆ 아두이노와 부품 연결 방법

문제 해결 프로그램

```
01  int led_pins[5] = {8, 9, 10, 11, 12};
02  int delay_time = 1000;
03
04  void setup() {
05    for (int i = 0; i <= 4; i++) {
06      pinMode(led_pins[i], OUTPUT);
07    }
08  }
09
10  void loop() {
11    for (int i = 0; i < 5; i++) {
12      if (led_pins[i] % 2 == 1) { //홀수
13        digitalWrite(led_pins[i], HIGH);
14      }
15      else {
16        digitalWrite(led_pins[i], LOW);
17      }
18    }
19    delay(delay_time);
20    for (int i = 0; i < 5; i++) {
21      if (led_pins[i] % 2 == 0) { //짝수
22        digitalWrite(led_pins[i], HIGH);
23      }
24      else {
25        digitalWrite(led_pins[i], LOW);
26      }
27    }
28    delay(delay_time);
29  }
```

12   : led 핀 번호를 2로 나누어 나머지가 1이면(홀수)

13   : 홀수에 해당한 led 즉, 디지털 9번 핀, 11번 핀을 켜라

15~16 : 그렇지 않으면 led를 꺼라

21   : led 핀 번호를 2로 나누어 나머지가 0이면(짝수)

22   : 짝수에 해당한 led 즉, 디지털 8번 핀, 10번 핀, 12번 핀을 켜라

24~25 : 그렇지 않으면 led를 꺼라

▶ 동작 동영상

https://youtu.be/iVpAVeklCMo

random( ) 함수를 사용하여 무작위 LED 켜기

준비물   LED 5개, 저항 220Ω 5개, 점퍼선 6개

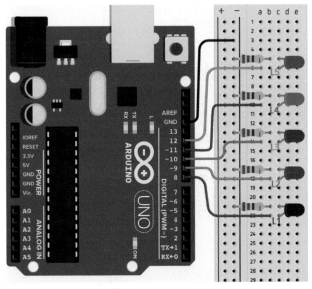

◆ 회로 구성

	L1	L2	L3	L4	L5	아두이노
	-(저항)	-(저항)	-(저항)	-(저항)	-(저항)	GND
	+	·	·	·	·	D8
	·	+	·	·	·	D9
	·	·	+	·	·	D10
	·	·	·	+	·	D11
	·	·	·	·	+	D12

◆ 아두이노와 부품 연결 방법

문제 해결 프로그램

소스 파일명 : 09_01_10.ino

```
01 int led_pins[5] = {8, 9, 10, 11, 12};
02 int delay_time = 500;
03
04 void setup() {
05   randomSeed(analogRead(A0));
06   for (int i = 0; i <= 4; i++) {
07     pinMode(led_pins[i], OUTPUT);
08   }
09 }
10
11 void loop() {
12   int number = random(0, 5);
13   switch (number) {
14     case 0:
15       digitalWrite(led_pins[number], HIGH);
16       delay(delay_time);
17       digitalWrite(led_pins[number], LOW);
18       delay(delay_time);
19       break;
20     case 1:
```

```
21        digitalWrite(led_pins[number], HIGH);
22        delay(delay_time);
23        digitalWrite(led_pins[number], LOW);
24        delay(delay_time);
25        break;
26
27      case 2:
28        digitalWrite(led_pins[number], HIGH);
29        delay(delay_time);
30        digitalWrite(led_pins[number], LOW);
31        delay(delay_time);
32        break;
33
34      case 3:
35        digitalWrite(led_pins[number], HIGH);
36        delay(delay_time);
37        digitalWrite(led_pins[number], LOW);
38        delay(delay_time);
39        break;
40
41      case 4:
42        digitalWrite(led_pins[number], HIGH);
43        delay(delay_time);
44        digitalWrite(led_pins[number], LOW);
45        delay(delay_time);
46      break;
47    }
48  }
```

05   : 랜덤 함수의 시작점 부여를 통해 다양한 랜덤 값 도출
12   : 랜덤 함수에서 얻은 난수를 number에 저장
13   : switch 문으로 난수 값이 들어옴
14   : 난수 값이 0일 때
15~18 : 배열 인덱스 사용, led_pins[0] = 8, led를 켰다가 끈다.
19   : switch 문을 벗어나라
20   : 난수 값이 1일 때
21~24 : led_pins[1] = 9, led를 켰다가 끈다.
27   : 난수 값이 2일 때
28~31 : led_pins[2] = 10, led를 켰다가 끈다.
34   : 난수 값이 3일 때
35~38 : led_pins[3] = 11, led를 켰다가 끈다.
41   : 난수 값이 4일 때
42~45 : led_pins[4] = 12, led를 켰다가 끈다.
46   : break로 switch 문을 벗어남

▶ 동작 동영상

https://youtu.be/nyFzsnkrF_w

random( ) 함수 사용 방법

random()

▶ 사용 예시: random(최대값);

  => 0부터 ~ (최댓값 - 1) 범위 내의 숫자를 난수로 추출합니다.

▶ 사용 예시: random(최소값, 최대값);

  => 최솟값 ~ (최댓값 - 1)까지 난수 추출

  => random(0, 5)이라고 하면 최솟값 0부터 4까지의 난수를 추출합니다.

randomSeed()

random() 함수의 시작점을 결정해 주는 함수입니다.

void setup() 함수에서 설정해 줍니다.

▶ 설정 방법: randomSeed(analogRead(A0));

  => 아두이노의 아날로그 핀은 0에서 5V 사이의 전압값을 0에서 1023 사이의 값으로 변환하여 들어오기 때문에, 그사이에서 임의의 값을 뽑아 random() 함수의 시작점으로 부여합니다. 이렇게 randomSeed()를 사용하면 random() 함수의 규칙성이 없어진 난수 값이 발생하기 때문에 다양한 난수를 추출하기 위해서 사용합니다.

analogRead()

▶ 사용 예시: analogRead(pin);

  => analogRead() 함수는 아날로그 입력 핀 값을 읽어 들일 때 사용하는 명령어입니다. 매개변수 pin은 아날로그 A0 ~ A5 핀을 사용하거나, 숫자 0 ~ 5를 사용할 수 있습니다. A0와 0, A1과 1, A2와 2, A3와 3, A4와 4, A5와 5는 같은 핀 번호를 나타냅니다. 하지만 이 책에서 필자는 스케치 코드의 가독성을 높이기 위해 A0 ~ A5로 표현해서 사용합니다.

▶ 아날로그 핀을 디지털 입·출력 핀으로 사용 가능

  => A0 = D14, A1 = D15, A2 = D16,

     A3 = D17, A4 = D18, A5 = D19

  => 사용 예시: int led = 14; led 긴 다리 쪽을 A0에 연결하면 됩니다.

03 _ 02 푸시버튼(Push Button)

푸시버튼은 하나의 스위치 역할을 하는 입력장치입니다. 버튼 ❶번 핀과 ❷번 핀은 서로 연결되어 있으며, ❸번 핀과 ❹번 핀 또한 연결되어 있습니다. 버튼을 누르면 A와 B가 연결되어 전류가 흐르게 됩니다. 버튼의 회로 구성은 ❶, ❸번 핀 또는 ❷, ❹번 핀의 한쪽 편의 핀을 선택하여 연결하면 됩니다.

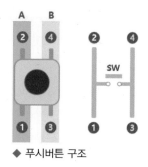

◆ 푸시버튼 구조

플로팅(floating)

버튼을 누르지 않은 상태에서 0(LOW)과 1(HIGH) 사이를 계속 왔다 갔다 하는 불안정한 상황을 말합니다. 이는 입력 핀의 전압이 0V 또는 5V에 대해 고정되지 않기 때문에 발생합니다. 이렇게 되면 사용자가 원하는 스위치의 기능을 제대로 작동시킬 수 없기 때문에, 플로팅 현상을 잡아주는 방법으로 풀업(Pull-Up)과 풀다운(Pull-Down)을 사용합니다.

플로팅(floating) 확인 스케치 코드 따라하기

학습 목표	버튼에 디지털 12번 핀과 5V에 연결하여 플로팅 현상 확인해 보기

준비물	버튼 1개, 점퍼선 2개

◆ 회로 구성

버튼	아두이노
A	D12
B	5V

◆ 아두이노와 부품 연결 방법

문제 해결 프로그램

```
01 const int button = 12;
02
03 void setup() {
04   pinMode(button, INPUT);
05   Serial.begin(9600);
06 }
07
08 void loop() {
09   int button_state = digitalRead(button);
10   Serial.print("button_state: ");
11   Serial.println(button_state);
12   delay(10);
13 }
```

스위치 회로가 열려있는 상태에서는 시리얼 모니터를 보면 0이 출력되는 것을 확인할 수 있습니다. 스위치가 닫혀 있는 상태가 되면 5V가 12번 핀으로 공급이 되기 때문에 시리얼 모니터에 1이 출력됩니다. 이 부분이 정상적으로 잠깐 보일 수 있지만, 스위치에서 손을 떼면 시리얼 모니터에서 0과 1이 계속 바뀌면서 출력되는 것을 확인할 수 있습니다. 이 현상을 플로팅이라고 합니다.

▶ 동작 동영상

https://youtu.be/Iup_tY68JMY

digitalRead( ) 함수 이해하기

digitalRead() 함수 = 입력값을 처리

▶ 사용 예시: digitalRead(pin);

 => digitalRead() 함수는 디지털 입력 핀 값을 읽어 들일 때 사용하는 명령어이며, 매개변수 pin은 디지털 0번~13번 핀을 사용합니다. 전압이 5V 이면 결괏값이 HIGH(1)를 나타내며, 전압이 0V 이면 결괏값이 LOW(0) 값을 나타냅니다.

풀업(Pull Up)

버튼이 열림 상태에서 5V 핀 쪽에 10kΩ을 연결하여 아두이노 입력 단자에 5V를 공급해 주며, 버튼 이 닫힌 상태가 되면 GND에 연결되어 아두이노 입력 단자에 0V를 공급해 줍니다. 이때 플로팅 상 태를 5V의 전원 전압으로 끌어올려 스위치의 역할을 할 수 있게 하는 버튼 연결 방식입니다.

풀업(Pull Up) 회로 원리

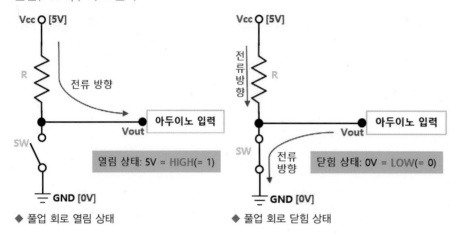

◆ 풀업 회로 열림 상태　　　　　◆ 풀업 회로 닫힘 상태

풀업(Pull Up) 회로 입·출력 값(상태)

스위치	입력	출력	스위치	입력	출력
OFF	5V(HIGH)	켜짐(1)	ON	0V(LOW)	꺼짐(0)

풀업(Pull Up) 회로 구성 및 스케치 코드 따라 하기

학습 목표	버튼에 풀업 회로를 구성하여 스위치의 입력값과 출력값 확인해 보기

준비물	버튼 1개, 저항 10kΩ 1개, 점퍼선 5개

◆ 회로 구성

저항	버튼	아두이노
·	A	GND
B	B	D2
C	·	5V

◆ 아두이노와 부품 연결 방법

문제 해결 프로그램

```
01 const int button = 2;
02
03 void setup() {
04   pinMode(button, INPUT);
05   Serial.begin(9600);
06 }
07
08 void loop() {
09   int button_state = digitalRead(button);
10   Serial.print("button_state: ");
11   Serial.println(button_state);
12   delay(10);
13 }
```

04 : button 핀을 입력 핀으로 설정
05 : 시리얼 통신 속도 9600으로 시작
09 : 버튼의 신호를 디지털 값으로 읽어서 button_state에 저장
10 : "button_state:" 문자열을 시리얼 모니터에 출력
11 : button_state에 저장된 값을 시리얼 모니터에 출력
12 : 지연시간 0.01초

▶ 동작 동영상

https://youtu.be/7B6BG5mRDfA

풀업(Pull Up) 회로를 구성하여 버튼으로 LED 제어하기

학습 목표	버튼에 풀업 회로를 구성하여 LED를 ON/OFF 해보기

준비물	LED 1개, 저항 10㏀ 1개, 저항 220Ω 1개, 버튼 1개, 점퍼선 7개

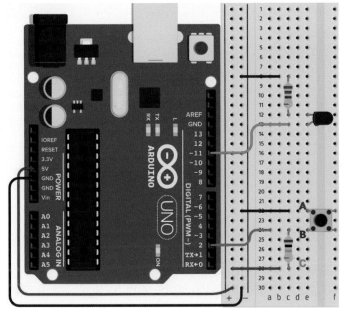

◆ 회로 구성

LED	저항 10㏀	버튼	아두이노
−(저항 220Ω)	·	A	GND
+	·	·	D11
·	B	B	D2
·	C	·	5V

◆ 아두이노와 부품 연결 방법

문제 해결 프로그램

```
1 const int button = 2;
2 const int led = 11;
3
4 void setup() {
5   pinMode(button, INPUT);
6   pinMode(led, OUTPUT);
7   Serial.begin(9600);
8 }
9
10 void loop() {
11   int button_state = digitalRead(button);
12   Serial.println(button_state);
13
14   if (button_state == HIGH) {
15     digitalWrite(led, HIGH);
16   }
17   else {
18     digitalWrite(led, LOW);
19   }
20 }
```

05 : button을 입력 핀으로 설정
06 : led를 출력 핀으로 설정
11 : 버튼의 신호를 디지털 값으로 읽어서 button_state에 저장
12 : button_state에 저장된 값을 시리얼 모니터에 출력
14 : 만약에 button_state의 값이 HIGH이면
15 : led를 켜라
17 : 그렇지 않으면
18 : led를 꺼라

▶ 동작 동영상

https://youtu.be/tkVy0rl4iCl

풀다운(Pull Down)

버튼이 열림 상태에서 GND 핀 쪽에 10kΩ을 연결하여 아두이노 입력 단자에 0V를 공급해 주며, 버튼이 닫힌 상태가 되면 5V에 연결되어 아두이노 입력 단자에 5V를 공급해 줍니다. 이때 플로팅 상태를 0V의 전원 전압으로 끌어내려 스위치의 역할을 할 수 있게 하는 버튼 연결 방식입니다.

풀다운(Pull Down) 회로 원리

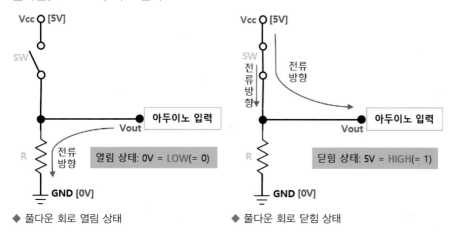

열림 상태: 0V = LOW(= 0)	닫힘 상태: 5V = HIGH(= 1)
◆ 풀다운 회로 열림 상태	◆ 풀다운 회로 닫힘 상태

풀다운(Pull Down) 회로 입·출력 값(상태)

스위치	입력	출력	스위치	입력	출력
OFF	0V(LOW)	켜짐(0)	ON	5V(HIGH)	꺼짐(1)

풀다운(Pull Down) 회로 구성 및 스케치 코드 따라 하기

학습 목표	버튼에 풀다운 회로를 구성하여 스위치의 입력값과 출력값 확인해 보기

준비물	버튼 1개, 저항 10㏀ 1개, 점퍼선 5개

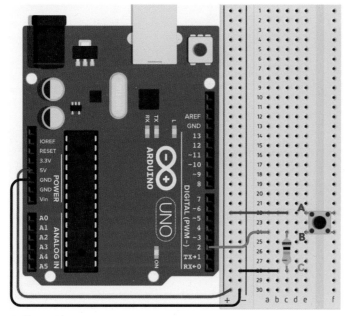

◆ 회로 구성

저항	버튼	아두이노
·	A	5V
B	B	D2
C	·	GND

◆ 아두이노와 부품 연결 방법

```
1  const int button = 2;
2
3  void setup() {
4    pinMode(button, INPUT);
5    Serial.begin(9600);
6  }
7
8  void loop() {
9    int button_state = digitalRead(button);
10   Serial.print("button_state: ");
11   Serial.println(button_state);
12   delay(10);
13 }
```

01 : button 정수형 변수를 상수화 시켜 2로 초기화
03 : 프로그램 시작 시 한 번만 실행
04 : button 핀을 입력 핀으로 설정
05 : 시리얼 통신 속도 9600으로 시작
08 : 무한 반복으로 실행
09 : 버튼의 신호를 디지털 값으로 읽어서 button_state
에 저장
10 : "button_state:" 문자열을 시리얼 모니터에 출력
11 : button_state에 저장된 값을 시리얼 모니터에 출력
12 : 지연시간 0.01초

▶ 동작 동영상
https://youtu.be/aV40u-237v0

풀다운(Pull Down) 회로를 구성하여 버튼으로 LED 제어하기

학습 목표	버튼에 풀다운 회로를 구성하여 LED를 ON/OFF 해보기

준비물	버튼 1개, 저항 10kΩ 1개, LED 1개, 저항 220Ω 1개, 점퍼선 7개

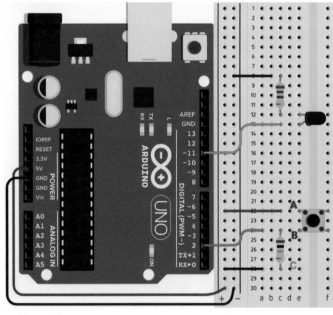

◆ 회로 구성

LED	저항 10kΩ	버튼	아두이노
-(저항 220Ω)	C	·	GND
+	·	·	D11
·	·	A	5V
·	B	B	D2

◆ 아두이노와 부품 연결 방법

문제 해결 프로그램

소스 파일명 : 09_02_05.ino

```
01 const int button = 2;
02 const int led = 11;
03
04 void setup() {
05   pinMode(button, INPUT);
06   pinMode(led, OUTPUT);
07   Serial.begin(9600);
08 }
09
10 void loop() {
11   int button_state = digitalRead(button);
12   Serial.println(button_state);
13
14   if (button_state == HIGH) {
15     digitalWrite(led, HIGH);
16   }
17   else {
18     digitalWrite(led, LOW);
19   }
20 }
```

05 : button을 입력 핀으로 설정

06 : led를 출력 핀으로 설정

11 : 버튼의 신호를 디지털 값으로 읽어서 button_state에 저장

12 : button_state에 저장된 값을 출력

14 : 만약에 button_state의 값이 HIGH이면

15 : led를 켜라

17 : 그렇지 않으면

18 : led를 꺼라

▶ 동작 동영상

https://youtu.be/yqhELCOB6cw

아두이노 내부 풀업 저항을 사용하여 버튼으로 LED 제어하기

아두이노 보드에 내장된 풀업 저항을 사용하는 것이며, 여러 개의 버튼을 사용할 때 10㏀ 저항을 사용하지 않고 회로 구성을 간단하게 할 수 있는 방법을 말합니다.

▶ 사용 예시: pinMode(pin, INPUT_PULLUP);

=〉 매개변수 pin은 입력 핀을 사용합니다.

INPUT_PULLUP은 내부 풀업 저항을 사용할 때 사용하는 명령어입니다.

준비물 ▐ 버튼 1개, LED 1개, 저항 220Ω 1개, 점퍼선 5개

◆ 회로 구성

◆ 아두이노와 부품 연결 방법

LED	버튼	아두이노
−(저항 220Ω)	A	GND
+	·	D11
·	B	D2

문제 해결 프로그램

소스 파일명 : 09_02_06.ino

```
01 const int button = 2;
02 const int led = 11;
03
04 void setup() {
05   pinMode(button, INPUT_PULLUP);
06   pinMode(led, OUTPUT);
07   Serial.begin(9600);
08 }
09
10 void loop() {
11   int button_state = digitalRead(button);
12   Serial.println(button_state);
13
14   if (button_state == LOW) {
15     digitalWrite(led, HIGH);
16   }
17   else {
18     digitalWrite(led, LOW);
19   }
20 }
```

05 : button을 입력 핀, 내부 풀업 저항 사용으로 설정

06 : led를 출력 핀으로 설정

11 : 버튼의 신호를 디지털 값으로 읽어서 button_state에 저장

12 : button_state에 저장된 값을 출력

14 : 만약에 button_state의 값이 LOW(누름)이면

15 : led를 켜라

17 : 그렇지 않으면

18 : led를 꺼라

▶ 동작 동영상

https://youtu.be/uftunHc5D98

아두이노 내부 풀업 저항을 사용하여 버튼 두 개로 LED 두 개 제어하기

학습 목표 아두이노 내부 풀업 저항을 사용하여 버튼 1을 누르면 LED 1이 켜지고, 버튼 2를 누르면 LED 2가 켜지게 해보기

준비물 버튼 2개, LED 2개, 저항 220Ω 2개, 점퍼선 9개

◆ 회로 구성

LED 2	LED 1	버튼 2	버튼 1	아두이노
−(저항 220Ω)	−(저항 220Ω)	A	C	GND
+	·	·	·	D12
·	+	·	·	D11
·	·	B	·	D3
·	·	·	D	D2

◆ 아두이노와 부품 연결 방법

문제 해결 프로그램

소스 파일명 : 09_02_07.ino

```
01 const int button1 = 2;
02 const int button2 = 3;
03 const int led1 = 11;
04 const int led2 = 12;
05
06 void setup() {
07   pinMode(button1, INPUT_PULLUP);
```

```
08   pinMode(button2, INPUT_PULLUP);
09   pinMode(led1, OUTPUT);
10   pinMode(led2, OUTPUT);
11   Serial.begin(9600);
12 }
13
14 void loop() {
15   int button_state1 = digitalRead(button1);
16   int button_state2 = digitalRead(button2);
17   Serial.print("button_state1: ");
18   Serial.println(button_state1);
19   Serial.print("button_state2: ");
20   Serial.println(button_state2);
21
22   if (button_state1 == LOW) {
23      digitalWrite(led1, HIGH);
24   }
25   else if (button_state2 == LOW) {
26      digitalWrite(led2, HIGH);
27   }
28   else {
29      digitalWrite(led1, LOW);
30      digitalWrite(led2, LOW);
31   }
32   delay(100);
33 }
```

01   : button1 정수형 변수를 상수화 시켜 2로 초기화
02   : button2 정수형 변수를 상수화 시켜 3으로 초기화
03   : led1 정수형 변수를 상수화 시켜 11로 초기화
04   : led2 정수형 변수를 상수화 시켜 12로 초기화
07   : button1을 입력 핀, 내부 풀업 저항 사용으로 설정
08   : button2를 입력 핀, 내부 풀업 저항 사용으로 설정
15   : button1의 신호를 디지털 값으로 읽어서 button_state1에 저장
16   : button2의 신호를 디지털 값으로 읽어서 button_state2에 저장
22   : 만약에 button_state1의 값이 LOW(누름)이면
23   : led1을 켜라
25   : 그렇지 않고 button_state2의 값이 LOW(누름)이면
26   : led2를 켜라
28   : 그밖에는
29~30 : led1과 led2를 꺼라

▶ 동작 동영상

https://youtu.be/yRZ5IXYXCeE

버튼스위치 상태 변화를 확인하여 LED 제어하기

버튼을 누르거나 뗄 때 미세한 전기적 신호에 의해 바운싱(Bouncing) 즉, 잡음이 일어나는 현상을 채터링(Chattering)이라고 합니다. 이러한 현상을 해결하기 위해서는 하드웨어적인 방법과 소프트웨어적인 방법을 사용할 수 있습니다. 필자는 이 책에서 바운싱을 디바운스(Debounce) 처리하기 위해, 소프트웨어적인 방법을 사용했습니다.

> **▲▲ 디바운스(Debounce) _ 출처 : 네이버 지식백과**
> 버튼 등의 디지털 입력에서 바운싱을 제거하여 입력하는 것을 말함

학습 목표	버튼스위치의 상태 변화를 체크하여 LED를 ON/OFF 해보기

준비물	버튼 1개, LED 1개, 저항 220Ω 1개, 점퍼선 5개, 버튼은 내부 풀업저항

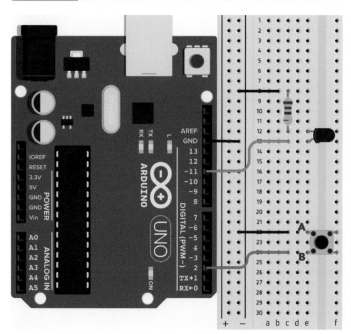

◆ 회로 구성

LED	버튼	아두이노
−(저항 220Ω)	A	GND
+	·	D11
·	B	D2

◆ 아두이노와 부품 연결 방법

문제 해결 프로그램

소스 파일명 : 09_02_08.ino

```
01 boolean led_state = false;
02 const int led = 11;
03 const int button = 2;
04 boolean button_state;
05 boolean previous_button_state = true;
```

```
06  const int delay_time = 50;
07
08  void setup() {
09    Serial.begin(9600);
10    pinMode(led, OUTPUT);
11    pinMode(button, INPUT_PULLUP);
12  }
13
14  void loop() {
15    button_state = digitalRead(button);
16    Serial.println(button_state);
17    if (previous_button_state == true && button_state == false) {
18      if (led_state == false) {
19        digitalWrite(led, HIGH);
20        led_state = true;
21      }
22      else {
23        digitalWrite(led, LOW);
24        led_state = false;
25      }
26    }
27    previous_button_state = button_state;
28    delay(delay_time);
29  }
```

01 : 논리형으로 led 상태 변수를 선언하여 거짓을 저장

04 : 논리형으로 현재 버튼의 상태 변수 선언

05 : 논리형으로 이전 버튼 상태 변수를 선언하여 참을 저장

11 : 버튼에 아두이노 내부 풀업 저항을 사용

15 : 현재 버튼의 누른 상태를 읽어서 button_state에 저장

17 : 만약에 이전 버튼 상태가 참, 현재 버튼 상태가 거짓인 두 조건을 만족하고

18 : 만약에 led 상태가 거짓이면

19 : led를 켜라

20 : led_state 상태에 참을 저장

22 : 그렇지 않으면

23 : led를 꺼라

24 : led_state 상태에 거짓을 저장

27 : 이전 버튼 상태에 현재 버튼 상태를 저장

28 : 버튼의 바운싱 지연을 위한 시간

➡ 동작 동영상

https://youtu.be/xL8OPfKfcnc

03 _ 03 조도 센서(Photoresistor)

조도 센서(Photoresistor)는 주변 빛의 세기를 감지하여 저항값에 따라 전류의 흐름을 제어할 수 있는 전자 부품입니다. 내부 광전 효과를 사용하여 주변 빛의 양이 많아지면 저항값은 작아지고(전류↑), 주변 빛의 양이 적어지면 저항값은 커지게(전류↓) 되어 전류의 흐름을 제어하게 되는데, 이때 사용자가 원하는 비율 변화 값을 보기 위해서는 1㏀ ~ 10㏀ 사이의 저항을 연결하여 사용해야 합니다. 조도 센서는 극성이 없기 때문에 한쪽 단자에 GND(접지), 다른 쪽 단자에 A0(아날로그)와 10㏀ 저항과 5V를 연결하여 데이터값을 측정할 수 있습니다.

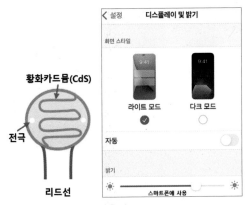

◆ 조도센서 구조 및 사용처

※ 황화카드뮴(Cadmium Sulfide, CdS)은 조도 센서에 사용되는 재료로, 반도체 성질을 이용한 화합물입니다.

▶ 조작 방법

- 규격 : $5 \times 4 \times 36$
- 작동 전압 : 5V
- 회로 구성 : 극성이 없기 때문에 한쪽 단자에 GND와 다른 쪽 단자에 아날로그 핀과 분기해서 저항과 5V를 연결

※반대로 연결하면 출력값이 달라짐

밝기의 정의와 단위(출처: 산업안전대사전, 저자: 최상복)

표시	정의	단위와 약호
조도	장소의 밝기	럭스(lx)
광도	광원에서 어떤 방향에 대한 밝기	칸델라(cd)
광속	광원 전체의 밝기	루우멘(lm)
휘도	광원의 외관상 단위면적 당의 밝기	cd/㎡ 또는 스틸브(sb)
광속 발산도	물건의 밝기(조도, 반사율)	래드럭스(rlx)

※ 조도(럭스 : lx) = $\dfrac{\text{광속(루멘} : lm)}{(\text{거리}\,(m))^2}$

조도 센서(Photoresistor) 제어하기

학습 목표	조도 센서에 10㏀ 저항을 연결하여 데이터값을 출력해 주변 환경의 밝기를 확인해 보기

준비물	조도 센서 1개, 저항 10㏀ 1개, 점퍼선 5개

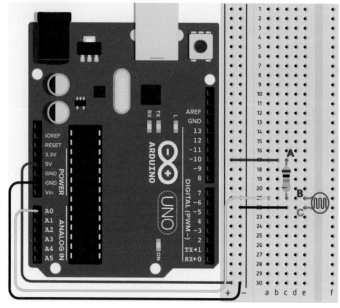

◆ 회로 구성

저항	조도센서	아두이노
A	•	5V
B	B	A0
•	C	GND

◆ 아두이노와 부품 연결 방법

문제 해결 프로그램

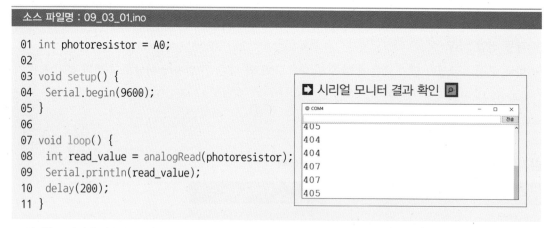

소스 파일명 : 09_03_01.ino

```
01 int photoresistor = A0;
02
03 void setup() {
04   Serial.begin(9600);
05 }
06
07 void loop() {
08   int read_value = analogRead(photoresistor);
09   Serial.println(read_value);
10   delay(200);
11 }
```

▶ 시리얼 모니터 결과 확인

```
405
404
404
407
407
405
```

※ 시리얼 모니터에 결괏값이 높을수록 주변 환경이 어둡고, 결괏값이 낮을수록 주변 환경이 밝다는 것을 나타냅니다. 또한, 결괏값은 사용자의 조명 환경에 따라서 달라질 수 있습니다

01 : photoresistor를 정수형 전역 변수로 선언하여 A0로 초기화
04 : 시리얼 통신을 9600 속도로 시작
08 : 아날로그로 조도 센서의 값을 읽어서 read_value에 저장
09 : read_value에 저장된 값을 출력
10 : 지연시간 0.2초

▶ 동작 동영상

https://youtu.be/WD5o4Dor_2w

조도 센서(Photoresistor)를 사용하여 LED 한 개 제어하기

학습 목표 조도 센서에서 측정한 데이터 값이 500 이상이면 LED가 켜지고, 그 이하면 LED가 꺼지게 해보기

준비물 조도 센서 1개, 저항 10㏀ 1개, LED 1개, 저항 220Ω 1개, 점퍼선 7개

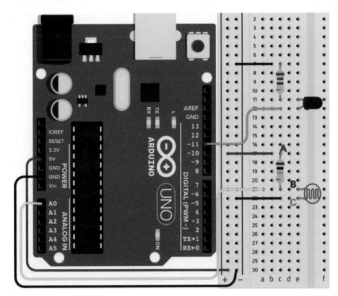

◆ 회로 구성

◆ 아두이노와 부품 연결 방법

LED	저항	조도센서	아두이노
+	·	·	D11
·	A	·	5V
·	B	B	A0
−(저항)	·	C	GND

문제 해결 프로그램

소스 파일명 : 09_03_02.ino

```
01 #define photoresistor A0
02 #define led 11
03
04 void setup() {
05   Serial.begin(9600);
06   pinMode(led, OUTPUT);
07 }
08
09 void loop() {
10   int read_value = analogRead(photoresistor);
11   Serial.println(read_value);
12   if (read_value > 500) {
13     digitalWrite(led, HIGH);
14   }
15   else {
16     digitalWrite(led, LOW);
17   }
18 }
```

01 : photoresistor 매크로를 상수화 시켜 A0로 초기화

02 : led 매크로를 상수화 시켜 11로 초기화

05 : 시리얼 통신을 9600 속도로 시작

06 : led를 출력 핀으로 설정

10 : 아날로그로 조도 센서의 값을 읽어서 read_value에 저장

11 : read_value에 저장된 값을 시리얼 모니터에 출력

12 : 만약에 read_value값이 5000이상이면

13 : led를 켜라

15 : 그렇지 않으면

16 : led를 꺼라

▶ 동작 동영상

https://youtu.be/2gmamzgA8bo

조도 센서(Photoresistor)에 map() 함수를 사용하여 LED 한 개 제어하기

학습 목표	측정한 값을 map() 함수에 대입하여 사용자가 원하는 데이터값으로 변환한 후 LED 밝기를 아날로그로 출력해 보기

준비물	조도 센서 1개, 저항 10㏀ 1개, LED 1개, 저항 220Ω 1개, 점퍼선 7개

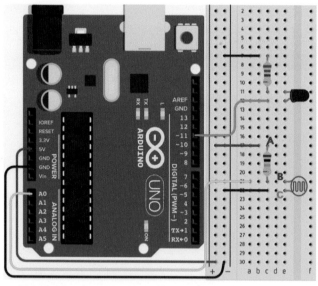

◆ 회로 구성

LED	저항	조도센서	아두이노
+	·	·	D11
·	A	·	5V
·	B	B	A0
−(저항)	·	C	GND

◆ 아두이노와 부품 연결 방법

문제 해결 프로그램

소스 파일명 : 09_03_03.ino

```
01 #define photoresistor A0
02 #define led 11
03
04 void setup() {
05   Serial.begin(9600);
06   pinMode(led, OUTPUT);
07 }
08
09 void loop() {
10   int read_value = analogRead(photoresistor);
11   int map_value = map(read_value, 0, 1023, 0, 255);
12   Serial.print( read_value);
13   Serial.print(" => "); //변환할 값과 목표 범위의 값을 구분
14   Serial.println(map_value);
15   analogWrite(led, map_value);
16   delay(100);
17 }
```

01 : photoresistor 매크로를 상수화 시켜 A0로 초기화
02 : led 매크로를 상수화 시켜 11로 초기화
05 : 시리얼 통신을 9600 속도로 시작
06 : led를 출력 핀으로 설정
10 : 아날로그로 조도 센서의 값을 읽어서 read_value에 저장
11 : read_value에 저장된 변환할 값은 0부터 1023까지의 값이 들어오며, 이 값을 0에서 255까지의 값으로 비례하여 변환해 map_value 변수에 저장
14 : map_value에 저장된 값을 출력
15 : led의 밝기를 map_value에 저장된 값으로 지정하여 아날로그로 출력

※ analogWrite() 함수를 사용하기 위해서는 PWM이 지원이 되는 디지털 핀(~3,~5,~6,~9,~10,~11)을 사용합니다.

▶ 동작 동영상
https://youtu.be/TijFCFmV27s

map() 함수 이해하기
map() 함수
▶ 사용 예시

map() 함수는 특정 범위에 속하는 값을 사용자가 원하는 다른 범위의 값으로 변환해 주는 명령어입니다.

▶ 코드 해석

```
int read_value = analogRead(photoresistor);
```
ㄴ 포토레지스터에서 읽어 들인 값을 read_value(변환할 값)에 저장

```
int map_value = map(read_value, 0, 1023, 0, 255);
```
ㄴ 변환할 값은 0부터 1023까지의 값이 들어오며, 이 값을 0에서 255까지의 값으로 비례하여 변환해 map_value 변수에 저장합니다.

조도 센서(Photoresistor)를 사용하여 LED 두 개 제어하기

학습 목표 측정한 데이터값에 따라 다중 if ~ else 문을 사용하여 LED 1, LED 2 ON/OFF 해보기

준비물 조도 센서 1개, 저항 10㏀ 1개, LED 2개, 저항 220Ω 2개, 점퍼선 9개

◆ 회로 구성

L 2	L 1	저항	조도 센서	아두이노
+	·	·	·	D12
·	+	·	·	D11
·	·	A	·	5V
·	·	B	B	A0
−(저항)	−(저항)	·	C	GND

◆ 아두이노와 부품 연결 방법

문제 해결 프로그램

```
01 #define photoresistor A0
02 #define led1 11
03 #define led2 12
04
05 void setup() {
06   Serial.begin(9600);
07   pinMode(led1, OUTPUT);
08   pinMode(led2, OUTPUT);
09 }
10
11 void loop() {
12   int read_value = analogRead(photoresistor);
13   Serial.println(read_value);
14
15   if (read_value > 800) {
16     digitalWrite(led1, HIGH);
17     digitalWrite(led2, LOW);
18   }
19
20   else if ( read_value > 500 ) {
21     digitalWrite(led1, LOW);
22     digitalWrite(led2, HIGH);
23   }
24
25   else {
26     digitalWrite(led1, LOW);
27     digitalWrite(led2, LOW);
28   }
29   delay(100);
30 }
```

12 : 아날로그로 조도 센서의 값을 읽어서 read_value에 저장

13 : read_value에 저장된 값을 출력

15 : 만약에 read_value에 저장된 값이 800 이상이면

16 : led 1을 켜라

17 : led 2를 꺼라

20 : 그렇지 않고 read_value에 저장된 값이 500 이상이면

21 : led 1을 꺼라

22 : led 2를 켜라

25 : 그밖에는

26 : led 1을 꺼라

27 : led 2를 꺼라

29 : 지연시간 0.1초

▶ 동작 동영상

https://youtu.be/2bPb8R-E7AY

조도 센서(Photoresistor)에 map() 함수와 switch~case 문을 사용하여 LED 두 개 제어하기

측정한 값을 map() 함수에 대입하여 사용자가 원하는 데이터값으로 변환한 후 switch~case 문을 사용하여 LED 1, LED 2 깜박이게 해보기

조도 센서 1개, 저항 10㎄ 1개, LED 2개, 저항 220Ω 2개, 점퍼선 9개

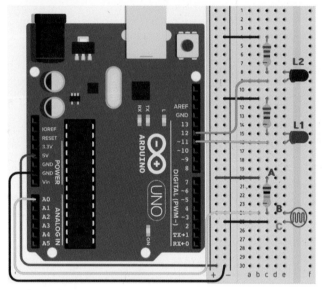

◆ 회로 구성

L 2	L 1	저항	조도 센서	아두이노
+	·	·	·	D12
·	+	·	·	D11
·	·	A	·	5V
·	·	B	B	A0
−(저항)	−(저항)	·	C	GND

◆ 아두이노와 부품 연결 방법

문제 해결 프로그램

소스 파일명 : 09_03_05.ino

```
01 #define photoresistor A0
02 #define led1 11
03 #define led2 12
04
05 void setup() {
06   Serial.begin(9600);
07   pinMode(led1, OUTPUT);
08   pinMode(led2, OUTPUT);
09 }
10
11 void loop() {
12   int read_value = analogRead(photoresistor);
13   int map_value = map(read_value, 0, 1023, 6, 9);
14   Serial.print( read_value);
15   Serial.print(" => ");
```

```
16    Serial.println(map_value);
17  switch (map_value) {
18     case 7:
19        digitalWrite(led1, HIGH);
20        delay(200);
21        digitalWrite(led1, LOW);
22        delay(200);
23        digitalWrite(led2, LOW);
24        break;
25     case 8:
26        digitalWrite(led1, LOW);
27        digitalWrite(led2, HIGH);
28        delay(200);
29        digitalWrite(led2, LOW);
30        delay(200);
31        break;
32     }
33     delay(100);
34  }
```

01   : photoresistor 매크로를 상수화 시켜 A0로 초기화

02   : led1 매크로를 상수화 시켜 11로 초기화

03   : led2 매크로를 상수화 시켜 12로 초기화

12   : 아날로그로 조도 센서의 값을 읽어서 read_value에 저장

13   : read_value에 저장된 변환할 값은 0부터 1023까지의 값이 들어오며, 이 값을 6에서 9까지의 값으로 비례
        하여 변환해 map_value 변수에 저장

17   : switch 문 조건에 map_value에 저장된 값이 들어옴

18   : map_value 값이 7인 경우

19~22 : led1을 0.2초 간격으로 깜박이기

23   : led2를 끄기

24   : break를 사용하여 switch 문을 벗어남

25   : map_value 값이 8인 경우

26   : led1을 끄기

27~30 : led2를 0.2초 간격으로 깜박이기

31   : break를 사용하여 switch 문을 벗어남

33   : 프로그램 전체 지연시간 0.1초

▶ 동작 동영상

https://youtu.be/iStEQXfLwjc

위 스케치 코드에 사용된 명령어 분석하기

▶ 코드 해석

```
int map_value = map(read_value, 0, 1023, 6, 9);
```
  ⇒ 현재 범위의 하한값(0)과 상한값(1023)은 원래의 범위 안에서 사용자가 값을 변경할 수 있으며, 목표 범위의
    하한값(6)과 상한값(9) 또한 변경 가능합니다. 이때 사용자의 주변 밝기 정도에 따라 조도 센서의 값이 달라
    지기 때문에 목표 범위의 하한값과 상한값은 시리얼 모니터의 값을 확인한 후 값을 지정해 주세요.

📋 `int map_value = map(read_value, 500, 800, 1, 2);`

03 _ 04 서보모터(Servo Motor)

서보모터는 펄스 신호 조절을 통해 $0° \sim 180°$의 회전축 사이에서 사용자가 원하는 각도와 속도를 제어할 수 있습니다. 서보모터의 내부는 DC 모터와 가변저항, 컨트롤 회로, 기어 박스 등으로 구성되어 있습니다. 또한 서보모터를 사용하기 위해서는 라이브러리가 필요합니다.

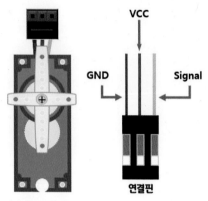

◆ 서보모터 구조

서보모터는 파형의 주기인 20ms 동안에 입력 파형의 HIGH 값이 1ms 동안 지속하면 서보모터는 $0°$, 1.5ms 동안 지속하면 $90°$, 2ms 동안 지속하면 $180°$를 회전하며, 나머지 중간값의 회전은 펄스의 길이에 비례해서 값이 정해집니다.

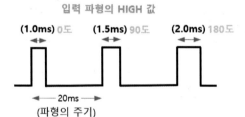

서보모터 작동을 위한 함수 명령어 이해하기

▶ 사용 예시: my_servo.attach(pin)
- my_servo : 서보모터 객체 이름(사용자가 자유롭게 만드는 이름)
- pin: 서보모터 제어 핀 번호(기본적으로는 PWM에서만 지원하지만, 다른 디지털 핀에서도 서보모터를 제어할 수 있습니다.)

▶ 사용 예시: my_servo.write(value)
- my_servo : 서보모터 객체 이름(사용자가 자유롭게 만드는 이름)
- value: 사용자가 원하는 회전 각도를 작성하는 곳입니다.

⭐ 라이브러 사용 방법

예 #include <servo.h>

서보모터 라이브러리는 아두이노에서 기본적으로 제공해 주며, void setup() 함수 구문 위쪽 줄에 작성해 주면 됩니다.

서보모터(Servor Motor) 제어하기

학습 목표	서보모터를 0°~180°까지 90° 간격으로 1초씩 회전 시켜 보기

준비물	서보모터(SG 90) 1개, 점퍼선 3개

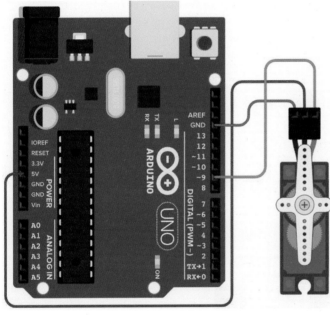

◆ 회로 구성

서보모터	아두이노
갈색	GND
빨간색	5V
주황색	D9

◆ 아두이노와 부품 연결 방법

문제 해결 프로그램

소스 파일명 : 09_04_01.ino

```
01 #include<Servo.h>
02 Servo my_servo;
03 const int delay_time = 1000;
04
05 void setup() {
06   my_servo.attach(9);
07 }
08
09 void loop() {
```

```
10    my_servo.write(0);
11    delay(delay_time);
12    my_servo.write(90);
13    delay(delay_time);
14    my_servo.write(180);
15    delay(delay_time);
16  }
```

01 : Servo.h라는 라이브러리를 불러옴
02 : 서보모터를 제어할 객체 생성(객체 명은 사용자가 지정합니다.)
03 : 서보모터 작동을 위한 지연 시간
06 : 서보모터의 데이터 핀을 디지털 핀 9번에 연결
10 : 서보모터 0° 회전
12 : 서보모터 90° 회전
14 : 서보모터 180° 회전

▶ 동작 동영상

https://youtu.be/W-7TJ90F06Y

서보모터 제어하기 : 1도씩 증감 Ⅰ

학습 목표 for 문을 사용하여 0°~180°까지 1도씩 증가시키고, 역순으로 1도씩 감소시켜서 회전 해보기

준비물 서보모터(SG 90) 1개, 점퍼선 3개

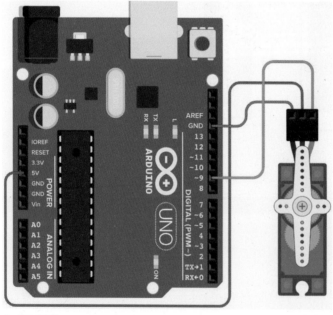

◆ 회로 구성

서보모터	아두이노
갈색	GND
빨간색	5V
주황색	D9

◆ 아두이노와 부품 연결 방법

문제 해결 프로그램

소스 파일명 : 09_04_02.ino

```
01 #include<Servo.h>
02 Servo my_servo;
03 int pos = 0;
04 int delay_time = 15;
05
06 void setup() {
07   my_servo.attach(9);
08 }
09
10 void loop() {
11   for (pos = 0; pos <= 180; pos += 1) {
12     my_servo.write(pos);
13     delay(delay_time);
14   }
15   for (pos = 180; pos >= 0; pos -= 1) {
16     my_servo.write(pos);
17     delay(delay_time);
18   }
19 }
```

01 : Servo.h라는 라이브러리를 불러옴

02 : 서보모터를 제어할 객체 생성(객체 명은 사용자가 정할 수 있습니다.)

03 : 서보모터 위치(pos)를 정수형 전역 변수로 선언하여 0으로 초기화

11 : for 문을 사용하여 pos 위치를 1씩 증가하여 조건 180까지 증가

12 : pos에 0부터 180까지 대입하여 서보모터를 회전

13 : 지연시간 0.015초

15 : for 문을 사용하여 pos 위치를 1씩 감소하여 조건 0까지 감소

16 : pos에 180부터 0까지 대입하여 서보모터를 회전

17 : 지연시간 0.015초

▶ 동작 동영상

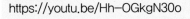

https://youtu.be/Hh-OGkgN30o

서보모터 제어하기: 1도씩 증감 II

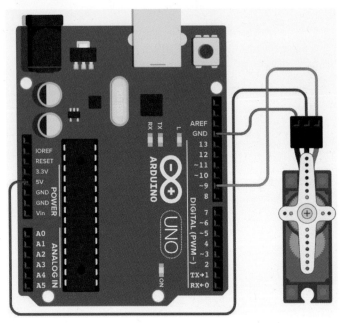

서보모터	아두이노
갈색	GND
빨간색	5V
주황색	D9

◆ 회로 구성   ◆ 아두이노와 부품 연결 방법

문제 해결 프로그램

소스 파일명 : 09_04_03.ino

```
01 #include<Servo.h>
02 Servo my_servo;
03 int pos = 0;
04 int delay_time = 15;
05
06 void setup() {
07   my_servo.attach(9);
08 }
09
10 void loop() {
11   while (pos <= 180) {
12     my_servo.write(pos);
13     pos++;
14     delay(delay_time);
15   }
16   while (pos >= 0) {
17     my_servo.write(pos);
18     pos--;
```

```
19        delay(delay_time);
20    }
21 }
```

03 : 정수형 전역 변수 pos를 선언하여 0으로 초기화

※ 서보모터 회전 위치 초깃값은 반드시 while 문 밖에 선언

11 : while 문을 사용하여 조건 pos가 180보다 작거나 같으면 아래 명령문을 계속 실행

12 : 서보모터를 pos에 들어온 값으로 회전

13 : pos를 1씩 증가, while (pos <= 180) 조건에 거짓이면 while 문을 벗어남.

16 : while 문을 사용하여 조건 pos가 0보다 크거나 같으면 아래 명령문을 계속 실행 서보모터를 pos에 들어온 값으로 회전 pos를 1씩 감소, while (pos >= 0) 조건에 거짓이면 while 문을 벗어남

▶ 동작 동영상

https://youtu.be/bYamNB51wYo

버튼으로 서보모터 제어하기

이중 if 문 구조를 사용하여 버튼을 한 번씩 누르면 30°씩 증가시켜 서보모터가 회전할 수 있게 해보기

버튼 1개, 서보모터(SG 90) 1개, 점퍼선 7개, 내부 풀업 저항 사용

※이중 if 문 구조 : if 조건문 안에 다시 if 조건문 내용이 있는 구조

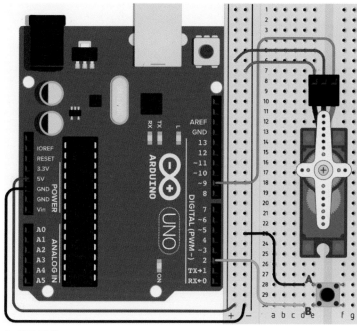

◆ 회로 구성

서보모터	버튼	아두이노
갈색	A	GND
빨간색	·	5V
주황색	·	D9
·	B	D2

◆ 아두이노와 부품 연결 방법

문제 해결 프로그램

```
1 #include <Servo.h>
2 Servo my_servo;
3 int button = 2;
4 int pos = 0;
5
6 void setup() {
7   my_servo.attach(9);
8   pinMode(button, INPUT_PULLUP);
9   my_servo.write(0);
10 }
11
12 void loop() {
13   int button_state = digitalRead(button);
14   if (button_state == LOW) {
15     pos += 30;
16     if (pos > 180) {
17       pos = 0;
18     }
19     my_servo.write(pos);
20     delay(300);
21   }
22 }
```

04 : 서보모터 위치(pos)를 정수형 전역 변수로 선언하여 0으로 초기화

09 : 서보모터의 회전 각도를 0으로 되돌림

13 : 버튼의 상태를 디지털로 읽어서 button_state에 저장

14 : 만약에 버튼이 눌러진 상태면

15 : 서보모터 회전각을 30° 증가(버튼을 한 번씩 누를 때마다 30°씩 증가)

16 : 만약에 위치 변수의 값이 180°보다 크면

17 : 서보모터 위치 변수의 값을 0으로 초기화

19 : 서보모터 위치 변숫값(pos) 만큼 회전

20 : 지연시간 0.3초

◘ 동작 동영상

https://youtu.be/kboj5BLAHdc

버튼 한 개를 사용하여 서보모터 두 개를 서로 역방향 회전 제어하기

학습 목표 버튼을 누르면 서보모터 2개가 서로 반대 방향으로 회전하도록 해보기

준비물 버튼 1개, 서보모터(SG 90) 2개, 점퍼선 10개

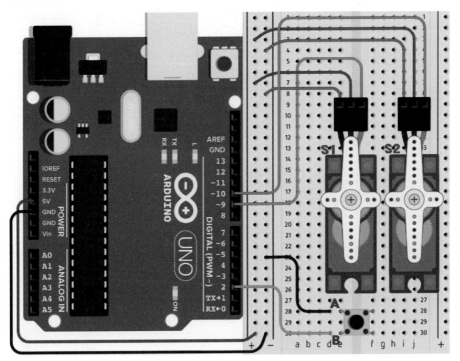

◆ 회로 구성

서보모터(S1)	서보모터(S2)	버튼	아두이노
갈색	갈색	A	GND
빨간색	빨간색	•	5V
주황색	•	•	D9
•	•	B	D2
•	주황색	•	D10

◆ 아두이노와 부품 연결 방법

문제 해결 프로그램

소스 파일명 : 09_04_05.ino

```
01 #include<Servo.h>
02 Servo my_servo1;
03 Servo my_servo2;
04
05 boolean state = false;
```

```
06  boolean button_state;
07  boolean previos_button_state = false;
08
09  int button = 2;
10
11  void setup() {
12    pinMode(button, INPUT_PULLUP);
13    my_servo1.attach(9);
14    my_servo2.attach(10);
15    Serial.begin(9600);
16    my_servo1.write(90);
17    my_servo2.write(90);
18  }
19
20  void loop() {
21    button_state = digitalRead(button);
22    Serial.print("button_state");
23    Serial.println(button_state);
24
25    if (previos_button_state == false && button_state == false) {
26      if (state == false) {
27        for (int pos = 0; pos <= 90; pos++ ) {
28          my_servo1.write(90 - pos);
29          my_servo2.write(90 + pos);
30          delay(15);
31          state = true;
32        }
33      }
34      else {
35        for (int pos = 90; pos >= 0; pos --) {
36          my_servo1.write(90 - pos);
37          my_servo2.write(90 + pos);
38          delay(15);
39          state = false;
40        }
41      }
42    }
43    previos_button_state = button_state;
44    delay(50);
45  }
```

01 : Servo.h 라이브러리를 불러옴
02 : 서보모터를 제어할 객체 my_servo1을 생성
03 : 서보모터를 제어할 객체 my_servo2를 생성
05 : 논리형으로 state 변수를 선언하여 거짓을 저장
06 : 논리형으로 현재 버튼의 상태 변수 선언
07 : 논리형으로 이전 버튼 상태 변수를 선언하여 거짓을 저장

16 : 서보모터 1번 시작 시 회전 각도를 90°로 이동

17 : 서보모터 2번 시작 시 회전 각도를 90°로 이동

21 : 현재 버튼의 누른 상태를 읽어서 button_state에 저장

25 : 만약에 이전 버튼 상태가 거짓, 현재 버튼 상태가 거짓인 두 조건을 만족하고

26 : 만약에 논리형 state 변수가 거짓이면

27 : for 문으로 pos를 0에서 90까지 1씩 증가

28 : 서보모터 1번은 90°에서 0°로 회전

29 : 서모모터 2번은 90°에서 180°로 회전

31 : 논리형 state 변수에 true를 저장

34 : 그렇지 않으면

36 : 서보모터 1번은 0°에서 90°로 회전

37 : 서모모터 2번은 180°에서 90°로 회전

39 : 논리형 state 변수에 false를 저장

43 : 이전 버튼 상태에 현재 버튼 상태를 저장

44 : 버튼의 바운싱 지연을 위한 시간

▶ 동작 동영상

https://youtu.be/H9s_LvkLnRg

다중 서보모터 제어하기

아두이노 5V 핀에서 공급하고 있는 전류는 500mA이며, 서보모터 한 개가 회전할 때 소모되는 전류는 최대 250mA입니다. 따라서 서보모터 세 개 이상을 제어하는 경우, 외부 전원이 필요합니다.

학습 목표	서보모터 세 개를 사용하여 회전 각도를 각각 45°, 90°, 180°, 0°로 회전 시켜 보기

준비물	서보모터(SG 90) 3개, 점퍼선 12개, 외부 전원 5V/1A

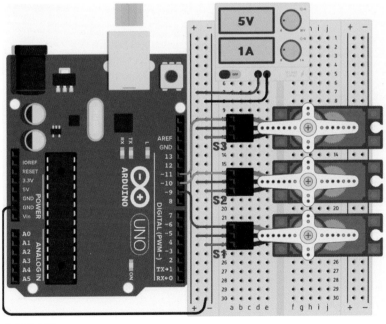

◆ 회로 구성

외부전원	서보모터(S1)	서보모터(S2)	서보모터(S3)	아두이노
−	갈색	갈색	갈색	GND
+	빨간색	빨간색	빨간색	5V
·	주황색	·	·	D9
·	·	주황색	·	D10
·	·	·	주황색	D11

◆ 아두이노와 부품 연결 방법

❝ 외부 전원을 아두이노에 공급할 때는 반드시 외부 전원의 GND를 아두이노의 GND에 연결해 주어야 합니다.

문제 해결 프로그램

소스 파일명 : 09_04_06.ino

```
01 #include <Servo.h>
02 Servo my_servo1;
03 Servo my_servo2;
04 Servo my_servo3;
05
06 void setup() {
07   my_servo1.attach(9);
08   my_servo2.attach(10);
09   my_servo3.attach(11);
10 }
11
12 void loop() {
13   my_servo1.write(45);
14   my_servo2.write(45);
15   my_servo3.write(45);
16   delay(1000);
17   my_servo1.write(90);
18   my_servo2.write(90);
19   my_servo3.write(90);
20   delay(1000);
21   my_servo1.write(180);
22   my_servo2.write(180);
23   my_servo3.write(180);
24   delay(1000);
25   my_servo1.write(0);
26   my_servo2.write(0);
27   my_servo3.write(0);
28   delay(2000);
29 }
```

01   : Servo.h 라이브러리를 불러옴

02   : 서보모터를 제어할 객체 my_servo1을 생성

03   : 서보모터를 제어할 객체 my_servo2를 생성

04	: 서보모터를 제어할 객체 my_servo3을 생성
07	: my_servo1을 디지털 9번 핀에 연결
08	: my_servo2를 디지털 10번 핀에 연결
09	: my_servo3을 디지털 11번 핀에 연결
13~15	: my_servo1, my_servo2, my_servo3을 각각 45°로 회전
16	: 지연시간 1초
17~19	: my_servo1, my_servo2, my_servo3을 각각 90°로 회전
21~23	: my_servo1, my_servo2, my_servo3을 각각 180°로 회전
25~27	: my_servo1, my_servo2, my_servo3을 각각 0°로 회전

▶ 동작 동영상

https://youtu.be/8xnoMY4e-zw

다중 서보모터 활용 팁

코드 작성 시 서보모터의 사용 개수에 따라서 제어할 객체를 각각 생성해 줘야 하며, 사용하는 서보
모터가 5개 이상이 되는 경우, 외부 전원은 5V 전압과 3A 전류를 공급해야 합니다. 이때 사용하는
부품에 따라서 값이 달라지므로, 회로 구성에 꼭 필요한 만큼만의 전압과 전류를 공급해 줘야 합니
다. 또한 위에서 강조했듯이 외부 전원을 아두이노에 공급할 때는 외부 전원의 GND를 아두이노의
GND에 연결해 주어야 합니다.

조도 센서를 활용하여 서보모터 제어하기

학습 목표	측정한 값을 이중 if 문 조건식에 대입하여 서보모터를 원하는 값으로 회전해 보기

준비물	조도센서 1개, 저항 10㏀ 1개, 서보모터(SG 90) 1개, 점퍼선 8개

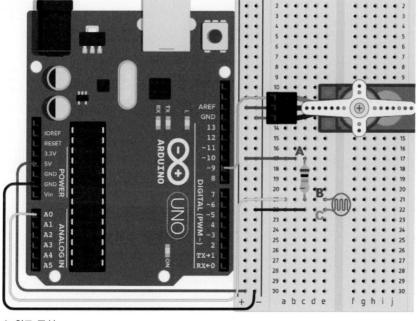

◆ 회로 구성

서보모터(S1)	저항	조도 센서	아두이노
갈색	·	C	GND
빨간색	A	·	5V
주황색	·	·	D9
·	B	B	A0

◆ 아두이노와 부품 연결 방법

문제 해결 프로그램

소스 파일명 : 09_04_07.ino

```
01 #include <Servo.h>
02 Servo my_servo;
03 int photoresistor = A0;
04 boolean servo_state = false;
05
06 void setup() {
07   my_servo.attach(9);
08   my_servo.write(0);
09   Serial.begin(9600);
10 }
11
12 void loop() {
13   int read_value = analogRead(photoresistor);
14   Serial.println(read_value);
15   if (read_value > 700) {
16     if (servo_state == false) {
17       for (int pos = 0; pos <= 180; pos++) {
18         my_servo.write(pos);
19         delay(15);
20       }
21       servo_state = true;
22     }
23     delay(1000);
24   }
25   else {
26     if (servo_state == true) {
27       for (int pos = 180; pos >= 0; pos--) {
28         my_servo.write(pos);
29         delay(15);
30       }
31       servo_state = false;
32     }
33   }
34 }
```

04 : 논리형 서보모터 상태 변수에 거짓을 저장

08 : 서보모터 시작 시 회전 각도를 0°로 이동

15 : 만약에 조도 센서 값이 700 이상이고

16 : 서보모터 상태가 거짓이면

17 : for 문에서 0에서 180까지 1씩 증가

18 : 서보모터 회전 각도 0°에서 180°까지 회전

19 : 서보모터의 회전 속도 지연(서보모터 1도 회전 후의 지연 속도)

21 : 서보모터 상태 변수에 참을 저장

23 : 서보모터 회전이 끝나고 1초간 대기

25 : 그밖에는

26 : 서보모터 상태가 참이면

27 : for 문에서 180에서 0까지 1씩 감소

28 : 서보모터 회전 각도가 180°에서 0°까지 회전

31 : 서보모터 상태 변수에 거짓을 저장

➡ 동작 동영상

https://youtu.be/5oglJ_an490

03 _ 05 초음파 센서(Ultrasonic Sensor)

초음파 센서는 거리를 측정할 수 있는 센서로, 사람이 들을 수 없는 높은 주파수를 방출하며, 일반 공기 중에서 약 340m/s로 이동합니다. 초음파를 보내는 송신기 역할을 하는 Trigger 핀, 물체에 닿아서 반사되어 돌아오는 초음파를 받아들이는 수신기 역할을 하는 Echo 핀, 초음파를 보내고 받는 사이의 시간을 측정하는 타이밍 측정 장치가 센서의 전면에 있습니다. 보통 사용하는 초음파센서는 약 40㎑ 주파수를 생성하며, 2㎝ ~ 4m까지의 거리를 측정할 수 있습니다. (센서마다 측정 거리는 조금씩 다름)

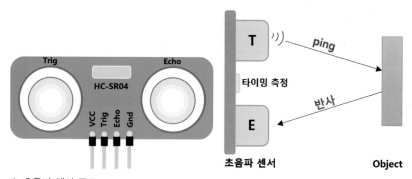

◆ 초음파 센서 구조

초음파가 1㎝를 이동하는데 걸리는 시간

거리(s) = 속력(v)×시간(t)입니다. 초음파의 속력은 1초당 340m를 갈 수 있음으로 속력은 340m/s로 표기합니다. 시간(t) = $\frac{거리(m)}{속력(m/s)}$를 사용하여, 시간(t) = $\frac{0.01m}{340m/s}$ = 29.41μs로, 초음파가 반사되ㅈ어 돌아오는 시간을 cm 단위로 구하면, 1cm를 이동하는 데 걸리는 시간은 약 29μs가 됩니다.(1cm = 0.01m)

초음파가 반사된 물체와의 거리

거리(㎝) = duration(왕복 시간) / 29 / 2(왕복)

초음파 센서 제어하기

학습 목표	매개변수는 없고 반환 값이 있는 함수를 사용하여 거리를 측정해 보기

준비물	서보모터(SG 90) 1개, 점퍼선 6개

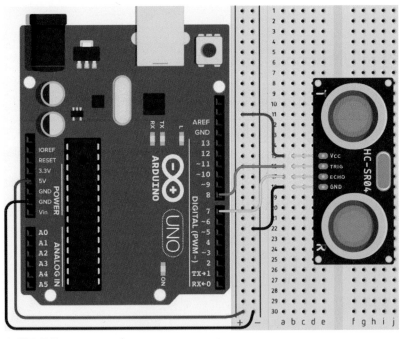

◆ 회로 구성

초음파 센서	아두이노
VCC	5V
Trig	D8
Echo	D7
GND	GND

◆ 아두이노와 부품 연결 방법

문제 해결 프로그램

소스 파일명 : 09_05_01.ino

```
01 #define trig 8
02 #define echo 7
03
04 void setup() {
05   pinMode(trig, OUTPUT);
06   pinMode(echo, INPUT);
07   Serial.begin(9600);
08 }
09
10 void loop() {
11   Distance();
12   delay(100);
13 }
14
15 int Distance(){
16   digitalWrite(trig, HIGH);
17   delayMicroseconds(5);
18   digitalWrite(trig, LOW);
19   unsigned long duration = pulseIn(echo, HIGH);
20   int distance = duration / 29 / 2;
21   Serial.print("distance: ");
22   Serial.print(distance);
23   Serial.println("cm");
24   return distance;
25 }
```

01 : trig 매크로를 상수화 시켜 8로 초기화

02 : echo 매크로를 상수화 시켜 7로 초기화

05 : trig 핀은 초음파를 송신하기 때문에 출력 핀으로 설정

06 : echo 핀은 초음파를 수신하기 때문에 입력 핀으로 설정

07 : 시리얼 통신을 9600 속도로 시작

11 : Distance() 함수 호출

15 : int형으로 Distance() 함수 선언, 반환 값이 정수형 이기 때문에 int형을 사용

16 : trig 핀을 켜라

17 : trig 핀을 5마이크로초(μs) 동안 유지

18 : trig 핀 꺼라

19 : echo 핀을 켜서 신호를 받아들여 왕복에 걸리는 시간을 양수 쪽으로 계산

20 : 초음파는 1cm 이동하는 데 29μs가 걸린다. 왕복에 걸린 시간(duration)을 29μs와 왕복이기 때문에 2로 나누어 distance에 저장

※ 거리(distance)cm = 왕복 시간(duration/2)μs × 속력(0.034)cm/μs

▶ 동작 동영상

https://youtu.be/J-NBXCn7rZ4

초음파 센서 작동을 위한 함수 명령어 이해하기

▶ 사용 예시: pulseIn(pin, value);

- 물체에 반사되어 돌아온 초음파의 왕복 시간을 계산합니다.
- pulseIn(): 핀으로 입력되는 특정 펄스의 시간을 측정하는 함수입니다.
- pin: 펄스를 입력받을 핀 번호입니다.
- value: 측정하려는 펄스의 형태(HIGH or LOW)입니다.

▶ 사용 예시: delayMicroseconds(μs); => 지정된 시간 동안 아두이노를 멈추게 하는 명령어입니다.

시간에 들어갈 값은 마이크로초(μs) 단위이므로, 1/1,000,000초입니다. 따라서 1초를 표현할 때는 delayMicroseconds(1,000,000)입니다.

초음파 센서로 LED 제어하기

학습 목표	매개변수는 없고 반환 값이 있는 함수를 사용하여 센서에서 측정한 값을 대입하여 LED ON/OFF 해보기

준비물	초음파 센서(HC-SR04) 1개, LED 1개, 저항 220Ω 1개, 점퍼선 8개

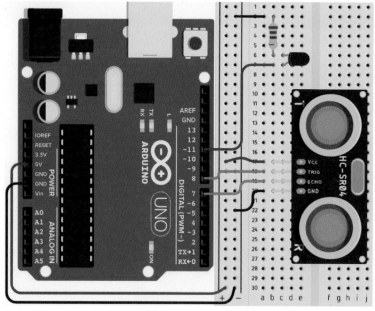

◆ 회로 구성

◆ 아두이노와 부품 연결 방법

LED	초음파 센서	아두이노
·	VCC	5V
·	Trig	D8
·	Echo	D7
−(저항)	GND	GND
+	·	D11

문제 해결 프로그램

```
01 #define led 11
02 #define trig 8
03 #define echo 7
04
05 void setup() {
06   pinMode(led, OUTPUT);
07   pinMode(trig, OUTPUT);
08   pinMode(echo, INPUT);
09   Serial.begin(9600);
10 }
11
12 void loop() {
13   if (Distance() < 10) {
14     digitalWrite(led, HIGH);
15   }
16   else {
17     digitalWrite(led, LOW);
18   }
19   delay(100);
20 }
21
22 int Distance() {
23   digitalWrite(trig, HIGH);
24   delayMicroseconds(5);
25   digitalWrite(trig, LOW);
26   unsigned long duration = pulseIn(echo, HIGH);
27   int distance = duration / 29 / 2;
28   Serial.print("distance: ");
29   Serial.print(distance);
30   Serial.println("cm");
31   return distance;
32 }
```

01 : led 매크로를 상수화 시켜 11로 초기화
02 : trig 매크로를 상수화 시켜 8로 초기화
03 : echo 매크로를 상수화 시켜 7로 초기화
06 : led를 출력 핀으로 설정
07 : trig 핀은 초음파를 송신하기 때문에 출력 핀으로 설정
08 : echo 핀은 초음파를 수신하기 때문에 입력 핀으로 설정
09 : 시리얼 통신을 통신 속도 9600으로 시작
13 : 만약에 Distance() 함수를 호출하여 반환 값으로 받은 distance 값이 10보다 작으면

14 : led를 켜라

16 : 그렇지 않으면

17 : led를 꺼라

22 : int 형으로 Distance() 함수 선언

23 : trig 핀을 켜라

24 : trig 핀을 5마이크로초(μs) 동안 유지

25 : trig 핀 꺼라

26 : echo 핀을 켜서 신호를 받아들여 왕복에 걸리는 시간을 양수 쪽으로 계산

27 : 초음파는 1㎝ 이동하는 데 29μs가 걸리기 때문에 왕복에 걸린 시간을 29μs와 왕복이기 때문에 2로 나누어 distance에 저장

31 : 정수형으로 distance 값을 반환

▶ 동작 동영상

https://youtu.be/MbxvXqsmR2Q

초음파 센서로 LED 세 개 제어하기

학습 목표	매개변수는 없고 반환 값이 있는 함수와 다중 if~else 문을 사용하여 물체의 거리에 따라 반응하는 LED 세 개를 각각 작동 시켜 보기
준비물	초음파 센서(HC-SR04) 1개, LED 3개, 저항 220Ω 3개, 점퍼선 9개

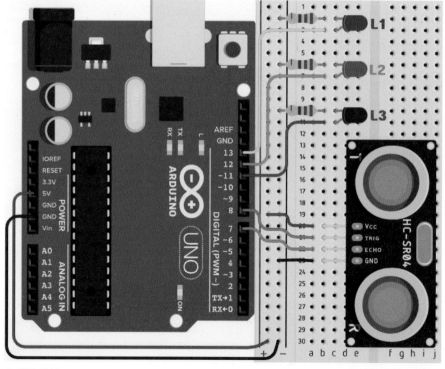

◆ 회로 구성

L1	L2	L3	초음파 센서	아두이노
·	·	·	VCC	5V
·	·	·	Trig	D8
·	·	·	Echo	D7
−(저항)	−(저항)	−(저항)	GND	GND
+	·	·	·	D13
·	+	·	·	D12
·	·	+	·	D11

◆ 아두이노와 부품 연결 방법

문제 해결 프로그램

소스 파일명 : 09_05_03.ino

```
01 #define led1 13
02 #define led2 12
03 #define led3 11
04 #define trig 8
05 #define echo 7
06
07 void setup() {
08   pinMode(led1, OUTPUT);
09   pinMode(led2, OUTPUT);
10   pinMode(led3, OUTPUT);
11   pinMode(trig, OUTPUT);
12   pinMode(echo, INPUT);
13   Serial.begin(9600);
14 }
15
16 void loop() {
17   if (Distance() < 10) {
18     digitalWrite(led1, HIGH);
19     digitalWrite(led2, LOW);
20     digitalWrite(led3, LOW);
21   }
22   else if (Distance() < 20) {
23     digitalWrite(led1, LOW);
24     digitalWrite(led2, HIGH);
25     digitalWrite(led3, LOW);
26   }
27   else {
```

```
28      digitalWrite(led1, LOW);
29      digitalWrite(led2, LOW);
30      digitalWrite(led3, HIGH);
31   }
32   delay(100);
33 }
34
35 int Distance() {
36   digitalWrite(trig, HIGH);
37   delayMicroseconds(5);
38   digitalWrite(trig, LOW);
39   unsigned long duration = pulseIn(echo, HIGH);
40   int distance = duration / 29 / 2;
41   Serial.print("distance: ");
42   Serial.print(distance);
43   Serial.println("cm");
44   return distance;
45 }
```

17   : 만약에 Distance() 함수를 호출하여 반환 값으로 받은 distance 값이 10보다 작으면
18~20 : led1을 켜라, led2를 꺼라, led3을 꺼라
22   : 그렇지 않고 Distance() 함수를 호출하여 반환 값으로 받은 distance 값이 20보다 작으면
23~25 : led1을 꺼라, led2를 켜라, led3을 꺼라
27   : 그밖에는
28~30 : led1을 꺼라, led2를 꺼라, led3을 켜라
35   : 반환값이 정수형 이기에, int 형으로 Distance() 함수 선언
44   : 정수형으로 distance 값을 반환

▶ 동작 동영상

https://youtu.be/QvBAigfD_EA

초음파 센서로 LED 아홉 개 제어하기

학습 목표 매개변수는 없고 반환 값이 있는 함수를 사용하여 초음파 센서를 작동 시킨 후 if~else 문을 사용해서 아홉 개의 LED를 배열하여 순차적으로 켜지고 꺼지게 해보기

준비물 초음파 센서(HC-SR04) 1개, LED 9개, 저항 220Ω 9개, 점퍼선 15개

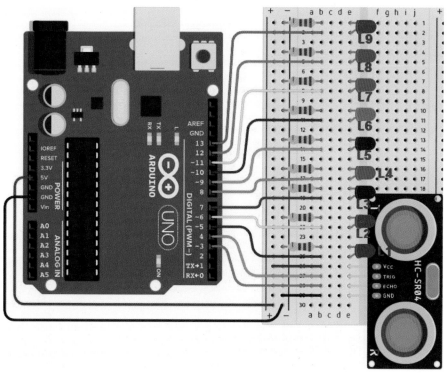

◆ 회로 구성

초음파	L1	L2	L3	L4	L5	L6	L7	L8	L9	아두이노
VCC	•	•	•	•	•	•	•	•	•	5V
Trig	•	•	•	•	•	•	•	•	•	D4
Echo	•	•	•	•	•	•	•	•	•	D3
GND	−(R)	−(R)	−(R)	−(R)	−(R)	−(R)	−(R)	−(R)	−(R)	GND
•	+(D5)	+(D6)	+(D7)	+(D8)	+(D9)	+(D10)	+(D11)	+(D12)	+(D13)	

◆ 아두이노와 부품 연결 방법

문제 해결 프로그램

```
01 #define trig 4
02 #define echo 3
03 int led[9] = {5, 6, 7, 8, 9, 10, 11, 12, 13};
04
05 void setup() {
06   Serial.begin(9600);
07   pinMode(trig, OUTPUT);
08   pinMode(echo, INPUT);
09   for (int i = 0; i < 9; i++) {
10     pinMode(led[i], OUTPUT);
11   }
12 }
13
14 void loop() {
15   for (int i = 13; i > 4; i--) {
16     if (Distance() < i + 7)
17       digitalWrite(led[13 - i], HIGH);
18     else
19       digitalWrite(led[13 - i], LOW);
20   }
21   delay(100);
22 }
23
24 int Distance() {
25   digitalWrite(trig, HIGH);
26   delayMicroseconds(5);
27   digitalWrite(trig, LOW);
28   unsigned long duration = pulseIn(echo, HIGH);
29   int distance = duration / 29 / 2;
30   Serial.print("distance: ");
31   Serial.print(distance);
32   Serial.println("cm");
33   return distance;
34 }
```

01 : trig 매크로를 상수화 시켜 4로 초기화

02 : echo 매크로를 상수화 시켜 3으로 초기화

03 : 정수형 9개로 이루어진 led 변수를 배열 선언

09 : for 문으로 i 값 0부터 8까지 1씩 증가

10 : 디지털 핀 i에 0부터 8까지 출력 핀으로 설정(배열 인덱스 사용)

15 : for 문으로 i 값에 13부터 5까지 1씩 감소

16 : 만약에 Distance() 함수를 호출하여 반환 값으로 받은 distance 값이 20보다 작으면, (첫 번째로 i 값에 13이 들
     어와 연산을 통해서 20이 됨, 더 먼 거리를 측정하고 싶을 때는 i값 뒤 숫자에 원하는 값을 연산해서 사용)

17 : 배열 인덱스 led[13-13] 즉, led[0] = 5, led[1] = 6, led[2] = 7, led[3] = 8, led[4] = 9, led[5] = 10, led[6] = 11,
     led[7] = 12, led[8] = 13, 배열 인덱스에 해당한 led를 켜라

18 : 그렇지 않으면

19 : 배열 인덱스에 해당한 led를 꺼라

24 : 정수형 Distance() 함수 선언

33 : 정수형으로 distance 값을 반환

▶ 동작 동영상

https://youtu.be/2D6YDt_40kg

초음파 센서로 서보모터(Servor Motor) 제어하기

학습 목표 　매개변수는 없고 반환 값이 있는 함수를 사용한 후 if~else 문에 측정값을 대입하여 서보모터 회전해 보기

준비물 　초음파 센서(HC-SR04) 1개, 서보모터 1개, 점퍼선 9개

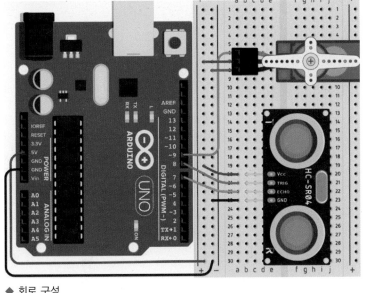

◆ 회로 구성

서보 모터	초음파	아두이노
주황색	·	D9
빨간색	VCC	5V
·	Trig	D8
·	Echo	D7
갈색	GND	GND

◆ 아두이노와 부품 연결 방법

문제 해결 프로그램

```
01 #include<Servo.h>
02 Servo my_servo;
03 #define trig 8
04 #define echo 7
05
06 void setup() {
07   my_servo.attach(9);
08   pinMode(trig, OUTPUT);
09   pinMode(echo, INPUT);
10   Serial.begin(9600);
11   my_servo.write(0);
12 }
13
14 void loop() {
15   if (Distance() < 20) {
16     my_servo.write(90);
17     delay(1000);
18   }
19   else {
20     my_servo.write(0);
21   }
22   delay(100);
23 }
24
25 int Distance() {
26   digitalWrite(trig, HIGH);
27   delayMicroseconds(5);
28   digitalWrite(trig, LOW);
29   unsigned long duration = pulseIn(echo, HIGH);
30   int distance = duration / 29 / 2;
31   Serial.print("distance: ");
32   Serial.print(distance);
33   Serial.println("cm");
34   return distance;
35 }
```

01 　　: Servo.h 라이브러리를 불러옴
02 　　: 서보모터를 제어할 객체 my_servo를 생성
11 　　: 서보모터 처음 시작 시 0°로 회전
15 　　: 만약에 Distance() 함수를 호출하여 반환 값으로 받은 distance 값이 20보다 작으면
16 　　: 서보모터 90° 회전
19~20 : 그렇지 않으면 0° 회전
25 　　: 정수형 Distance() 함수 선언
34 　　: 정수형으로 distance 값을 반환

▶ 동작 동영상

https://youtu.be/X7_gDMSYgPg

다중 초음파 센서로 두 개 서보모터 제어하기

매개변수는 없고 반환 값이 있는 함수를 사용한 후 if~else 문에 측정값을 대입하여 서보모터 두 개를 각각 회전해 보기

초음파 센서(HC-SR04) 2개, 서보모터 2개, 점퍼선 16개

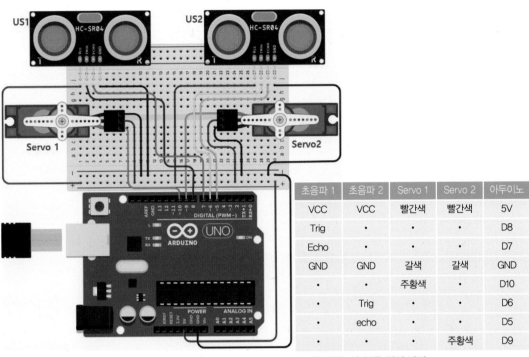

초음파 1	초음파 2	Servo 1	Servo 2	아두이노
VCC	VCC	빨간색	빨간색	5V
Trig	·	·	·	D8
Echo	·	·	·	D7
GND	GND	갈색	갈색	GND
·	·	주황색	·	D10
·	Trig	·	·	D6
·	echo	·	·	D5
·	·	·	주황색	D9

◆ 회로 구성 ◆ 아두이노와 부품 연결 방법

문제 해결 프로그램

```
01 #include<Servo.h>
02 Servo my_servo1;
03 Servo my_servo2;
04
05 //초음파 센서 1
06 #define trig1 8
07 #define echo1 7
08
09 //초음파 센서 2
10 #define trig2 6
11 #define echo2 5
12
13 void setup() {
```

```
14   my_servo1.attach(10); //서보모터 1
15   my_servo2.attach(9); //서보모터 2
16   pinMode(trig1, OUTPUT);
17   pinMode(trig2, OUTPUT);
18   pinMode(echo1, INPUT);
19   pinMode(echo2, INPUT);
20   Serial.begin(9600);
21   my_servo1.write(0);
22   my_servo2.write(0);
23 }
24
25 void loop() {
16   if (Distance1() < 20) { //함수 호출 1
27     my_servo1.write(45);
28     delay(50);
29   }
30   else {
31     my_servo1.write(0);
32   }
33   if (Distance2() < 20) { //함수 호출 2
34     my_servo2.write(45);
35     delay(50);
36   }
37   else {
38     my_servo2.write(0);
39   }
40 }
41
42 int Distance1() { //함수 선언 1
43   digitalWrite(trig1, HIGH);
44   delayMicroseconds(5);
45   digitalWrite(trig1, LOW);
46   unsigned long duration1 = pulseIn(echo1, HIGH);
47   int distance1 = duration1 / 29 / 2;
48   Serial.print("distance1: ");
49   Serial.print(distance1);
50   Serial.println("cm");
51   return distance1; //정수형 반환값 1
52 }
53
54 int Distance2() { //함수 선언 2
55   digitalWrite(trig2, HIGH);
```

```
56    delayMicroseconds(5);
57    digitalWrite(trig2, LOW);
58    unsigned long duration2 = pulseIn(echo2, HIGH);
59    int distance2 = duration2 / 29 / 2;
60    Serial.print("distance2: ");
61    Serial.print(distance2);
62    Serial.println("cm");
63    return distance2; //정수형 반환값 2
64  }
```

01 : Servo.h 라이브러리를 불러옴

02 : 서보모터를 제어할 객체 my_servo1을 생성

03 : 서보모터를 제어할 객체 my_servo2를 생성

21 : my_servo1을 시작 시 0°로 회전

22 : my_servo2를 시작 시 0°로 회전

26 : 만약에 Distance1() 함수를 호출하여 반환 값으로 받은 distance1 값이 20보다 작으면

27 : my_servo1을 45° 회전

30 : 그렇지 않으면

31 : my_servo1을 0° 회전

33 : 만약에 Distance2() 함수를 호출하여 반환 값으로 받은 distance2 값이 20보다 작으면

34 : my_servo2를 45° 회전

37 : 그렇지 않으면

38 : my_servo2를 0° 회전

42 : int Distance1() 함수 선언

51 : 정수형 반환값 distance1

54 : int Distance2() 함수 선언

63 : 정수형 반환값 distance2

▶ 동작 동영상

https://youtu.be/tBei6g3GkCU

03 _ 06 온·습도 센서(Temperature and Humidity sensor)

온·습도 센서는 우리 주변의 온도와 습도를 측정하는 센서이며, DHT 11은 내부에 습도를 감지하는 정전식 습도 센서와 온도를 측정하는 온도 센서 서미스터(Thermistor)가 내장되어 있습니다. 온도와 습도 값에 따라 각각 저항값의 변화를 보정된 디지털 신호로 제공하여 값을 나타냅니다. DHT 11 온습도 센서를 사용하기 위해서는 "Adafruit Unified Sensor"와 "DHT sensor library" 2개의 라이브러리가 IDE에 설치되어 있어야 온·습도 센서가 정상적으로 작동합니다. 온·습도 센서의 연결 단자는 GND(접지)와 DATA(입력단자), VCC(전원)로 구성되어 있으며, DATA 핀은 디지털 핀에 연결하여 사용합니다.

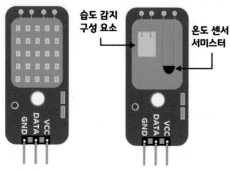

◆ 온·습도 센서 구조

▶ 제품 특징
• 규격 : 30×21
• 작동 전압 : 3.3V, 5V
• 통신방식 : 디지털 양방향 단일 인터페이스(1개의 신호로 입력과 출력을 같이 사용)

DHT 11 센서로 측정 가능한 온·습도 범위

	온도	습도
측정범위	0~50℃	20~90% RH
오차	± 2℃	±5% RH

> **❝ RH(상대습도)** _ 출처 : 네이버 지식백과
>
> RH는 Relative Humidity로 상대습도를 나타내며, 절대습도와 달리 현재 대기 중에 포함된 수증기량을 현재의 포화 수증기량으로 나누어 백분율(%)로 표시한 것을 말합니다.

라이브러리 다운로드

DHT 11 센서를 사용하기 위해서는 두 개의 라이브러리가 필요합니다.

1 통합 개발 환경(IDE)에서 상단 메뉴의 스케치 → 라이브러리 포함하기 → 라이브러리 관리를 클릭하면 다음과 같은 라이브러리 매니저 화면이 나타납니다. 명령 창에 Adafruit Unified Sensor를 작성하고 엔터를 치면 찾고자 하는 라이브러리가 나타나며, [설치] 버튼을 클릭하여 라이브이브러리를 설치합니다.

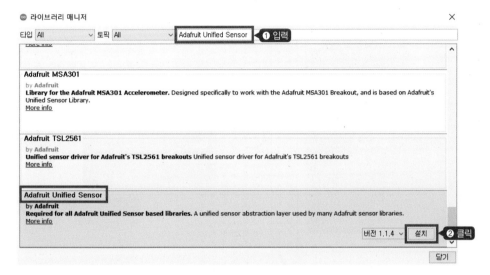

2 다음과 같은 라이브러리 매니저 화면의 명령 창에 dht sensor를 작성하고 엔터를 치면 찾고자 하는 라이브러리가 나타나며, [설치] 버튼을 클릭하여 라이브러리를 설치합니다.

온·습도 센서 제어하기

준비물   온·습도 센서(DHT11) 1개, 점퍼선 5개

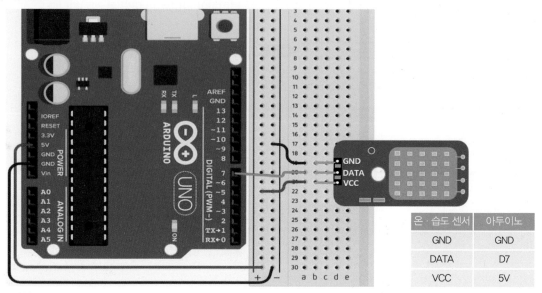

온·습도 센서	아두이노
GND	GND
DATA	D7
VCC	5V

◆ 회로 구성   ◆ 아두이노와 부품 연결 방법

문제 해결 프로그램

소스 파일명 : 09_06_01.ino

```
01 #include <DHT.h>
02 DHT my_dht(7, DHT11);
03
04 void setup() {
05   Serial.begin(9600);
06   my_dht.begin();
07 }
08
09 void loop() {
10   float temp = my_dht.readTemperature();
11   float humi = my_dht.readHumidity();
12   Serial.print("temperature: ");
13   Serial.print(temp);
14   Serial.print(" ℃");
15   Serial.print(" - ");
16   Serial.print("humidity: ");
17   Serial.print(humi);
18   Serial.println(" %");
19   delay(500);
20 }
```

01 : DHT.h 라이브러리 추가

02 : DHT 객체 생성을 통해서 디지털 7번 핀에 데이터 핀을 연결

06 : 온 · 습도 센서 시작 설정

10 : 내부 온도 함수를 호출하여 온도를 읽어서 실수형 변수 temp에 저장

11 : 내부 습도 함수를 호출하여 습도를 읽어서 실수형 변수 humi에 저장

13 : temp에 저장된 온도 출력

15 : temp와 humi 사이에 '−'를 출력

17 : humi에 저장된 습도 출력

18 : 습도 출력값에 단위(%) 출력

▶ 동작 동영상

https://youtu.be/9g6RrqETynw

온 · 습도 센서로 불쾌지수를 측정하여 LED 제어하기

학습 목표	온도와 습도 값을 측정하여 불쾌 지수를 구하는 공식에 대입한 후 결괏값에 따라 LED 색상별 ON/OFF 해보기
준비물	온 · 습도 센서(DHT11) 1개, led 2개, 저항 2개, 점퍼선 7개

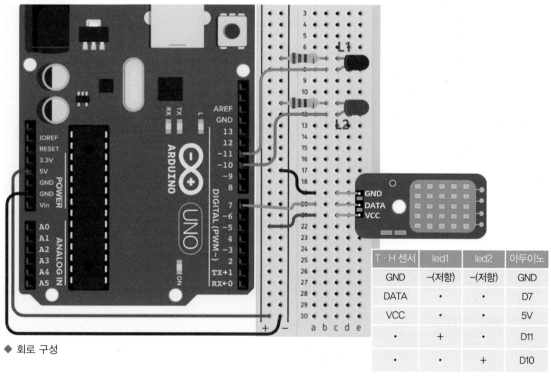

◆ 회로 구성

T · H 센서	led1	led2	아두이노
GND	−(저항)	−(저항)	GND
DATA	·	·	D7
VCC	·	·	5V
·	+	·	D11
·	·	+	D10

◆ 아두이노와 부품 연결 방법

불쾌 지수 공식 출처

- https://kocoafab.cc/ (저작자: kocoafab)

- 불쾌지수 = $\frac{9}{5}$T - 0.55(1 - RH)($\frac{9}{5}$T - 26) + 32

  (T = 온도, RH = 상대습도(%))

단계	지수 범위	해석
매우 높음	80이상	전원 불쾌감을 느낌
높음	75~80미만	50% 정도 불쾌감을 느낌
보통	68~75미만	불쾌감을 나타내기 시작함
낮음	68미만	전원 쾌적함을 느낌

문제 해결 프로그램

소스 파일명 : 09_06_02.ino

```
01 #include <DHT.h>
02 DHT my_dht(7, DHT11);
03
04 #define red_led 11
05 #define blue_led 10
06
07 void setup() {
08   Serial.begin(9600);
09   my_dht.begin();
10   pinMode(red_led, OUTPUT);
11   pinMode(blue_led, OUTPUT);
12 }
13
14 void loop() {
15   float temp = my_dht.readTemperature();
16   float humi = my_dht.readHumidity();
17   Serial.print("temperature: ");
18   Serial.print(temp);
19   Serial.print(" C");
20   Serial.print(" - ");
21   Serial.print("humidity: ");
22   Serial.print(humi);
23   Serial.println(" %");
24   float discom = (1.8*temp)-(0.55*(1-humi/100)*(1.8*temp-26))+32;
25   Serial.print("discomfortable_index: ");
26   Serial.println(discom);
27   Serial.println("==================================");
28
29   if (discom >= 75.0) {
30     digitalWrite(red_led, HIGH);
31     digitalWrite(blue_led, LOW);
32   }
```

```
33    else {
34      digitalWrite(red_led, LOW);
35      digitalWrite(blue_led, HIGH);
36    }
37    delay(800);
38  }
```

01   : DHT.h 라이브러리 추가
02   : DHT 객체 생성으로 my_dht를 만들고 디지털 7번 핀에 온·습도 센서를 연결, my_dht(7, DHT11) =〉 온·
          습도 DHT11을 사용한다는 뜻
09   : 온·습도 센서 시작 설정
15   : 내부 온도 함수를 호출하여 온도를 읽어서 실수형 변수 temp에 저장
16   : 내부 습도 함수를 호출하여 습도를 읽어서 실수형 변수 humi에 저장
18   : temp에 저장된 온도 출력
20   : temp와 humi 사이에 '–'를 출력
22   : humi에 저장된 습도 출력
24   : 불쾌지수(discom) =
          (1.8*temp)–(0.55*(1–humi/100)*(1.8*temp–26))+32 =〉 여기에 temp와 humi 값을 넣어서 값을 구함
26   : 불쾌지수 값 discom 출력
29   : 만약에 discom이 75.0보다 크거나 같으면
30~31 : red_led를 켜라, blue_led 꺼라
33   : 그밖에는
34~35 : red_led를 꺼라, blue_led 켜라

▶ 동작 동영상

https://youtu.be/vDr3fX80vAU

03 _ 07 I2C LCD(Liquid Crystal Display) 16×2 모듈

I2C LCD 모듈은 I2C 통신을 사용하여 16×2 즉, 문자나 숫자를 2줄로 나열해 총 32자를 표현할 수 있는 디스플레이 부품입니다. I2C(Inter Integrated Circuit) 통신은 SCL(Serial Clock, 일정 주기의 클록 신호를 송출)과 SDA(Serial Data, 클록 신호에 따라 데이터를 전송) 두 개의 양방향 라인을 사용하며, 아두이노에서 기본적으로 제공하는 Wire 라이브러리를 사용하여 통신을 할 수 있습니다. I2C Converter를 사용함으로써 LCD를 연결할 때 4개의 연결선만으로도 쉽게 회로를 구성할 수 있는 이점이 있습니다. 또한 가변 저항이 내장되어 있어 LCD에 표시된 문자의 선명도 조절을 위해 가변 저항을 따로 연결할 필요가 없습니다.

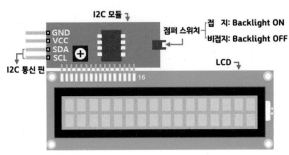

◆ I2C LCD 모듈 구조

I2C LCD 모듈 사용 방법

- 작동 전압 : 5V
- 규격 : 80×37×19
- 디스플레이 구성 : 16칸, 2줄
- 통신 방식 : I2C (LCD의 I2C 주소를 스캔해서 사용)
- 라이브러리 : I2C LCD 모듈을 사용하기 위해서는 아두이노에서 기본적으로 제공하는 Wire.h 라이브러리와 IDE 라이브러리 매니저에서 LiquidCrystal_I2C.h 라이브러리를 다운로드해서 사용합니다.
- 스케치 코드와 연결이 잘 되었는데 LCD 창에 아무것도 출력이 되지 않을 경우, I2C 컨버터에 있는 가변저항을 조절하여 글씨가 출력되는지 확인합니다.
- i2c_scanner를 사용하여 고유의 주소를 알아내 프로그램 내 객체 선언에서의 주솟값을 바꿔줍니다.

라이브러리 내장 함수 이해하기

함수	기능
my_lcd.init()	LCD를 시작
my_lcd.begin()	LCD를 시작
my_lcd.clear()	내용을 깨끗하게 삭제
my_lcd.setCursor(column, row)	열과 행으로 커서를 이동
my_lcd.print("Song Song")	Song Song 글자를 출력
my_lcd.home()	커서의 위치를 (0, 0)으로 이동
my_lcd.display()	내용을 표시
my_lcd.noDisplay()	내용을 표시하지 않음
my_lcd.backlight()	백라이트 켜기
my_lcd.noBacklight()	백라이트 끄기
my_lcd.blink()	깜박이는 커서를 표시
my_lcd.noBlink()	커서를 표시하지 않음
my_lcd.cursor()	밑줄 커서를 표시
my_lcd.noCursor()	커서를 표시하지 않음
my_lcd.scrollDisplayLeft()	표시된 내용을 좌측으로 1칸 이동
my_lcd.scrollDisplayRight()	표시된 내용을 우측으로 1칸 이동
my_lcd.leftToRight()	문자 표시를 좌측에서 우측으로 설정
my_lcd.rightToLeft()	문자 표시를 우측에서 좌측으로 설정

LCD 모니터 출력 방법(열, 행)

▶ 2차원 배열(행, 열) => 일반적인 배열

1행	(0, 0)	(0, 1)	(0, 2)	(0, 3)	(0, 4)	(0, 5)	(0, 6)	(0, 7)	(0, 8)	(0, 9)	(0, 10)	(0, 11)	(0, 12)	(0, 13)	(0, 14)	(0, 15)
2행	(1, 0)	(1, 1)	(1, 2)	(1, 3)	(1, 4)	(1, 5)	(1, 6)	(1, 7)	(1, 8)	(1, 9)	(1, 10)	(1, 11)	(1, 12)	(1, 13)	(1, 14)	(1, 15)
	1열	2열	3열	4열	5열	6열	7열	8열	9열	10열	11열	12열	13열	14열	15열	16열

▶ LCD 모니터 좌표 출력(열, 행)

1행	(0, 0)	(1, 0)	(2, 0)	(3, 0)	(4, 0)	(5, 0)	(6, 0)	(7, 0)	(8, 0)	(9, 0)	(10, 0)	(11, 0)	(12, 0)	(13, 0)	(14, 0)	(15, 0)
2행	(0, 1)	(1, 1)	(2, 1)	(3, 1)	(4, 1)	(5, 1)	(6, 1)	(7, 1)	(8, 1)	(9, 1)	(10, 1)	(11, 1)	(12, 1)	(13, 1)	(14, 1)	(15, 1)
	1열	2열	3열	4열	5열	6열	7열	8열	9열	10열	11열	12열	13열	14열	15열	16열

▶ my_lcd.setCursor(col, row)

=> my_lcd = LCD 객체 이름(사용자가 자유롭게 만드는 이름)

=> column = LCD에서 열(세로)을 표현, row = LCD에서 행(가로)을 표현

라이브러리 다운로드

I2C LCD 모듈을 사용하기 위해서는 두 개의 라이브러리가 필요합니다.

1 아두이노에서 기본적으로 제공하는 Wire.h 라이브러리를 사용하면 됩니다.

2 통합 개발 환경(IDE)에서 상단 메뉴의 스케치 → 라이브러리 포함하기 → 라이브러리 관리를 클릭하면 다음과 같은 라이브러리 매니저 화면이 나타납니다. 명령 창에 LiquidCrystal_I2C라 작성하고 엔터를 치면 찾고자 하는 라이브러리가 나타나며, [설치] 버튼을 클릭하여 라이브러리를 설치합니다.

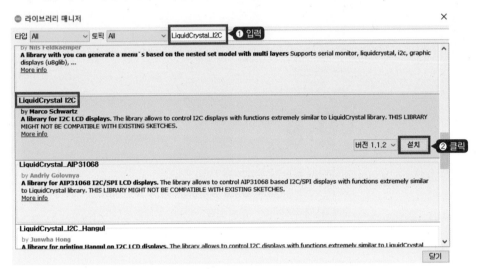

3 한글을 지원하는 라이브러리를 사용하고자 할 때는 아래의 화면에 나타난 LiquidCrystal_I2C_Hangul을 설치하면 됩니다.

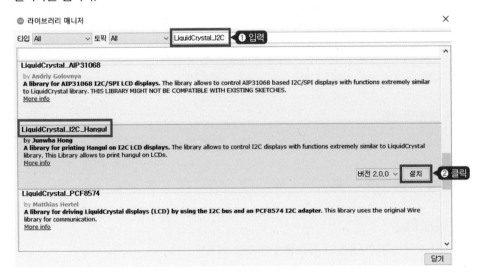

I2C_scanner를 사용하여 주소 알아보기

학습 목표 아두이노 공식 사이트에서 제공하는 I2C_scanner를 사용하여 액정 디스플레이 주소 알아보기

준비물 I2C LCD 모듈 1개, 점퍼선 6개

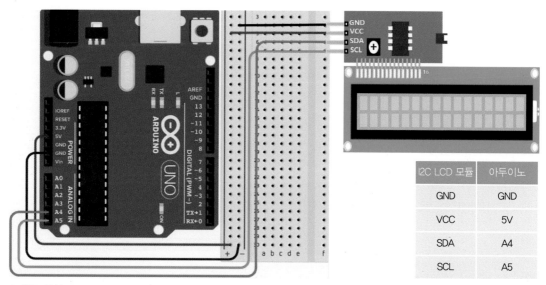

◆ 회로 구성

I2C LCD 모듈	아두이노
GND	GND
VCC	5V
SDA	A4
SCL	A5

◆ 아두이노와 부품 연결 방법

문제 해결 프로그램

소스 파일명 : 09_07_01.ino

```
01 #include <Wire.h>
02
03 void setup() {
04  Wire.begin();
05  Serial.begin(9600);
06  while (!Serial);
07  Serial.println("\nI2C Scanner");
08 }
09
10 void loop() {
11  byte error, address;
12  int nDevices;
13  Serial.println("Scanning...");
14  nDevices = 0;
15  for (address = 1; address < 127; address++ ) {
16    Wire.beginTransmission(address);
17    error = Wire.endTransmission();
18    if (error == 0) {
```

```
19        Serial.print("I2C device found at address 0x");
20        if (address < 16) {
21            Serial.print("0");
22        }
23        Serial.print(address, HEX);
24        Serial.println(" !");
25        nDevices++;
26    }
27    else if (error == 4) {
28        Serial.print("Unknown error at address 0x");
29        if (address < 16) {
30            Serial.print("0");
31        }
32        Serial.println(address, HEX);
33    }
34  }
35  if (nDevices == 0) {
36    Serial.println("No I2C devices found\n");
37  }
38  else {
39    Serial.println("done\n");
40  }
41  delay(3000);
42 }
```

01 : 라이브러리 불러오기

04 : I2C 통신 시작

05 : 시리얼 통신 시작

06 : 시리얼 모니터 실행 시까지 기다리기

11 : error와 address 변수 선언

12 : nDevices 변수 선언 (여러 개의 슬레이브 주소)

14 : nDevices 변수를 0으로 초기화

15 : for 문으로 address 값을 1부터 126까지 1씩 증가

※ address는 찾고자 하는 슬레이브 주솟값이며, 주솟값은 7bit 데이터이므로 127을 넘을 수 없음

16 : 마스터에서 전송을 시작하기 위해 슬레이브의 주솟값을 지정

※ 마스터는 여러 개의 Device 중에서 하나가 마스터가 되고 나머지 Device는 슬레이브가 됨

17 : 버퍼에 저장된 데이터를 전송하여 error에 저장

18 : 만약에 error에 저장된 값이 0이고

20 : 만약에 address가 16보다 작으면

21 : 숫자 0을 출력

23 : address를 16진수로 출력

25 : nDevices 값을 1씩 증가(다른 슬레이브로 넘어감)

27 : 그렇지 않고 error가 4이고

29 : 만약에 address가 16보다 작으면

30 : 숫자 0을 출력

32 : address를 16진수로 출력

35 : 만약에 nDevices가 0이면

36 : 시리얼 모니터에 "No I2C devices found\n" 문자열을 출력

38 : 그렇지 않으면

39 : 시리얼 모니터에 "done\n" 문자열을 출력

▶ 시리얼 모니터 결과 확인

```
◎ COM4                                        —   □   ×
│                                                    전송
I2C Scanner
Scanning...
I2C device found at address │0x27│  !
done
```

※ 찾고자 하는 I2C LCD 주소는 0x27입니다. 이 주소를 사용하여 LCD에 사용자가 원하는 작업을 실행시킬 수 있습니다.

LCD에 문자 출력해 보기

학습 목표   LCD를 제어하기 위해 사용되는 함수를 사용하여 문자를 출력해 보기

준비물   I2C LCD 모듈 1개 점퍼선 6개

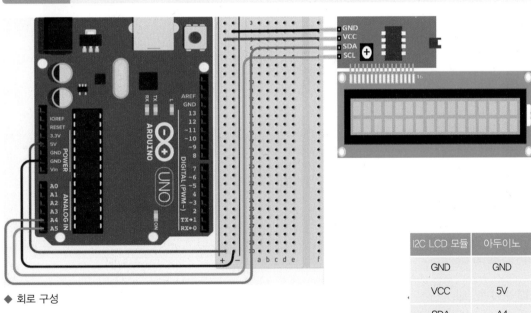

◆ 회로 구성

I2C LCD 모듈	아두이노
GND	GND
VCC	5V
SDA	A4
SCL	A5

문제 해결 프로그램

```
01 #include <Wire.h>
02 #include <LiquidCrystal_I2C.h>
03 LiquidCrystal_I2C my_lcd(0x27, 16, 2);
04
05 void setup() {
06   my_lcd.init();
07   my_lcd.backlight();
08 }
09
10 void loop() {
11   my_lcd.setCursor(0, 0);
12   my_lcd.print("^^ Hello ^^");
13   delay(1000);
14   my_lcd.setCursor(0, 1);
15   my_lcd.print("^Song Song^");
16   delay(1000);
17   my_lcd.clear();
18   delay(1000);
19 }
```

02 : LiquidCrystal_I2C.h 라이브러리 불러오기

03 : LCD 객체 이름을 my_led로 선언(주소, 열, 행)

06 : LCD 사용 시작

07 : 백라이트 켜기

11 : 커서를 1열, 1행에 가져다 놓아라

12 : "^^ Hello ^^" 문자열을 출력

13 : 지연시간 1초

14 : 커서를 1열, 2행에 가져다 놓아라

15 : "^Song Song^" 문자열을 출력해라

16 : 지연시간 1초

17 : LCD에 표시된 문자를 모두 지워라

18 : 지연시간 1초

▶ 동작 동영상

https://youtu.be/oKx4-hLYG6E

LCD에 한글 문자 출력해 보기

학습 목표 한글을 지원하는 라이브러리를 사용하여 "안녕하세요"라는 문자를 출력해 보기

준비물 I2C LCD 모듈 1개 점퍼선 6개

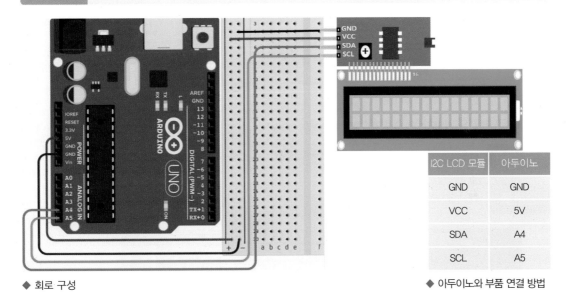

I2C LCD 모듈	아두이노
GND	GND
VCC	5V
SDA	A4
SCL	A5

◆ 회로 구성

◆ 아두이노와 부품 연결 방법

문제 해결 프로그램

소스 파일명 : 09_07_03.ino

```
1 #include<Wire.h>
2 #include<LiquidCrystal_I2C_Hangul.h>
3 LiquidCrystal_I2C_Hangul my_lcd(0x27, 16, 2);
4
5 void setup() {
6   my_lcd.init();
7   my_lcd.backlight();
8 }
9
10 void loop() {
11   my_lcd.setDelayTime(1000);
12   my_lcd.printHangul(L"안녕하세요", 0, 5);
13   my_lcd.clear();
14   delay(1000);
15 }
```

02 : LiquidCrystal_I2C_Hangul.h 라이브러리 불러오기
03 : LCD 객체 이름을 my_led로 선언. (확인한 주소=0x27, 열=16, 행=2)
06 : LCD 사용 시작

07 : LCD 백라이트 켜기

11 : my_lcd 출력 속도 조절

12 : my_lcd.printHangul(L"한글 문장", 시작 포인트, 문장 길이);

13 : LCD에 표시된 문자를 모두 지워라.

14 : 지연시간 1초

▶ 동작 동영상

https://youtu.be/3JDgxyHsEcY

LCD에 문자를 Scroll하여 출력해 보기

학습 목표	함수 명령어와 for 문을 사용하여 입력한 글자를 좌우로 이동시켜 보기

준비물	I2C LCD 모듈 1개 점퍼선 6개

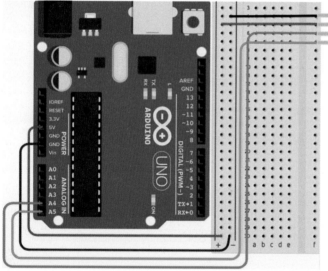

◆ 회로 구성

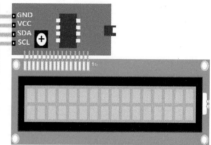

I2C LCD 모듈	아두이노
GND	GND
VCC	5V
SDA	A4
SCL	A5

◆ 아두이노와 부품 연결 방법

문제 해결 프로그램

소스 파일명 : 09_07_04.ino

```
01 #include <Wire.h>
02 #include <LiquidCrystal_I2C.h>
03 LiquidCrystal_I2C my_lcd(0x27, 16, 2);
04
05 void setup() {
06   my_lcd.init();
07   my_lcd.backlight();
```

```
08 }
09
10 void loop() {
11   my_lcd.setCursor(15, 0);
12   my_lcd.print("Have a nice day!");
13   my_lcd.setCursor(15, 1);
14   my_lcd.print("Good job!");
15   for (int pos = 0; pos < 31; pos++) {
16     my_lcd.scrollDisplayLeft();
17     delay(350);
18   }
19   my_lcd.setCursor(15, 0);
20   my_lcd.print("Have a nice day!");
21   my_lcd.setCursor(15, 1);
22   my_lcd.print("Good job!");
23   for (int pos = 0; pos < 16; pos++) {
24     my_lcd.scrollDisplayRight();
25     delay(350);
26   }
27   delay(1000);
28   my_lcd.clear();
29 }
```

11 : 커서를 16열, 1행에 가져다 놓아라

12 : "Have a nice day!" 문자열을 출력

13 : 커서를 16열, 2행에 가져다 놓아라

14 : "Good job!" 문자열을 출력

15 : for 문을 통해서 pos를 0에서 30까지 1씩 증가

16 : 위에 표시된 문자를 좌측으로 1칸씩, 0에서 30까지 연속적으로 이동한다.

17 : 스크롤 되는 지연시간 0.35초

23 : for 문을 통해서 pos를 0에서 15까지 1씩 증가

24 : 위에 표시된 문자를 우측으로 1칸씩, 0에서 15까지 연속적으로 이동한다.

25 : 스크롤 되는 지연시간 0.35초

26 : 전체 loop() 함수 지연시간 1초

28 : LCD에 표시된 문자를 모두 지워라

▶ 동작 동영상

https://youtu.be/s9hoScyYM2o

LCD에 온 · 습도 센서 측정 값 출력해 보기

학습 목표   매개변수와 반환 값이 모두 없는 TempHumi() 함수와 Lcd() 함수를 선언하여 온 · 습도 센서 측정값을 LCD에 출력해 보기

준비물   I2C LCD 모듈 1개, 온습도센서(DHT11) 1개, 점퍼선 9개

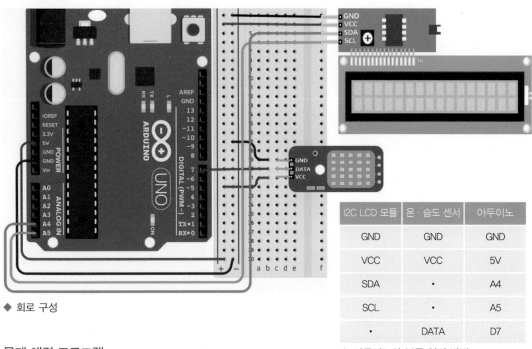

◆ 회로 구성

I2C LCD 모듈	온 · 습도 센서	아두이노
GND	GND	GND
VCC	VCC	5V
SDA	·	A4
SCL	·	A5
·	DATA	D7

◆ 아두이노와 부품 연결 방법

문제 해결 프로그램

소스 파일명 : 09_07_05.ino

```
01 #include <Wire.h>
02 #include <LiquidCrystal_I2C.h>
03 LiquidCrystal_I2C my_lcd(0x27, 16, 2);
04
05 #include <DHT.h>
06 DHT my_dht(7, DHT11);
07
08 float temp;
09 float humi;
10
11 void setup() {
12   Serial.begin(9600);
13   my_lcd.init();
14   my_lcd.backlight();
15   my_dht.begin();
16 }
17
```

```
18 void loop() {
19   TempHumi();
20   Lcd();
21   delay(500);
22 }
23
24 void TempHumi() {
25   temp = my_dht.readTemperature();
26   humi = my_dht.readHumidity();
27   Serial.print("temperature: ");
28   Serial.print(temp);
29   Serial.print(" C");
30   Serial.print(" - ");
31   Serial.print("humidity: ");
32   Serial.print(humi);
33   Serial.println(" %");
34 }
35
36 void Lcd(){
37   my_lcd.setCursor(0, 0);
38   my_lcd.print("temp : ");
39   my_lcd.print(temp);
40   my_lcd.print(" C");
41   my_lcd.setCursor(0, 1);
42   my_lcd.print("humi : ");
43   my_lcd.print(humi);
44   my_lcd.print(" %");
45 }
```

01~03 : I2C LCD 사용을 위한 라이브러리 불러오기, 객체 생성(주소, 열, 행)

05   : 온 · 습도 센서 사용을 위한 라이브러리 불러오기

06   : 온 · 습도 센서 사용을 위한 객체 생성, 객체명(디지털 핀, DHT11)

08   : 실수형으로 전역 변수 temp를 선언

09   : 실수형으로 전역 변수 humi를 선언

19   : TempHumi() 함수 호출 => 온 · 습도에 관련된 함수

20   : Lcd() 함수 호출 => LCD에 관련된 함수

21   : 프로그램 0.5초 지연

24   : 매개변수와 반환 값이 없는 TempHumi() 함수 선언

25   : 전역 변수로 선언된 temp에 읽어 들인 온도 값을 저장

26   : 전역 변수로 선언된 humi에 읽어 들인 습도 값을 저장

36   : 매개변수와 반환 값이 없는 Lcd() 함수 선언

▶ 동작 동영상

https://youtu.be/Hf_WEqk20zU

LCD에 초음파 센서 측정 값 출력해 보기

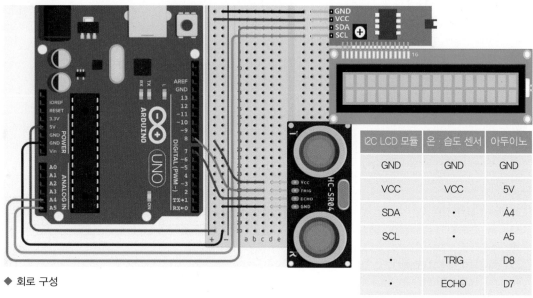

◆ 회로 구성

I2C LCD 모듈	온·습도 센서	아두이노
GND	GND	GND
VCC	VCC	5V
SDA	·	Á4
SCL	·	A5
·	TRIG	D8
·	ECHO	D7

◆ 아두이노와 부품 연결 방법

문제 해결 프로그램

소스 파일명 : 09_07_06.ino

```
01 #include <LiquidCrystal_I2C.h>
02 LiquidCrystal_I2C my_lcd(0x27, 16, 2);
03
04 #define trig 8
05 #define echo 7
06 unsigned long duration;
07 long distance;
08
09 void setup() {
10   my_lcd.init();
11   my_lcd.backlight();
12   pinMode(trig, OUTPUT);
13   pinMode(echo, INPUT);
14   Serial.begin(9600);
15 }
16
17 void loop() {
```

```
18  Distance();
19  Lcd();
20 }
21
22 long Distance() {
23  digitalWrite(trig, HIGH);
24  delayMicroseconds(5);
25  digitalWrite(trig, LOW);
26  duration = pulseIn(echo, HIGH);
27  distance = duration / 29 / 2;
28  Serial.print("distance: ");
29  Serial.println(distance);
30  return distance;
31 }
32
33 void Lcd() {
34  my_lcd.setCursor(0, 0);
35  my_lcd.print("distance:");
36  my_lcd.print(distance);
37  my_lcd.print("cm");
38  delay(700);
39  my_lcd.clear();
40 }
```

01~02 : I2C LCD 사용을 위한 라이브러리 불러오기, 객체 생성(주소, 열, 행)

06 : 양수 정수형으로 전역 변수 duration을 선언

07 : 정수형으로 전역 변수 distance를 선언

18 : Distance() 함수 호출 => 초음파 센서에 관련된 함수

19 : Lcd() 함수 호출 => LCD에 관련된 함수

22 : 매개변수는 없고 반환 값이 있는 long Distance() 함수 선언

33 : 매개변수와 반환 값이 모두 없는 void Lcd() 함수 선언

34 : 커서를 1열, 1행에 가져다 놓아라

35 : LCD에 "distance:" 문자열을 출력

36 : LCD에 초음파 센서에서 측정한 distance(거릿값)를 출력

37 : LCD에 초음파 센서에서 측정한 distance(거릿값)에 cm를 출력

38 : 초음파 센서 작동 시간 0.7초 지연

39 : LCD에 표시된 문자를 모두 지워라.

▶ 동작 동영상

https://youtu.be/rR3UOuX8Ejc

03 _ 08 RGB LED(Light Emitting Diode) 모듈

앞에서 사용한 LED는 색깔이 정해져 있지만, RGB는 빛의 삼원색인 Red(빨간색), Green(초록색), Blue(파란색)를 가지고 각각 0부터 255단계의 PWM을 사용함으로써 사용자가 원하는 다양한 색을 만들 수 있습니다. RGB LED 모듈의 종류는 애노드 타입과 캐소드 타입 두 종류가 있습니다.

애노드 타입 RGB

N형(−) 반도체와 P형(+) 반도체를 접합하여 만든 것을 다이오드라고 하며, 다이오드는 (+)에서 (−)로 즉, 순방향으로만 전류가 흐르게 하는 소자입니다. 이러한 다이오드 중에 전기 에너지를 빛 에너지로 변환하는 발광다이오드를 LED라고 하며, 애노드 타입은 하나의 핀에 5V를 공급하여 R, G, B를 LOW 상태나 전위를 낮추어 전류가 흐르게 하는 타입입니다.

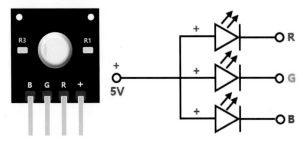

◆ 애노드 타입 RGB LED 모듈 구조

캐소드 타입 RGB

캐소드 타입은 하나의 핀에 GND를 연결해 주어 R, G, B를 HIGH 상태나 전위를 높여 전류가 흐르게 하는 타입입니다. 사용자는 RGB LED를 사용할 때는 단자에 적혀 있는 문구(+, −)를 확인하고 연결합니다.

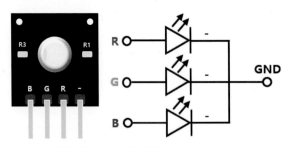

◆ 캐소드 타입 RGB LED 모듈 구조

RGB LED 모듈 제어하기

학습 목표 analogWrite() 함수를 사용하여 RGB LED 모듈의 3원색을 표현해 보기

준비물 캐소드 타입 RGB LED 모듈 1개, 점퍼선 5개

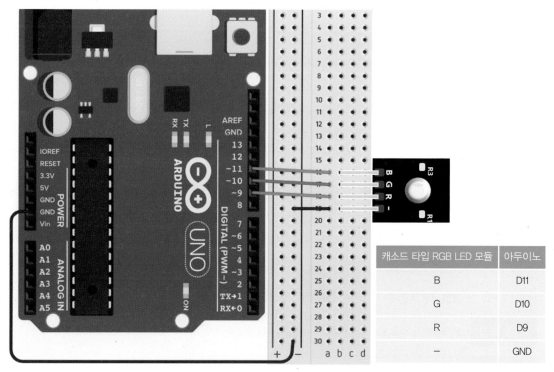

캐소드 타입 RGB LED 모듈	아두이노
B	D11
G	D10
R	D9
–	GND

◆ 회로 구성   ◆ 아두이노와 부품 연결 방법

문제 해결 프로그램

소스 파일명 : 09_08_01.ino

```
01 #define red_led 9
02 #define green_led 10
03 #define blue_led 11
04
05 void setup() {
06   pinMode(red_led, OUTPUT);
07   pinMode(green_led, OUTPUT);
08   pinMode(blue_led, OUTPUT);
9 }
10
11 void loop() {
12   analogWrite(red_led, 255);
13   analogWrite(green_led, 0);
14   analogWrite(blue_led, 0);
15   delay(1000);
```

```
16
17   analogWrite(red_led, 0);
18   analogWrite(green_led, 255);
19   analogWrite(blue_led, 0);
20   delay(1000);
21
22   analogWrite(red_led, 0);
23   analogWrite(green_led, 0);
24   analogWrite(blue_led, 255);
25   delay(1000);
26 }
```

01~03 : 각 매크로를 상수화 시켜 9, 10, 11로 초기화
06~08 : RGB를 출력핀으로 설정
12   : red_led를 255로 설정 => 5V 공급
13~14 : green_led와 blue_led를 0으로 설정 => 0V 공급
18   : green_led를 255로 설정 => 5V 공급
24   : blue_led를 255로 설정 => 5V 공급

▶ 동작 동영상
https://youtu.be/px4FOBq2WHU

RGB LED 모듈을 매개변수가 있는 함수로 제어하기

학습 목표 매개변수가 있고 반환 값이 없는 Color() 함수를 선언하여 RGB LED에 다양한 색상을 표현해 보기

준비물 캐소드 타입 RGB LED 모듈 1개, 점퍼선 5개

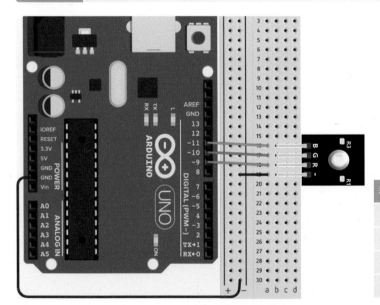

◆ 회로 구성

캐소드 타입 RGB LED 모듈	아두이노
B	D11
G	D10
R	D9
−	GND

◆ 아두이노와 부품 연결 방법

문제 해결 프로그램

```
01 #define red_led 9
02 #define green_led 10
03 #define blue_led 11
04
05 void setup() {
06   pinMode(red_led, OUTPUT);
07   pinMode(green_led, OUTPUT);
08   pinMode(blue_led, OUTPUT);
09 }
10
11 void loop() {
12   Color(255, 0, 0);      //red
13   delay(1000);
14   Color(0, 255, 0);      //green
15   delay(1000);
16   Color(0, 0, 255);      //blue
17   delay(1000);
18   Color(255, 255, 0);   //yellow
19   delay(1000);
20   Color(255, 36, 255);  //pink
21   delay(1000);
22 }
23
24 void Color(int red, int green, int blue) {
25   analogWrite(red_led, red);
26   analogWrite(green_led, green);
27   analogWrite(blue_led, blue);
28 }
```

01~03 : 각 매크로를 상수화 시켜 9, 10, 11로 초기화

06~08 : RGB를 출력 핀으로 설정

12   : Color(255, 0, 0) 함수를 호출하여 매개변수 red에 255, green에 0, blue에 0을 대입 =〉 빨간색

14   : Color(0, 255, 0) 함수를 호출하여 매개변수 red에 0, green에 255, blue에 0을 대입 =〉 녹색

16   : Color(0, 0, 255) 함수를 호출하여 매개변수 red에 0, green에 0, blue에 255를 대입 =〉 파란색

18   : Color(255, 255, 0) 함수를 호출하여 매개변수 red에 255, green에 255, blue에 0을 대입 =〉 노란색

22   : Color(255, 36, 255) 함수를 호출하여 매개변수 red에 255, green에 36, blue에 255를 대입 =〉 분홍색

24   : 매개변수는 있고 반환 값이 없는 Color() 함수 선언

25   : 아날로그 신호로 처리, red_led를 매개변수에 들어온 red 값으로 출력

26   : 아날로그 신호로 처리, green_led를 매개변수에 들어온 green 값으로 출력

27   : 아날로그 신호로 처리, blue_led를 매개변수에 들어온 blue 값으로 출력

▶ 동작 동영상

https://youtu.be/qEyZo2fQnb4

RGB LED 모듈을 랜덤 함수로 제어하기

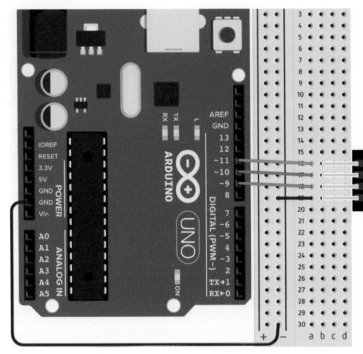

◆ 회로 구성

캐소드 타입 RGB LED 모듈	아두이노
B	D11
G	D10
R	D9
−	GND

◆ 아두이노와 부품 연결 방법

문제 해결 프로그램

```
01 #define red_led 9
02 #define green_led 10
03 #define blue_led 11
04
05 void setup() {
06   Serial.begin(9600);
07   pinMode(red_led, OUTPUT);
08   pinMode(green_led, OUTPUT);
09   pinMode(blue_led, OUTPUT);
10   randomSeed(analogRead(A0));
11 }
12
13 void loop() {
14   int number = random(0, 256);
15   Serial.print("number: ");
16   Serial.println(number);
```

```
17    analogWrite(red_led, number + 120);
18    analogWrite(green_led, number + 50);
19    analogWrite(blue_led, number + 10);
20    delay(1000);
21 }
```

01~03 : 각 매크로를 상수화 시켜 9, 10, 11로 초기화 (아날로그 신호를 처리하기 위해서는 PWM이 지원되는 디지털 핀에 연결함)

07~09 : RGB를 출력 핀으로 설정

10   : 아두이노의 아날로그 핀은 0에서 5V 사이의 전압값을 0에서 1023 사이의 값으로 변환하여 들어오기 때문에 그사이 임의의 값을 뽑아서 random() 함수의 시작점으로 부여

14   : 최솟값(0)에서 최댓값(255) 사이 임의의 값을 뽑아서 number에 저장

17   : 아날로그 신호로 처리, red_led를 number에 120을 더한 값으로 출력

18   : 아날로그 신호로 처리, green_led를 number에 50을 더한 값으로 출력

19   : 아날로그 신호로 처리, blue_led를 number에 10을 더한 값으로 출력

▶ 동작 동영상
https://youtu.be/1AyBh5z08C4

RGB LED 모듈을 시리얼 통신으로 제어하기

학습 목표   시리얼 통신으로 문자열을 받은 후, while() 문과 다중 if~else 문을 사용하여 RGB LED로 원하는 색깔 표현해 보기

준비물   캐소드 타입 RGB LED 모듈 1개, 점퍼선 5개

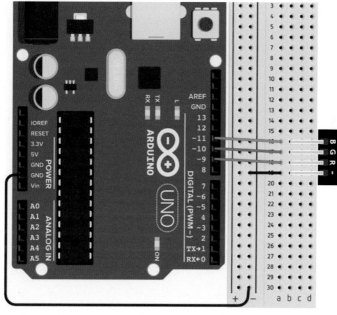

◆ 회로 구성

캐소드 타입 RGB LED 모듈	아두이노
B	D11
G	D10
R	D9
−	GND

◆ 아두이노와 부품 연결 방법

문제 해결 프로그램

```
01 #define red_led 9
02 #define green_led 10
03 #define blue_led 11
04
05 String my_color;
06 String message = "당신이 원하는 색을 작성하세요?";
07
08 void setup() {
09   Serial.begin(9600);
10   pinMode(red_led, OUTPUT);
11   pinMode(green_led, OUTPUT);
12   pinMode(blue_led, OUTPUT);
13 }
14
15 void loop() {
16   Serial.println(message);
17   while (Serial.available() > 0) {
18
19   }
20   my_color = Serial.readString();
21
22   if (my_color == "red") {
23     digitalWrite(red_led, HIGH);
24     digitalWrite(green_led, LOW);
25     digitalWrite(blue_led, LOW);
26   }
27   else if (my_color == "green") {
28     digitalWrite(red_led, LOW);
29     digitalWrite(green_led, HIGH);
30     digitalWrite(blue_led, LOW);
31   }
32   else if (my_color == "blue") {
33     digitalWrite(red_led, LOW);
34     digitalWrite(green_led, LOW);
35     digitalWrite(blue_led, HIGH);
36   }
37   else if (my_color == "aqua") {
38     analogWrite(red_led, 0);
39     analogWrite(green_led, 255);
40     analogWrite(blue_led, 80);
41   }
42   else if (my_color == "off") {
43     digitalWrite(red_led, LOW);
44     digitalWrite(green_led, LOW);
```

```
45        digitalWrite(blue_led, LOW);
46    }
47 }
```

05   : 문자열로 전역 변수 my_color 선언
06   : 문자열로 전역 변수 message를 선언하여 "당신이 원하는 색을 작성하세요?"를 저장
16   : 시리얼 모니터에 message 출력
17   : while 반복문을 통해서 시리얼 통신에 값이 들어오면 중괄호 안에 있는 코드를 실행하고, 없으면 그다음 문장
        을 실행
20   : 시리얼 통신에 들어오는 문자열을 읽어서 my_color에 저장
22   : 만약에 문자열이 "red"이면 아래 코드를 실행
27   : 그렇지 않고 문자열이 "green"이면 아래 코드를 실행
32   : 그렇지 않고 문자열이 "blue"이면 아래 코드를 실행
37   : 그렇지 않고 문자열이 "aqua"이면 아래 코드를 실행
38   : 아날로그 신호로 처리, red_led에 0 값을 대입하여 출력
39   : 아날로그 신호로 처리, green_led에 255 값을 대입하여 출력
40   : 아날로그 신호로 처리, blue_led에 80 값을 대입
        하여 출력

▶ 동작 동영상

https://youtu.be/WPA8Wo08Kgg

42~45 : 그렇지 않고 문자열이 "off"이면 RGB LED를 꺼라

RGB LED 모듈을 버튼으로 제어하기

학습 목표 버튼 3개에 if~else 문을 사용하여 RGB LED ON/OFF 해보기

준비물 캐소드 타입 RGB LED 모듈 1개, 버튼 3개, 점퍼선 11개, 내부 풀업 저항 사용

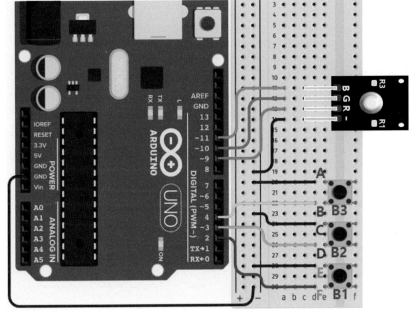

◆ 회로 구성

RGB 모듈	B3	B2	B1	아두이노
B	•	•	•	D11
G	•	•	•	D10
R	•	•	•	D9
–	A	C	E	GND
•	B	•	•	D4
•	•	D	•	D3
•	•	•	F	D2

◆ 아두이노와 부품 연결 방법

문제 해결 프로그램

소스 파일명 : 09_08_05.ino

```
01 #define red_led 9
02 #define green_led 10
03 #define blue_led 11
04
05 const int button1 = 2;
06 const int button2 = 3;
07 const int button3 = 4;
08
09 void setup() {
10   pinMode(red_led, OUTPUT);
11   pinMode(green_led, OUTPUT);
12   pinMode(blue_led, OUTPUT);
13   pinMode(button1, INPUT_PULLUP);
14   pinMode(button2, INPUT_PULLUP);
15   pinMode(button3, INPUT_PULLUP);
16 }
17
18 void loop() {
19   if (digitalRead(button1) == LOW) {
20       digitalWrite(red_led, HIGH);
21   }
22   else {
23       digitalWrite(red_led, LOW);
24   }
25   if (digitalRead(button2) == LOW) {
26       digitalWrite(green_led, HIGH);
27   }
28   else {
29       digitalWrite(green_led, LOW);
30   }
```

```
31   if (digitalRead(button3) == LOW) {
32       digitalWrite(blue_led, HIGH);
33   }
34   else {
35       digitalWrite(blue_led, LOW);
36   }
37 }
```

13~15 : button1, button2, button3을 입력 핀, 내부 풀업 저항으로 설정
19   : 만약에 button1이 LOW(누름) 상태이면
20   : red_led를 켜라
22~23 : 그밖에는 red_led를 꺼라
25   : 만약에 button2가 LOW(누름) 상태이면
26   : green_lcd를 켜라
28~29 : 그밖에는 green_led를 꺼라
31   : 만약에 button3가 LOW(누름) 상태이면
32   : blue_led를 켜라
34~35 : 그밖에는 blue_led를 꺼라

▶ 동작 동영상

https://youtu.be/D_JIApUbG78

RGB LED 모듈을 버튼 세 개로 색상 조합하여 제어하기

학습 목표 버튼 세 개의 누른 횟수를 각각 조합하고, 이중 if 문을 사용하여 RGB LED의 다양한 색상 표현해 보기

준비물 캐소드 타입 RGB LED 모듈 1개, 버튼 3개, 점퍼선 11개, 내부 풀업 저항 사용

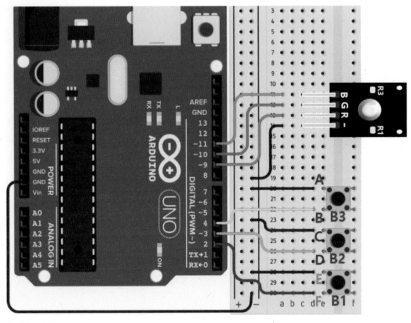

◆ 회로 구성

RGB 모듈	B3	B2	B1	아두이노
B	·	·	·	D11
G	·	·	·	D10
R	·	·	·	D9
−	A	C	E	GND
·	B	·	·	D4
·	·	D	·	D3
·	·	·	F	D2

◆ 아두이노와 부품 연결 방법

문제 해결 프로그램

```
01 #define red_led 9
02 #define green_led 10
03 #define blue_led 11
04
05 const int button1 = 2;
06 const int button2 = 3;
07 const int button3 = 4;
08
09 int red_count = 0;
10 int green_count = 0;
11 int blue_count = 0;
12
13 void setup() {
14   Serial.begin(9600);
15   pinMode(red_led, OUTPUT);
16   pinMode(green_led, OUTPUT);
17   pinMode(blue_led, OUTPUT);
18   pinMode(button1, INPUT_PULLUP);
19   pinMode(button2, INPUT_PULLUP);
20   pinMode(button3, INPUT_PULLUP);
21 }
22
23 void loop() {
24   if (digitalRead(button1) == LOW) {
25       red_count++;
26       if (red_count > 256) {
27           red_count = 0;
28       }
29   }
30   Serial.print("red_count: ");
31   Serial.print(red_count);
```

```
31    Serial.print(red_count);
32    Serial.print(" - ");
33    if (digitalRead(button2) == LOW) {
34        green_count++;
35        if (green_count > 256) {
36            green_count = 0;
37        }
38    }
39    Serial.print("green_count: ");
40    Serial.print(green_count);
41    Serial.print(" - ");
42    if (digitalRead(button3) == LOW) {
43        blue_count++;
44        if (blue_count > 256) {
45            blue_count = 0;
46        }
47    }
48    Serial.print("blue_count: ");
49    Serial.println(blue_count);
50    analogWrite(red_led, red_count);
51    analogWrite(green_led, green_count);
52    analogWrite(blue_led, blue_count);
53    delay(50);
54 }
```

09 : button1의 누른 횟수를 저장하기 위한 red_count 변수 선언

10 : button2의 누른 횟수를 저장하기 위한 green_count 변수 선언

11 : button3의 누른 횟수를 저장하기 위한 blue_count 변수 선언

24 : 만약에 button1이 LOW(누름)이면

25 : red_count를 1씩 증가

26 : 만약에 red_count 횟수가 256보다 크면

27 : red_count 횟수를 0으로 초기화

33 : 만약에 button2가 LOW(누름)이면

34 : green_count를 1씩 증가

35 : 만약에 green_count 횟수가 256보다 크면

36 : green_count 횟수를 0으로 초기화

50 : button1을 누른 횟수만큼 red_led 색상을 제어

51 : button2를 누른 횟수만큼 green_led 색상을 제어

52 : button3을 누른 횟수만큼 blue_led 색상을 제어

※ 버튼 세 개의 누른 횟수에 따라서 색상이 혼합되어 RGB LED 색상이 바뀝니다.

▶ 동작 동영상

https://youtu.be/odEkNlFYots

03 _ 09 피에조 버저(Piezo Buzzer)

피에조 버저는 (+)극과 (–)극이 존재하며, 피에조 세라믹 요소와 진동판에 전기적 신호를 주면 피에조 세라믹 디스크가 수축, 팽창이 발생하여 진동판을 통해 미세한 떨림을 발생시키는 장치입니다. 이는 피에조 원리를 사용하여 판을 진동 시켜 소리를 내는 장치라고 해서 피에조 버저라고 명명합니다. 피에조 버저에서 울리는 소리는 일반 스피커보다 작지만, 주파수를 제어하면 계이름을 통해서 다양한 곡을 연주할 수 있습니다. 이 책에서는 수동 버저를 다룹니다.

피에조 원리

특정 방향으로 압력을 가하면 소재의 표면에서 전기가 발생하는 성질을 이용한 것으로, 여기에 진동판을 붙여 미세한 떨림으로부터 소리가 나게 되는 원리입니다.

수동 버저

전원을 공급해도 바로 소리가 나지 않으며, 스케치 코드에 의해서 여러 가지 소리를 낼 수 있습니다.

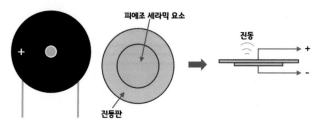

◆ 피에조 버저 구조 및 작동 원리

옥타브와 음계별 표준 주파수(소수점 첫째 자리에서 반올림함)

	C(도)	C#	D(레)	D#	E(미)	F(파)	F#	G(솔)	G#	A(라)	A#	B(시)
1	33	35	37	39	41	44	46	49	52	55	58	62
2	65	69	73	78	82	87	93	98	104	110	117	123
3	131	139	147	156	165	175	185	196	208	220	233	247
4	262	277	294	311	330	349	370	392	415	440	466	494
5	523	554	587	622	659	698	740	784	832	880	932	988
6	1047	1109	1175	1245	1319	1397	1480	1568	1661	1760	1865	1976
7	2093	2217	2349	2489	2637	2794	2960	3136	3322	3520	3729	3951
8	4186	4435	4699	4978	5274	5588	5920	6272	6645	7040	7459	7902

피에조 버저 제어하기

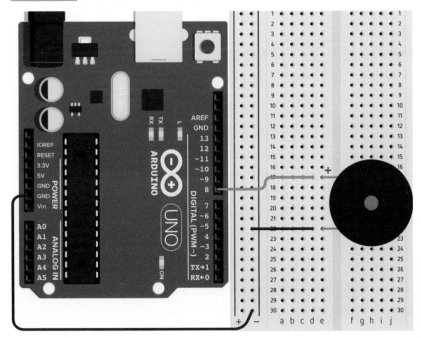

피에조 버저	아두이노
+	D8
−	GND

◆ 회로 구성 ◆ 아두이노와 부품 연결 방법

문제 해결 프로그램

소스 파일명 : 09_09_01.ino

```
01 const int piezo_pin = 8;
02 const int delay_time = 500;
03 const int tones[8] = {262, 294, 330, 349, 392, 440, 494, 523};
04
05 void setup() {
06   pinMode(piezo_pin, OUTPUT);
07 }
08
09 void loop() {
10   tone(piezo_pin, tones[0], 500); // 4옥타브 도의 주파수
11   delay(delay_time);
12   tone(piezo_pin, tones[1], 500); // 레
13   delay(delay_time);
14   tone(piezo_pin, tones[2], 500); // 미
15   delay(delay_time);
16   tone(piezo_pin, tones[3], 500); // 파
```

```
17    delay(delay_time);
18    tone(piezo_pin, tones[4], 500); // 솔
19    delay(delay_time);
20    tone(piezo_pin, tones[5], 500); // 라
21    delay(delay_time);
22    tone(piezo_pin, tones[6], 500); // 시
23    delay(delay_time);
24    tone(piezo_pin, tones[7], 500); // 5옥타브 도
25    delay(delay_time);
26    noTone(piezo_pin);
27    delay(delay_time);
28 }
```

01 : piezo_pin 정수형 변수를 상수화 시켜 8로 초기화
03 : 정수형 8개로 이루어진 tones(음계)를 상수화 시켜 배열로 선언
10 : tone 함수를 사용하여 배열 인덱스 tones[0] = 262음계를 500ms 동안 재생
12 : tone 함수를 사용하여 배열 인덱스 tones[1] = 294음계를 500ms 동안 재생
14 : tone 함수를 사용하여 배열 인덱스 tones[2] = 330음계를 500ms 동안 재생
26 : noTone() 함수를 사용하여 피에조 버저 음 재생 멈춤

▶ 동작 동영상

https://youtu.be/vbXWtcie434

피에조 버저 작동을 위한 함수 명령어 이해하기

▶ 사용 예시: tone(pin, frequency, duration);

- tone: 피에조 버저의 음을 재생하는 명령어입니다.

- pin: 피에조 버저 제어 핀 번호입니다.

- frequency: 음의 주파수 or 음계를 나타냅니다.

- duration: 음의 길이(ms)를 나타냅니다.

▶ 사용 예시: noTone(pin);

- noTone : 피에조 버저의 음 재생을 멈추는 명령어입니다.

- pin: 피에조 버저 제어 핀 번호입니다.

피에조 버저를 배열과 for 문을 사용하여 제어하기

피에조 버저를 통해 음계를 배열로 선언하고, for 문을 사용하여 낮은 도, 레, 미, 파, 솔, 라, 시, 높은 도를 연주해 보고, 다시 높은 도에서 낮은 도까지 연주해 보기

수동 피에조 버저 1개, 점퍼선 3개

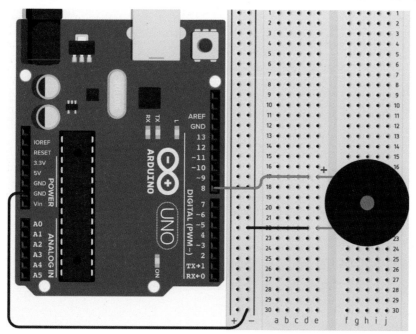

◆ 회로 구성

피에조 버저	아두이노
+	D8
−	GND

◆ 아두이노와 부품 연결 방법

문제 해결 프로그램

소스 파일명 : 09_09_02.ino

```
01 const int piezo_pin = 8;
02 const int delay_time = 500;
03 const int tones[8] = {262, 294, 330, 349, 392, 440, 494, 523};
04
05 void setup() {
06   pinMode(piezo_pin, OUTPUT);
07 }
08
09 void loop() {
10   for (int i = 0; i < 8; i++) {
11     tone(piezo_pin, tones[i]);
12     delay(delay_time);
13   }
14   for (int i = 7; i >= 0; i--) {
15     tone(piezo_pin, tones[i]);
16     delay(delay_time);
17   }
```

```
18    noTone(piezo_pin);
19    delay(delay_time);
20  }
```

01 : piezo_pin 정수형 변수를 상수화 시켜 8로 초기화
03 : 음계별 주파수를 배열로 선언
10 : for 문을 사용하여 0 ~ 7까지 1씩 증가
11 : 배열 인덱스를 사용하여 tones[0] = 262 ~ tones[7] = 523까지 음 재생
14 : for 문을 사용하여 7 ~ 0까지 1씩 감소
15 : 배열 인덱스를 사용하여 tones[7] = 523 ~ tones[0] = 262까지 음 재생
18 : 피에조 버저 음 재생 멈춤
19 : 프로그램 지연 0.5초

▶ 동작 동영상

https://youtu.be/XH2q4IJEHE0

사용자가 직접 라이브러리 생성하기

학습 목표 사용자가 원하는 라이브러리를 통합 개발 환경(IDE)을 통해서 제작해 보기

Step01 통합 개발 환경(IDE) 프로그램에서 Ctrl + Shift + N 을 누르면, 맨 아랫부분에 노란색 바와 하얀색 명령 창이 나옵니다. 명령 창에 pitches.h를 작성하고 [확인] 버튼을 누릅니다.

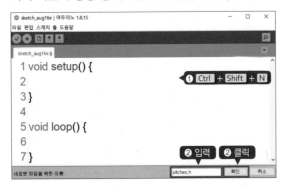

Step02 아래와 같은 화면에 pitches.h 라는 방이 생겼습니다. 다음 주소 https://www.arduino.cc/en/Tutorial/ BuiltInExamples/toneMelody에 가면 음계 코드가 있습니다. 이것을 복사하여 pitches.h 방에 붙여넣기를 합니다.

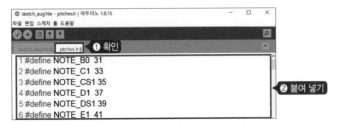

Step03 void setup() 함수 구문 위 전역 구간에 #include "pitches.h"라고 작성하면 사용자가 만든 라이브러리를 불러와서 스케치 코드에 사용할 수 있습니다.

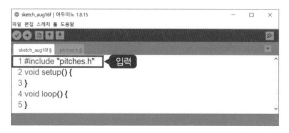

피에조 버저를 사용자가 만든 라이브러리로 제어하기

학습 목표　사용자가 만든 라이브러리를 불러와 음계와 음표를 배열로 선언하여 연주해 보기

준비물　수동 피에조 버저 1개, 점퍼선 3개

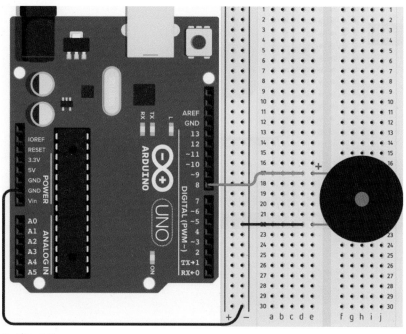

◆ 회로 구성

◆ 아두이노와 부품 연결 방법

피에조 버저	아두이노
+	D8
−	GND

문제 해결 프로그램

```
01 #include "pitches.h"
02 const int piezo_pin = 8;
03 const int tones[8] = {NOTE_C4, NOTE_G3, NOTE_G3, NOTE_A3, NOTE_G3, 0, NOTE_B3, NOTE_C4};
04 const int note_duration[8] = {4, 8, 8, 4, 4, 4, 4, 4};
05
06 void setup() {
07   pinMode(piezo_pin, OUTPUT);
08 }
09
10 void loop() {
11   for (int note = 0; note < 8; note++) {
12     int Note_Duration = 1000 / note_duration[note];
13     tone(piezo_pin, tones[note], note_duration);
14     int pause_between_note = Note_Duration * 1.0;
15     delay(pause_between_note);
16     noTone(piezo_pin);
17   }
18   delay(1000);
19 }
```

01 : 제작한 라이브러리 "pitches.h" 불어오기
03 : 음계를 배열로 선언
04 : 박자를 배열로 선언
11 : for 문을 사용하여 배열의 인덱스를 0부터 7까지 생성
12 : 음의 길이를 계산하기 위해서 1초를 각각의 음표로 나눈 값을 새로운 변수(Note_Duration)에 저장
13 : tone(핀, 주파수, 재생 시간), 정해진 주파수와 계산한 재생 시간을 대입하여 재생
14 : 음과 음 사이의 간격을 계산하여 새로운 변수(pause_between_note)에 저장
15 : pause_between_note 값을 지연시간으로 사용

▶ 동작 동영상

https://youtu.be/D-v_GUoVfvE

악보 보고 스케치 코드 작성해 보기

학습 목표 사용자가 만든 라이브러리를 불러와 악보에 보이는 음계, 음표를 배열로 선언하여 연주해 보기

준비물 수동 피에조 버저 1개, 점퍼선 3개

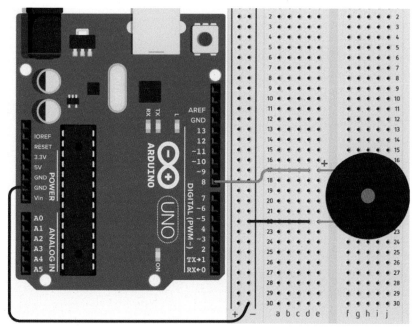

◆ 회로 구성

◆ 아두이노와 부품 연결 방법

피에조 버저	아두이노
+	D8
−	GND

▶ 제목 : 사랑을 했다(가수: IKON)

♪ ♪ ♪ | ♪ ♩ ♪ ♪ ♪ ♪ | ♪ ♩ ♪ ♪ ♪ ♪ | ♪ ♩ ♪ ♪ ♪ ♪ ♪|

라 솔 라   라 도 ０ 라 솔 파   라 솔 ０ 라 솔 파   솔 솔 파 솔 파 라 파

문제 해결 프로그램

소스 파일명 : 09_09_04.ino

```
01 #include "pitches.h"
02 const int piezo_pin = 8;
03 const int tones[22] = {NOTE_A5, NOTE_G5, NOTE_F5, NOTE_A5, NOTE_C6, 0, NOTE_A5, NOTE_
   G5, NOTE_F5, NOTE_A5, NOTE_G5, 0, NOTE_A5, NOTE_G5, NOTE_F5, NOTE_G5, NOTE_G5, NOTE_
   F5, NOTE_G5, NOTE_F5, NOTE_A5, NOTE_F5};
04 const int note_duration[22] = {8, 8, 8, 8, 2, 8, 8, 8, 8, 8, 4, 8, 8, 8, 8, 8, 4, 8, 8, 8, 8, 2};
05
06 void setup() {
07   pinMode(piezo_pin, OUTPUT);
```

```
08 }
09
10 void loop() {
11   for (int note = 0; note < 22; note++) {
12     int Note_Duration = 1500 / note_duration[note];
13     tone(piezo_pin, tones[note], note_duration);
14     int pause_between_note = Note_Duration * 1.3;
15     delay(pause_between_note);
16     noTone(piezo_pin);
17   }
18   delay(1000);
19 }
```

01 : 제작한 라이브러리 "pitches.h" 불어오기

02 : piezo_pin 정수형 변수를 상수화 시켜 8로 초기화

03 : 정수형 상수 22개로 이루어진 tones(음계)를 배열로 선언

04 : 정수형 상수 22개로 이루어진 음표를 배열로 선언

11 : for 문을 사용하여 note를 0에서 21까지 1씩 증가

12 : 음의 길이를 계산하기 위해서 1.5초를 각각의 음표로 나눈 값을 새로운 변수(Note_Duration)에 저장

13 : tone(핀, 주파수, 재생 시간), 정해진 주파수와 계산한 재생 시간을 대입하여 재생

14 : 음과 음 사이의 간격을 계산하여 새로운 변수(pause_between_note)에 저장   => 1.3의 숫자는 간격을 계산
     하기 위해서 사용한 값입니다. (변경 가능)

15 : pause_between_note 값을 지연시간으로 사용

16 : 음악 재생을 멈춤

▶ 동작 동영상

https://youtu.be/a3h0Bhl8_h4

피에조 버저와 버튼을 사용하여 피아노 만들어 보기

학습 목표 버튼 8개를 배열로 선언한 후 if 문을 사용하여 피아노 만들어 보기

준비물 피에조 버저 1개, 버튼 8개, 점퍼선 20개, 내부 풀업 저항 사용

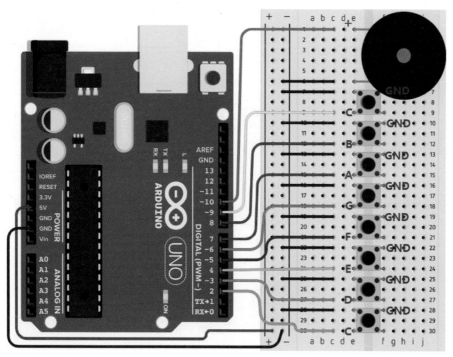

◆ 회로 구성

피에조	B1	B2	B3	B4	B5	B6	B7	B8	아두이노
−	GND	GND	GND	GND	GND	GND	GND	GND	GND
•	C(도)	•	•	•	•	•	•	•	D2
•	•	D(레)	•	•	•	•	•	•	D3
•	•	•	E(미)	•	•	•	•	•	D4
•	•	•	•	F(파)	•	•	•	•	D5
•	•	•	•	•	G(솔)	•	•	•	D6
•	•	•	•	•	•	A(라)	•	•	D7
•	•	•	•	•	•	•	B(시)	•	D8
•	•	•	•	•	•	•	•	C(도)	D9
+	•	•	•	•	•	•	•	•	D10

◆ 아두이노와 부품 연결 방법

문제 해결 프로그램

```
01 const int piezo_pin = 10;
02 const int button[8] = {2, 3, 4, 5, 6, 7, 8, 9};
03 const int tones[8] = {523, 587, 659, 698, 784, 880, 988, 1047};
04 void setup() {
05   pinMode(piezo_pin, OUTPUT);
06   for (int i = 0; i < 8; i++) {
07     pinMode(button[i], INPUT_PULLUP);
08   }
09 }
10
11 void loop() {
12   if (digitalRead(button[0]) == LOW) {
13     tone(piezo_pin, tones[0], 50);
14   }
15   if (digitalRead(button[1]) == LOW) {
16     tone(piezo_pin, tones[1], 50);
17   }
18   if (digitalRead(button[2]) == LOW) {
19     tone(piezo_pin, tones[2], 50);
20   }
21   if (digitalRead(button[3]) == LOW) {
22     tone(piezo_pin, tones[3], 50);
23   }
24   if (digitalRead(button[4]) == LOW) {
25     tone(piezo_pin, tones[4], 50);
26   }
27   if (digitalRead(button[5]) == LOW) {
28     tone(piezo_pin, tones[5], 50);
29   }
30   if (digitalRead(button[6]) == LOW) {
31     tone(piezo_pin, tones[6], 50);
32   }
33   if (digitalRead(button[7]) == LOW) {
34     tone(piezo_pin, tones[7], 50);
35   }
36 }
```

01 : piezo_pin 정수형 변수를 상수화 시켜 10으로 초기화

02 : 정수형 상수 8개로 이루어진 button을 배열로 선언

03 : 정수형 상수 8개로 이루어진 tones(음계)를 배열로 선언

06 : for 문을 사용하여 i를 0에서 7까지 1씩 증가

07 : 배열 인덱스 button[i]을 이용, i 값에 0에 7까지 대입하여 내부 풀업 저항으로 핀모드를 설정 (button[0] = 2, button[1] = 3, ... , button[7] = 9)

12 : 만약에 button[0]이 LOW(누름)이면

13 : tone() 함수를 사용하여 tones[0] = 523   음계를 음의 길이 50ms 동안 재생

33 : 만약에 button[7]이 LOW(누름)이면

34 : tone() 함수를 사용하여 tones[7] = 1047   음계를 음의 길이
    50ms 동안 재생

▶ 동작 동영상

https://youtu.be/0Mh4slEJr7l

피에조 버저와 버튼에 for 문을 사용하여 피아노 만들어 보기

학습 목표   버튼 8개를 배열로 선언한 후 for 문과 if 문을 조합하여 코드를 단순화 시켜 피아노 만들어 보기

준비물   피에조 버저 1개, 버튼 8개, 점퍼선 20개, 내부 풀업 저항 사용

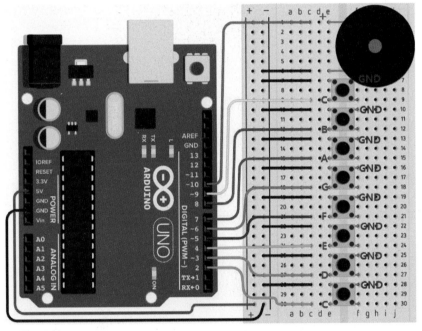

◆ 회로 구성

피에조	B1	B2	B3	B4	B5	B6	B7	B8	아두이노
−	GND	GND	GND	GND	GND	GND	GND	GND	GND
•	C(도)	•	•	•	•	•	•	•	D2
•	•	D(레)	•	•	•	•	•	•	D3
•	•	•	E(미)	•	•	•	•	•	D4
•	•	•	•	F(파)	•	•	•	•	D5
•	•	•	•	•	G(솔)	•	•	•	D6
•	•	•	•	•	•	A(라)	•	•	D7
•	•	•	•	•	•	•	B(시)	•	D8
•	•	•	•	•	•	•	•	C(도)	D9
+	•	•	•	•	•	•	•	•	D10

◆ 아두이노와 부품 연결 방법

문제 해결 프로그램

```
01 const int piezo_pin = 10;
02 const int button[8] = {2, 3, 4, 5, 6, 7, 8, 9};
03 const int tones[8] = {523, 587, 659, 698, 784, 880, 988, 1047};
04
05 void setup() {
06   pinMode(piezo_pin, OUTPUT);
07   for (int i = 0; i < 8; i++) {
08     pinMode(button[i], INPUT_PULLUP);
09   }
10 }
11
12 void loop() {
13   for (int k = 0; k < 8; k++) {
14     if (digitalRead(button[k]) == LOW) {
15       tone(piezo_pin, tones[k], 50);
16     }
17   }
18   delay(30);
19 }
```

02 : 정수형 상수 8개로 이루어진 button을 배열로 선언

03 : 정수형 상수 8개로 이루어진 tones(음계)를 배열로 선언

07 : for 문을 사용하여 버튼 핀 배열의 인덱스 0부터 7까지 생성

08 : pinMode를 버튼 핀의 배열 인덱스를 사용하여, 입력 핀, 내부 풀업 저항 설정

13 : for 문을 사용하여 버튼과 음계 배열의 인덱스를 0부터 7까지 생성 k 값이 8이되면 for 문을 벗어남

14 : 만약에 각각의 버튼 핀의 상태가 LOW(누름)이면 배열 인덱스 활용, button[k]의 k 값에 0부터 7까지 대입
button[0] = 2, button[1] = 3, ... , button[7] = 9의 버튼을 활용

15 : 각각의 버튼을 눌렀을 때 버튼에 정해진 음을 50ms 음의 길이로 출력 배열 인덱스 활용, tones[k]의 k 값에 0부터 7까지 대입
tones[0] = 523, tones[1] = 587, ... , tones[7] = 1047

▶ 동작 동영상

https://youtu.be/t3OOS0F9TE8

03 _ 10 온도 센서(Temperature Sensor)

주변의 온도를 감지하여 출력 전압의 변화를 사용해 온도를 측정하는 센서입니다. Texas Instruments에서 제조한 저전압, 섭씨 온도 센서로, ℃ 단위의 온도에 비례하는 전압 출력을 제공하는 칩입니다. 온도 센서 회로에 연결된 단자는 3개로 구성되어 있으며, LM35라고 적혀 있는 곳을 전면이라고 했을 때, 가장 왼쪽부터 전원 핀(5V), 전압 측정과 연결된 핀(아날로그 핀), GND(접지) 핀입니다.

 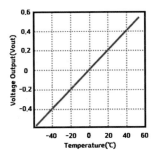

◆ 온도 센서 구조　　◆ 전압과 온도 상관관계

위 그래프에서 출력 전압이 0.2V일 때는 20℃, 0.4V일 때는 40℃로 변환되는 것을 확인할 수 있으며, 이를 통해 출력 전압과 온도는 정비례한다는 것을 알아낼 수 있습니다. 이를 이용해 출력 전압 0.2V가 20℃가 되기 위해서는 출력 전압에 100을 곱해주어야 합니다. 따라서 측정 온도(T)를 구하는 공식은 T = 100 * V가 됩니다. (예, T = 100 * 출력 전압(0.2V) = 20℃가 됩니다)

> **❶** 온도 센서와 아두이노 회로 구성 시 잘못된 극성 연결에 의한 발열에 주의해야 합니다.
> **❷** 온도는 −55℃~155℃까지 측정 가능합니다.

온도 센서를 통해서 온도를 구하는 방법

❶ Temperature = 100V

❷ 온도 센서의 출력 전압 값(Vout) = analogRead(pin)*5.0/1024.0

=〉 아두이노의 동작 전압이 5V이기 때문에 아날로그로 읽은 값에 곱해주며, 아날로그 신호를 디지털 신호로 변환해 주어야 하므로 1024로 나누어 줍니다.

❸ V = Vout

=〉 Temperature = 100Vout = 100*(analogRead(pin)*5.0/1024.0)

※ 온도 구하는 공식 출처 : https://roboindia.com/tutorials/arduino−lm35−temperature−sensor−2

온도 센서 제어하기

학습 목표   온도를 구하는 공식을 사용하여 주변의 온도를 측정해 보기

준비물   온도 센서(LM 35) 1개, 점퍼선 5개

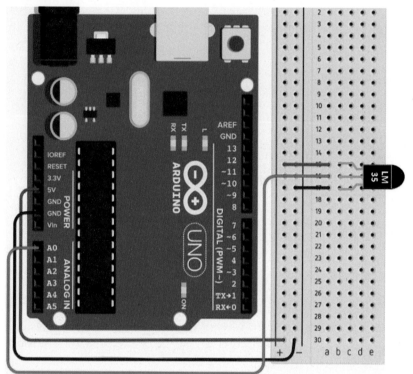

LM 35 온도 센서	아두이노
전원	5V
V_{out}	A0
GND	GND

◆ 회로 구성   ◆ 아두이노와 부품 연결 방법

문제 해결 프로그램

소스 파일명 : 09_10_01.ino

```
01 void setup() {
02   Serial.begin(9600);
03 }
04
05 void loop() {
06   int v_out = analogRead(A0);
07   float temp = 100 * (v_out * 5.0) / 1024.0;
08   Serial.print("Temperature: ");
09   Serial.print(temp);
10   Serial.println(" ℃");
11   delay(1000);
12 }
```

01 : 프로그램 시작 시 한 번만 실행

02 : 시리얼 통신 속도 9600으로 시작

05 : 무한 루프

06 : 아날로그 핀을 통해서 읽어 들인 데이터 값을 v_out에 저장

07 : 온도 센서를 통해서 들어오는 값을 변환 식을 통해서 온도 값을 구하며, 이때 사용하는 변수는 실수형 변수를 선언하여 값의 정확도를 높임

08 : "Temperature: " 문자열을 시리얼 모니터에 출력

09 : temp에 저장된 측정한 온도를 시리얼 모니터에 출력

10 : 시리얼 모니터에 출력된 값 뒤에 "c"를 출력하고 줄 바꿈

11 : 지연시간 1초

▶ 동작 동영상

https://youtu.be/pZr-cQ3UR2Q

온도 센서로 LED 제어하기

학습 목표	온도 센서에서 측정한 값을 if~else 문을 사용해서 빨간색 LED와 파란색 LED를 ON/OFF 해보기

준비물	LM 35 1개, LED 빨간색 1개, LED 파란색 1개, 저항 220Ω 2개, 점퍼선 7개

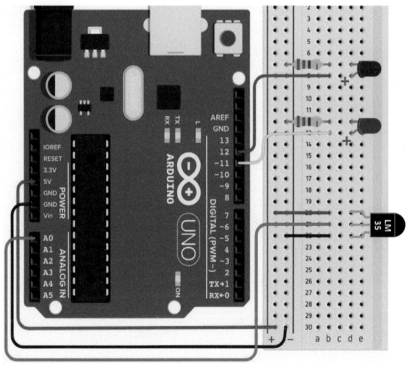

◆ 회로 구성

LM 35 온도 센서	빨간색 LED	파란색 LED	아두이노
전원	·	·	5V
V_{out}	·	·	A0
GND	−(저항)	−(저항)	GND
·	+	·	D12
·	·	+	D11

◆ 아두이노와 부품 연결 방법

문제 해결 프로그램

소스 파일명 : 09_10_02.ino

```
01 const int red_led = 12;
02 const int blue_led = 11;
03
04 void setup() {
05   Serial.begin(9600);
06   pinMode(red_led, OUTPUT);
07   pinMode(blue_led, OUTPUT);
08 }
09
10 void loop() {
11   int v_out = analogRead(A0);
12   float temp = 100 * (v_out * 5.0) / 1024.0;
13   Serial.print("Temperature: ");
14   Serial.print(temp);
15   Serial.println(" ℃");
16   if (temp > 33) {
17     digitalWrite(red_led, HIGH);
18     digitalWrite(blue_led, LOW);
19   }
20   else {
21     digitalWrite(red_led, LOW);
22     digitalWrite(blue_led, HIGH);
23   }
24   delay(1000);
25 }
```

01   : red_led 정수형 전역 변수를 상수화 시켜 12로 초기화

02   : blue_led 정수형 전역 변수를 상수화 시켜 11로 초기화

11   : 아날로그 핀을 통해서 읽어 들인 데이터 값을 v_out에 저장

12   : 온도 센서를 통해서 들어오는 값을 변환 식을 통해서 온도 값을 구하며, 이때 사용하는 변수는 실수형 변수를 선언하여 값의 정확도를 높임

13   : "Temperature: " 문자열을 시리얼 모니터에 출력

14   : temp에 저장된 측정한 온도를 시리얼 모니터에 출력

15   : 시리얼 모니터에 출력된 값 뒤에 " ℃"를 출력하고 줄 바꿈

16   : 만약에 temp가 33℃ 이상이면

17~18 : red_led를 켜고, blue_led를 꺼라

20   : 그밖에는

21~22 : red_led를 끄고, blue_led를 켜라

▶ 동작 동영상

https://youtu.be/pZr-cQ3UR2Q

화재 경보 시스템 제작해 보기

학습 목표	온도 센서에서 측정한 값을 if~else 문을 사용해서 LED와 피에조 버저 작동 해보기

준비물	LM 35 1개, LED 빨간색 1개, 저항 220Ω 1개, 피에조 1개, 점퍼선 8개

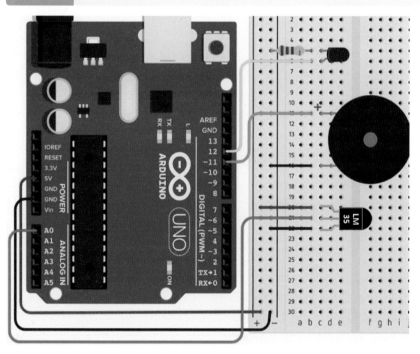

◆ 회로 구성

LM 35 온도 센서	빨간색 LED	피에조 버저	아두이노
전원	·	·	5V
V_{out}	·	·	A0
GND	−(저항)	−	GND
·	+	·	D12
·	·	+	D11

◆ 아두이노와 부품 연결 방법

문제 해결 프로그램

```
01 const int led = 12;
02 const int piezo_pin = 11;
03
04 void setup() {
05   Serial.begin(9600);
06   pinMode(led, OUTPUT);
07   pinMode(piezo_pin, OUTPUT);
08 }
09
10 void loop() {
11   int v_out = analogRead(A0);
12   float temp = 100 * (v_out * 5.0) / 1024.0;
13   Serial.print("Temperature: ");
14   Serial.print(temp);
15   Serial.println(" ℃");
16   if (temp > 37) {
17     digitalWrite(led, HIGH);
18     tone(piezo_pin, 4699, 50);
19     delay(100);
20     tone(piezo_pin, 4186, 50);
21     delay(100);
22   }
23   else {
24     digitalWrite(led, LOW);
25     noTone(piezo_pin);
26   }
27 }
```

01 　　　 : led 정수형 전역 변수를 상수화 시켜 12로 초기화

02 　　　 : piezo_pin 정수형 전역 변수를 상수화 시켜 11로 초기화

06~07 : led와 piezo_pin을 출력 핀으로 설정

11 　　　 : 아날로그 핀을 통해서 읽어 들인 데이터 값을 v_out에 저장

12 　　　 : 온도 센서를 통해서 들어오는 값을 변환 식을 통해서 온도 값을 구하며, 이때 사용하는 변수는 실수형 변수를 선언하여 값의 정확도를 높임

13 　　　 : "Temperature: " 문자열을 시리얼 모니터에 출력

14 　　　 : temp에 저장된 측정한 온도를 시리얼 모니터에 출력

15 　　　 : 시리얼 모니터에 출력된 값 뒤에 "℃"를 출력하고 줄 바꿈

16 　　　 : 만약에 temp가 37℃ 이상이면

17~21 : led를 켜고, tone() 함수를 사용하여 피에조 버저를 켜기

23 　　　 : 그밖에는

24~25 : led를 끄고, noTone() 함수를 사용하여 피에조 버저 끄기

▶ 동작 동영상

https://youtu.be/zHhtiTkgl5Y

delay() 함수에 의한 명령 지연을 millis() 함수를 사용하여 문제 해결하기

학습 목표 LED는 millis() 함수 시간에 따라서 ON/OFF를 반복하게 하고, 피에조 버저는 조건에 따라 작동하도록 스케치 코드 작성해 보기

준비물 LM 35 1개, LED 빨간색 1개, 저항 220Ω 1개, 피에조 1개, 점퍼선 8개

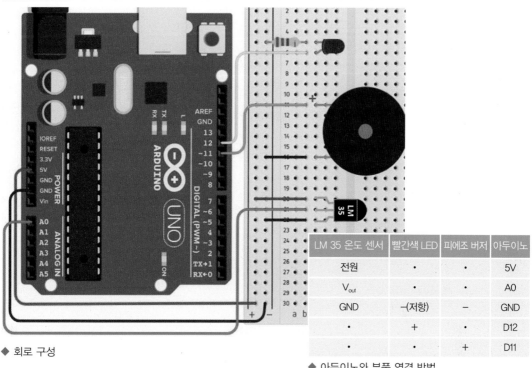

◆ 회로 구성

LM 35 온도 센서	빨간색 LED	피에조 버저	아두이노
전원	•	•	5V
V$_{out}$	•	•	A0
GND	−(저항)	−	GND
•	+	•	D12
•	•	+	D11

◆ 아두이노와 부품 연결 방법

문제 해결 프로그램

소스 파일명 : 09_10_04.ino

```
01 unsigned long led_time = 0;
02 unsigned long interval = 1000;
03 int led_state = false;
04
05 const int led = 12;
06 const int piezo_pin = 11;
07
08 void setup() {
09   Serial.begin(9600);
10   pinMode(led, OUTPUT);
11   pinMode(piezo_pin, OUTPUT);
12 }
13
14 void loop() {
```

```
15    if (millis() - led_time >= interval) {
16      led_time = millis();
17      if (led_state == false) {
18        led_state = true;
19      }
20      else {
21        led_state = false;
22      }
23      digitalWrite(led, led_state);
24    }
25
26    int v_out = analogRead(A0);
27    float temp = 100 * (v_out * 5.0) / 1024.0;
28    Serial.print("Temperature: ");
29    Serial.print(temp);
30    Serial.println(" ℃");
31
32    if (temp > 33) {
33      tone(piezo_pin, 4699, 500);
34      tone(piezo_pin, 4186, 500);
35    }
36    else {
37      noTone(piezo_pin);
38    }
39  }
```

01 : 양수 정수형으로 led_time 전역 변수를 선언하여 0으로 초기화
02 : 양수 정수형으로 interval 변수를 선언하여 1000을 대입(시간 체크 간격)
03 : 정수형으로 led_state 전역 변수를 선언하여 거짓을 대입
15 : 만약에 millis() 함수로 현재 시각을 체크하여 이전 시간을 뺀 값이 시간 체크 간격 시간보다 크거나 같으면
16 : led_time 변수에 현재 시각을 대입
17 : 만약에 led_state가 거짓이면
18 : led_state에 참을 대입
20 : 그렇지 않으면
21 : led_state에 거짓을 대입
23 : led_state 조건에 따라서 led를 켜고(true), 꺼라(false)
26 : 아날로그 핀을 통해서 읽어 들인 데이터 값을 v_out에 저장
27 : 온도 센서를 통해서 들어오는 값을 변환 식을 통해서 온도 값을 구하며, 이때 사용하는 변수는 실수형 변수를
     선언하여 값의 정확도를 높임
32   : 만약에 온도가 33℃보다 크면 (사용자의 온도 환경에 따라서 설정)
33~34 : 피에조 버저를 작동
36   : 그렇지 않으면
37   : 피에조 버저 작동을 중지

▶ 동작 동영상
https://youtu.be/5GNppPj1PmU

03 _ 11 적외선 인체 감지 센서(Passive Infrared Sensor)

적외선 인체 감지 센서는 PIR 센서라고 불리며, 사람의 몸에서 방출하는 소량의 적외선을 집광렌즈 (Fresnel Lens)에 통과시켜 적외선 센서 부분으로 모아 사람의 움직임을 감지하는 센서입니다. 일정한 양의 적외선을 방출하는 사람과 동물의 움직임을 120° 범위내에서 감지하는 센서이며, 빛의 양이 많은 곳에서는 정확한 측정이 어렵고, 움직임이 없으면 감지하지 못합니다. PIR 센서의 연결 단자는 GND(접지)와 IN(입력단자), VCC(전원)로 구성되어 있습니다.

▶ 조작 방법

- 입력 전압 : 4.5V~20V
- 출력 전압 : HIGH(3.3V) or LOW(0V)
- 규격 : 3.2×2.4㎝
- 작동온도 : −15~70℃
- 감도 조절(Sensitivity Adjust) 장치: 시계방향으로 돌리면 민감도가 낮춰져서 감지 거리가 줄어들며, 최대 감지 거리는 3m에서 7m까지 가능합니다.
- 시간 지연 조정(Delay Time Adjust) 장치: 사람을 감지한 후 감지된 상태의 시간을 조절하는 장치이며, 시계 방향으로 돌리면 시간 지연이 길어집니다. 이때 시간 지연은 0.3초에서 5분 동안의 범위까지 조정이 가능합니다.

> **❝ Notice**
> ❶ PIR 센서는 실내에서 적외선 에너지에 적응하기 위해서는 센서의 전원을 ON 했을 때 1분 정도의 시간이 필요합니다.
> ❷ PIR 센서는 물체를 감지 후 리셋 시간을 갖기 때문에 감지 반응이 다소 늦습니다.

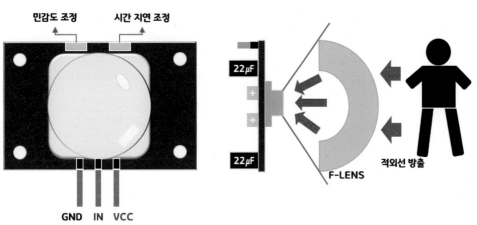

◆ HC-SR501 센서 구조 및 원리

PIR 센서 제어하기

학습 목표 PIR 센서를 통해서 사람의 움직임을 감지해 보기

준비물 PIR 센서(HC-SR501) 1개, 점퍼선 5개

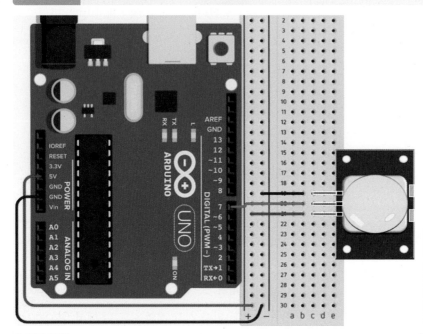

PIR 센서	아두이노
GND	GND
IN	D7
VCC	5V

◆ 회로 구성   ◆ 아두이노와 부품 연결 방법

문제 해결 프로그램

소스 파일명 : 09_11_01.ino

```
01 const int pir_pin = 7;
02
03 void setup() {
04   Serial.begin(9600);
05   pinMode(pir_pin, INPUT);
06 }
07
08 void loop() {
09   int pir_value = digitalRead(pir_pin);
10   Serial.println("================");
11   Serial.print("pir_value: ");
12   Serial.println(pir_value);
13   Serial.println("================");
14 }
```

01 : pir_pin 정수형 전역 변수를 상수화 시켜 7로 초기화

03 : 환경 설정과 초기화를 하는 setup() 함수로 한 번만 실행되는 함수

04 : 시리얼 통신 속도는 9600으로 시작

05 : 디지털 pir_pin을 입력 핀으로 설정

08 : 무한 반복이 가능한 loop() 함수 구문

09 : pir_pin에 사람의 움직임이 감지되면 디지털로 값을 읽어서 움직임이 있으면 1(HIGH), 움직임이 없으면 0(LOW) 이 반환되는 값을 pir_value에 값을 정수형으로 저장

10 : 단락을 나누어 주기 위해서 시리얼 프린트를 사용하여 "======="를 출력

11 : 시리얼 프린트를 사용하여 "pir_value: " 문자열을 출력

12 : 시리얼 프린트를 사용하여 pir_value에 저장된 값을 출력

13 : 단락을 나누어 주기 위해서 시리얼 프린트를 사용하여 "======="를 출력

▶ 동작 동영상

https://youtu.be/YcE1-2yLSxQ

PIR 센서를 사용하여 LED와 피에조 버저 제어하기

학습 목표   if ~ else 문을 사용하여 사람의 움직임이 감지될 때 반응하는 LED와 피에조 버저 작동 해보기

준비물   HC-SR501 1개, LED 1개, 저항 220Ω 1개, 피에조 버저 1개, 점퍼선 8개

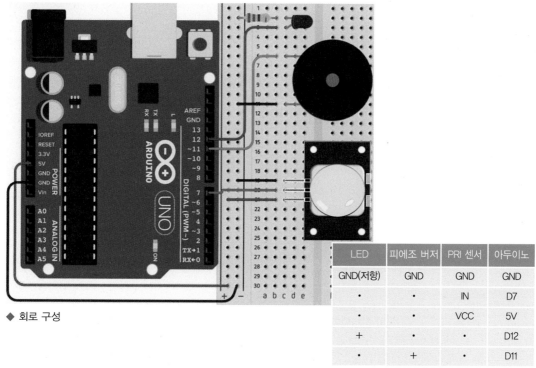

◆ 회로 구성

LED	피에조 버저	PRI 센서	아두이노
GND(저항)	GND	GND	GND
•	•	IN	D7
•	•	VCC	5V
+	•	•	D12
•	+	•	D11

◆ 아두이노와 부품 연결 방법

문제 해결 프로그램

```
01 const int led = 12;
02 const int piezo_pin = 11;
03 const int pir_pin = 7;
04 boolean pir_value = LOW; //PIR 기본값 설정
05
06 void setup() {
07   Serial.begin(9600);
08   pinMode(led, OUTPUT);
09   pinMode(piezo_pin, OUTPUT);
10   pinMode(pir_pin, INPUT);
11 }
12
13 void loop() {
14   pir_value = digitalRead(pir_pin);
15   Serial.println("================");
16   Serial.print("pir_value: ");
17   Serial.println(pir_value);
18   Serial.println("================");
19
20   if (pir_value == HIGH) { //PIR 값이 1이면
21     digitalWrite(led, HIGH);
22     delay(100);
23     tone(piezo_pin, 261, 250);
24     digitalWrite(led, LOW);
25     delay(100);
26     noTone(piezo_pin);
27     Serial.println("operation!!");
28   }
29   else { //PIR 값이 0이면
30     digitalWrite(led, LOW);
31     noTone(piezo_pin);
32     Serial.println("stop!!");
33   }
34   delay(300);
35 }
```

01   : led 정수형 전역 변수를 상수화 시켜 12로 초기화
02   : piezo_pin 정수형 전역 변수를 상수화 시켜 11로 초기화
03   : pir_pin 정수형 전역 변수를 상수화 시켜 7로 초기화
04   : 논리형으로 pir_value에 LOW 값을 대입, PIR 기본값으로 설정
14   : pir_pin에 사람의 움직임이 감지되면 디지털로 값을 읽어서 pir_value에 값을 저장
20   : 만약에 pir_value가 HIGH(사람을 감지)이면
21~26 : led를 켜라, 피에조 버저를 작동
29   : 그밖에는
30~31 : led를 꺼라, 피에조 버저 작동 중지

▶ 동작 동영상

https://youtu.be/FurYdH-dYF0

03 _ 12 토양 수분 센서(Soil Moisture Sensor)

센서를 토양에 꽂아 수분을 측정하는 센서입니다. 토양 수분 센서는 수분의 양에 따라 달라지는 저항값을 이용하여 아날로그 신호나 디지털 신호로 값을 표현할 수 있습니다. 토양 수분 센서의 단자는 아날로그(A0), 디지털(DO), GND(접지), VCC(전원)의 4개로 구성되어 있습니다. 센서의 뾰족한 두 개의 다리 부분을 토양에 꽂아주고, 연결 단자에 아두이노를 연결하여 사용합니다.

▶ 작동 원리

• 토양 내 수분 함량이 적을수록 저항이 커지고 전류의 양은 줄어들며(수분↓, 저항↑, 전류↓), 수분 함량이 많아지면 저항이 작아지며 전류의 양은 많아집니다. (수분↑, 저항↓, 전류↑)

• 실습에 사용할 토양 수분 감지 센서는 토양에 수분이 많을수록 센서값이 낮아지며, 반대로 적을수록 센서값이 높아집니다.

• 토양 수분 센서에서 정확한 값을 얻기 위해서는 토양에 대해 여러 번 측정하여 값을 보정하는 것이 필요합니다.

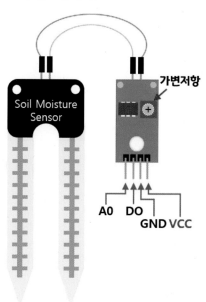

◆ 토양 수분 센서 구조

▶ 제품 특징

• 작동 전압 : 3.3V, 5V

• 모듈 : A/D 컨버터

• 사용 전류 : 35mA

토양 수분 센서 제어하기

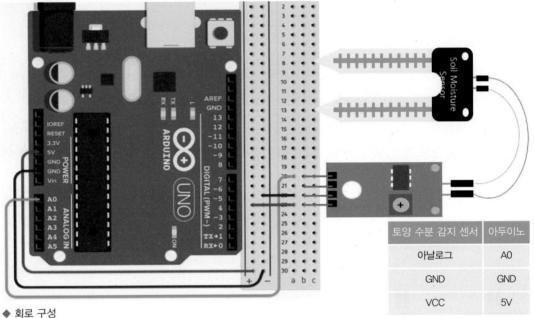

◆ 회로 구성

토양 수분 감지 센서	아두이노
아날로그	A0
GND	GND
VCC	5V

◆ 아두이노와 부품 연결 방법

문제 해결 프로그램

소스 파일명 : 09_12_01.ino

```
01 void setup() {
02   Serial.begin(9600);
03 }
04
05 void loop() {
06   int moisture = analogRead(A0);
07   Serial.print("moisture: ");
08   Serial.println(moisture);
09   delay(500);
10 }
```

06 : A0에 연결된 토양 수분 센서를 analogRead() 함수를 통해서 읽어 들인 값을 정수형 moisture 변수에 저장

07 : 시리얼 모니터에 "moisture: " 문자열을 출력

08 : moisture에 저장된 값을 시리얼 모니터에 출력

09 : 지연시간 0.5초

※ 측정값이 높을수록 수분이 부족한 상태입니다.

▶ 동작 동영상

https://youtu.be/Njm03PobD5k

토양 수분 센서를 활용하여 LED 제어하기

학습 목표   map() 함수와 if~else 문을 사용하여 토양 수분 측정값에 따라 빨간색 LED를 깜박이게 하고 파란색 LED를 ON/OFF 해보기

준비물   FC-28 토양 수분 센서 1개, 빨간색 LED 1개, 파란색 LED 1개, 저항 220Ω 2개, 점퍼선 9개

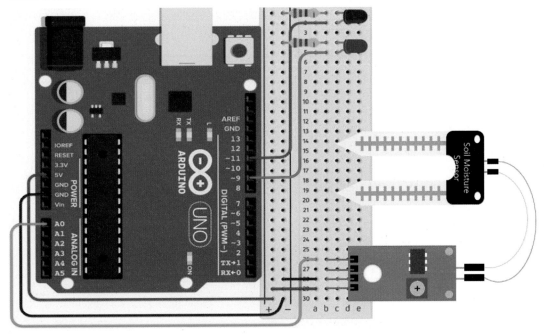

◆ 회로 구성

토양 수분 센서	red_led	bule_led	아두이노
아날로그	·	·	A0
GND	−(저항)	−(저항)	GND
VCC	·	·	5V
·	+	·	D11
·	·	+	D9

◆ 아두이노와 부품 연결 방법

문제 해결 프로그램

소스 파일명 : 09_12_02.ino

```
01 const int red_led = 11;
02 const int blue_led = 9;
03
04 void setup() {
05   Serial.begin(9600);
06   pinMode(red_led, OUTPUT);
```

```
07   pinMode(blue_led, OUTPUT);
8 }
09
10 void loop() {
11   int moisture = analogRead(A0);
12   moisture = map(moisture, 0, 1023, 0, 100);
13   Serial.print("moisture: ");
14   Serial.println(moisture);
15   if (moisture > 60) { //토양 수분 부족
16     digitalWrite(red_led, HIGH);
17     digitalWrite(blue_led, LOW);
18     delay(200);
19     digitalWrite(red_led, LOW);
20     delay(200);
21     Serial.println("dry!!");
22     Serial.println("===========");
23   }
24   else { //토양 수분 충분
25     digitalWrite(red_led, LOW);
26     digitalWrite(blue_led, HIGH);
27     Serial.println("enough!!");
28     Serial.println("===========");
29   }
30   delay(200);
31 }
```

11   : A0에 연결된 토양 수분 센서를 analogRead() 함수를 통해서 읽어 들인 값을 정수형 moisture 변수에 저장
12   : moisture에 저장된 변환할 값은 0부터 1023까지의 값이 들어오며, 이 값을 0에서 100까지의 값으로 비례
        하여 변환해 다시 moisture에 저장
15   : 만약에 moisture 값이 60 이상이면
16~20 : red_led는 깜박이게 하고, blue_led는 끄기
24   : 그밖에는
25~26 : red_led는 끄고, blue_led는 켜기
※ 측정값이 높을수록 수분이 부족한 상태입니다.

▶ 동작 동영상

https://youtu.be/Ktmml1k1pF8

토양 수분 센서를 활용하여 LED와 피에조 버저 제어하기

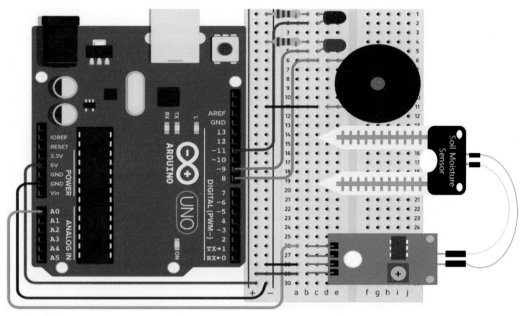

◆ 회로 구성

피에조 버저	red_led	bule_led	토양센서	아두이노
•	•	•	아날로그	A0
−	−(저항)	−(저항)	GND	GND
•	•	•	VCC	5V
•	+	•	•	D11
•	•	+	•	D9
+	•	•	•	D8

◆ 아두이노와 부품 연결 방법

문제 해결 프로그램

소스 파일명 : 09_12_03.ino

```
01  const int red_led = 11;
02  const int blue_led = 9;
03  const int piezo_pin = 8;
04
05  void setup() {
06    Serial.begin(9600);
07    pinMode(red_led, OUTPUT);
08    pinMode(blue_led, OUTPUT);
```

```
09    pinMode(piezo_pin, OUTPUT);
10  }
11
12  void loop() {
13    int moisture = analogRead(A0);
14    moisture = map(moisture, 0, 1023, 0, 100);
15    Serial.print("moisture: ");
16    Serial.println(moisture);
17    if (moisture > 60) { //토양 수분 부족
18      digitalWrite(red_led, HIGH);
19      digitalWrite(blue_led, LOW);
20      delay(100);
21      digitalWrite(red_led, LOW);
22      tone(piezo_pin, 784, 300);
23      delay(200);
24      tone(piezo_pin, 698, 300);
25      delay(200);
26      Serial.println("dry!!");
27      Serial.println("============");
28    }
29    else { //토양 수분 충분
30      digitalWrite(red_led, LOW);
31      digitalWrite(blue_led, HIGH);
32      noTone(piezo_pin);
33      Serial.println("enough!!");
34      Serial.println("============");
35    }
36    delay(500);
37  }
```

13   : A0에 연결된 토양 수분 센서를 analogRead 통해서 읽어 들인 값을 정수형 moisture 변수에 저장
14   : moisture에 저장된 변환할 값은 0부터 1023까지의 값이 들어오며, 이 값을 0에서 100까지의 값으로 비례
        하여 변환해 다시 moisture에 저장
17   : 만약에 moisture 값이 60 이상이면
18~25 : red_led는 깜박이게 하고, blue_led는 끄기, 피에조 버저 음계 출력
29   : 그밖에는
30~32 : red_led는 끄고, blue_led는 켜기, 피에조 버저 작동 중지
33   : 시리얼 모니터에 "enough!!" 문자열을 출력

▶ 동작 동영상

https://youtu.be/KKeyhpleCXA

토양 수분 센서를 활용하여 I2C LCD에 데이터값을 출력해 보기

map() 함수와 if~else 문을 사용하여 토양 수분 측정값을 LCD에 표시해 보고, 측정값에 따라 LED 두 개를 각각 ON/OFF 해보기

FC-28 토양 수분 센서 1개, I2C LCD 1개, 점퍼선 13개,

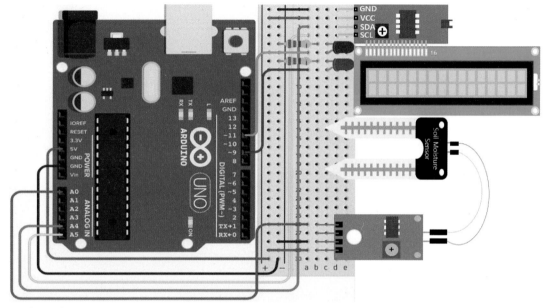

◆ 회로 구성

I2C LCD	red_led	bule_led	토양센서	아두이노
·	·	·	아날로그	A0
GND	−(저항)	−(저항)	GND	GND
VCC	·	·	VCC	5V
·	+	·	·	D11
·	·	+	·	D9
SDA	·	·	·	A4
SCL	·	·	·	A5

◆ 아두이노와 부품 연결 방법

문제 해결 프로그램

소스 파일명 : 09_12_04.ino

```
01 #include <Wire.h>
02 #include <LiquidCrystal_I2C.h>
03 LiquidCrystal_I2C my_lcd(0x27, 16, 2);
04
05 const int red_led = 11;
```

```
06 const int blue_led = 9;
07
08 void setup() {
09   my_lcd.init();
10   my_lcd.backlight();
11   pinMode(red_led, OUTPUT);
12   pinMode(blue_led, OUTPUT);
13 }
14
15 void loop() {
16   int moisture = analogRead(A0);
17   moisture = map(moisture, 0, 1023, 0, 100);
18   my_lcd.setCursor(0, 0);
19   my_lcd.print("sensor working!!");
20   my_lcd.setCursor(0, 1);
21   my_lcd.print("moisture: ");
22   my_lcd.setCursor(10, 1);
23   my_lcd.print(moisture);
24   delay(500);
25   my_lcd.clear();
26   delay(500);
27
28   if (moisture > 60) {
29     digitalWrite(red_led, HIGH);
30     digitalWrite(blue_led, LOW);
31   }
32   else {
33     digitalWrite(red_led, LOW);
34     digitalWrite(blue_led, HIGH);
35   }
36   delay(500);
37 }
```

16   : A0에 연결된 토양 수분 센서를 analogRead() 함수를 통해서 읽어 들인 값을 정수형 moisture 변수에 저장

17   : moisture에 저장된 변환할 값은 0부터 1023까지의 값이 들어오며, 이 값을 0에서 100까지의 값으로 비례하여 변환해 다시 moisture에 저장

18   : LCD 1열 1행에 커서를 위치

19   : LCD에 "sensor working!!" 문자열을 출력

20   : LCD 1열 2행에 커서를 위치

21   : LCD에 "moisture: " 문자열을 출력

22   : LCD 11열 2행에 커서를 위치

23   : LCD에 moisture 값을 표시

28   : 만약에 moisture 값이 60 이상이면

29~30 : red_led는 켜고, blue_led는 끄기

32   : 그밖에는

33~34 : red_led는 끄고, blue_led는 켜기

▶ 동작 동영상

https://youtu.be/7uqGfgA4Zqc

03 _ 13 7 세그먼트(Seven segment display)

7 세그먼트는 LED 7개와 점(DP)을 표현하는 1개의 LED로 구성되어 있으며, 각각의 LED를 제어하여 숫자나 알파벳을 표현할 수 있는 표시 장치입니다. 7 세그먼트는 애노드(Anode) 타입과 캐소드(Cathode) 타입 두 가지 종류로 분류하며, 애노드(Anode) 타입은 공통 단자에 5V 전원을 사용하기 때문에 나머지 단자에 LOW(0) 신호를 보내 주어야 LED가 켜지며, 캐소드(Cathode) 타입은 공통 단자에 GND를 사용하기 때문에 나머지 단자에 HIGH(1) 신호를 보내 주어야 LED가 켜집니다.

7 세그먼트 제어 방법

숫자 \ 단자	A	B	C	D	E	F	G	DP
0	0	0	0	0	0	0	1	0
1	1	0	0	1	1	1	1	0
2	0	0	1	0	0	1	0	0
3	0	0	0	0	1	1	0	0
4	1	0	0	1	1	0	0	0
5	0	1	0	0	1	0	0	0
6	0	0	0	0	0	0	0	0
7	0	0	0	1	1	1	1	0
8	0	0	0	0	0	0	0	0
9	0	0	0	0	1	0	0	0

◆ 애노드(Anode) 타입

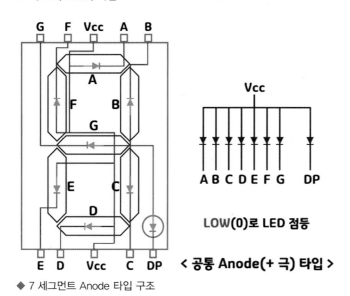

◆ 7 세그먼트 Anode 타입 구조

LOW(0)로 LED 점등

< 공통 Anode(+ 극) 타입 >

숫자＼단자	A	B	C	D	E	F	G	DP
0	1	1	1	1	1	1	0	1
1	0	1	1	0	0	0	0	1
2	1	1	0	1	1	0	1	1
3	1	1	1	1	0	0	1	1
4	0	1	1	0	0	1	1	1
5	1	0	1	1	0	1	1	1
6	1	0	1	1	1	1	1	1
7	1	1	1	0	0	0	0	1
8	1	1	1	1	1	1	1	1
9	1	1	1	1	0	1	1	1

◆ 캐소드(Cathode) 타입

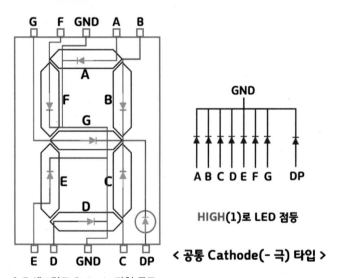

HIGH(1)로 LED 점등

< 공통 Cathode(- 극) 타입 >

◆ 7 세그먼트 Cathode 타입 구조

7 세그먼트 연결 방법

• A = D2, B = D3, C = D4, D = D5, E = D6, F = D7, G = D8, DP = D9

• Anode(+극) 타입은 공통 단자 한쪽에 VCC 연결

 => 나머지 단자에는 저항 330 Ω 과 함께 디지털 핀에 연결합니다.

• Cathode(-극) 타입은 공통 단자 한쪽에 GND 연결

 => 나머지 단자에는 저항 330 Ω 과 함께 디지털 핀에 연결합니다.

• 7 세그먼트는 LED로 구성되어 있기 때문에 저항을 사용하여 전류의 양을 조절해 LED에 전기적 충격을 줄입니다.

7 세그먼트 애노드(Anode) 타입 제어하기

학습 목표 배열과 기본 코드를 사용하여 숫자 0부터 9까지 표현해 보기

준비물 애노드 타입 1개, 저항 330Ω 8개, 점퍼선 10개

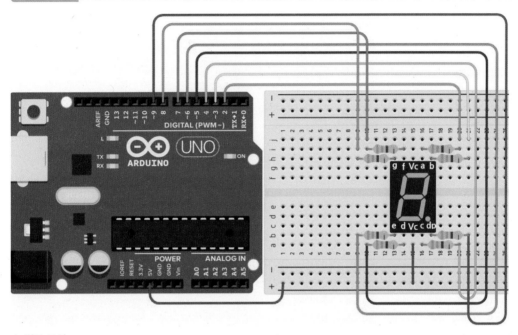

◆ 회로 구성

애노드 타입	아두이노	애노드 타입	아두이노
a(저항)	D2	e(저항)	D6
b(저항)	D3	f(저항)	D7
c(저항)	D4	g(저항)	D8
d(저항)	D5	dp(저항)	D9
·	·	VCC	5V

◆ 아두이노와 부품 연결 방법

문제 해결 프로그램

소스 파일명 : 09_13_01.ino

```
001 const int delay_time = 1000;
002 int segment_led[8] = {2, 3, 4, 5, 6, 7, 8, 9}; //배열 선언
003
004 void setup() {
005     for (int i = 0; i < 8; i++) {
006     pinMode(segment_led[i], OUTPUT);
007   }
008 }
```

```
009
010 void loop() {
011   digitalWrite(segment_led[0], LOW); //숫자 0 표시
012   digitalWrite(segment_led[1], LOW);
013   digitalWrite(segment_led[2], LOW);
014   digitalWrite(segment_led[3], LOW);
015   digitalWrite(segment_led[4], LOW);
016   digitalWrite(segment_led[5], LOW);
017   digitalWrite(segment_led[6], HIGH);
018   digitalWrite(segment_led[7], LOW);
019   delay(delay_time);
020   digitalWrite(segment_led[0], HIGH); //숫자 1 표시
021   digitalWrite(segment_led[1], LOW);
022   digitalWrite(segment_led[2], LOW);
023   digitalWrite(segment_led[3], HIGH);
024   digitalWrite(segment_led[4], HIGH);
025   digitalWrite(segment_led[5], HIGH);
026   digitalWrite(segment_led[6], HIGH);
027   digitalWrite(segment_led[7], LOW);
028   delay(delay_time);
029   digitalWrite(segment_led[0], LOW); //숫자 2 표시
030   digitalWrite(segment_led[1], LOW);
031   digitalWrite(segment_led[2], HIGH);
032   digitalWrite(segment_led[3], LOW);
033   digitalWrite(segment_led[4], LOW);
034   digitalWrite(segment_led[5], HIGH);
035   digitalWrite(segment_led[6], LOW);
036   digitalWrite(segment_led[7], LOW);
037   delay(delay_time);
038   digitalWrite(segment_led[0], LOW); //숫자 3 표시
039   digitalWrite(segment_led[1], LOW);
040   digitalWrite(segment_led[2], LOW);
041   digitalWrite(segment_led[3], LOW);
042   digitalWrite(segment_led[4], HIGH);
043   digitalWrite(segment_led[5], HIGH);
044   digitalWrite(segment_led[6], LOW);
045   digitalWrite(segment_led[7], LOW);
046   delay(delay_time);
047   digitalWrite(segment_led[0], HIGH); //숫자 4 표시
048   digitalWrite(segment_led[1], LOW);
049   digitalWrite(segment_led[2], LOW);
050   digitalWrite(segment_led[3], HIGH);
051   digitalWrite(segment_led[4], HIGH);
052   digitalWrite(segment_led[5], LOW);
053   digitalWrite(segment_led[6], LOW);
054   digitalWrite(segment_led[7], LOW);
055   delay(delay_time);
```

```
056  digitalWrite(segment_led[0], LOW); //숫자 5 표시
057  digitalWrite(segment_led[1], HIGH);
058  digitalWrite(segment_led[2], LOW);
059  digitalWrite(segment_led[3], LOW);
060  digitalWrite(segment_led[4], HIGH);
061  digitalWrite(segment_led[5], LOW);
062  digitalWrite(segment_led[6], LOW);
063  digitalWrite(segment_led[7], LOW);
064  delay(delay_time);
065  digitalWrite(segment_led[0], LOW); //숫자 6 표시
066  digitalWrite(segment_led[1], HIGH);
067  digitalWrite(segment_led[2], LOW);
068  digitalWrite(segment_led[3], LOW);
069  digitalWrite(segment_led[4], LOW);
070  digitalWrite(segment_led[5], LOW);
071  digitalWrite(segment_led[6], LOW);
072  digitalWrite(segment_led[7], LOW);
073  delay(delay_time);
074  digitalWrite(segment_led[0], LOW); //숫자 7 표시
075  digitalWrite(segment_led[1], LOW);
076  digitalWrite(segment_led[2], LOW);
077  digitalWrite(segment_led[3], HIGH);
078  digitalWrite(segment_led[4], HIGH);
079  digitalWrite(segment_led[5], HIGH);
080  digitalWrite(segment_led[6], HIGH);
081  digitalWrite(segment_led[7], LOW);
082  delay(delay_time);
083  digitalWrite(segment_led[0], LOW); //숫자 8 표시
084  digitalWrite(segment_led[1], LOW);
085  digitalWrite(segment_led[2], LOW);
086  digitalWrite(segment_led[3], LOW);
087  digitalWrite(segment_led[4], LOW);
088  digitalWrite(segment_led[5], LOW);
089  digitalWrite(segment_led[6], LOW);
090  digitalWrite(segment_led[7], LOW);
091  delay(delay_time);
092  digitalWrite(segment_led[0], LOW); //숫자 9 표시
093  digitalWrite(segment_led[1], LOW);
094  digitalWrite(segment_led[2], LOW);
095  digitalWrite(segment_led[3], LOW);
096  digitalWrite(segment_led[4], HIGH);
097  digitalWrite(segment_led[5], LOW);
098  digitalWrite(segment_led[6], LOW);
099  digitalWrite(segment_led[7], LOW);
100  delay(delay_time);
101 }
```

002	: 정수형 8개로 이루어진 segment_led를 배열로 선언
005	: for 문을 사용하여 segment_led 핀 배열의 인덱스 0부터 7까지 생성
006	: pinMode를 segment_led 핀의 배열 인덱스를 사용하여 출력 핀으로 설정 (배열 인덱스: segment_led[0] =2, ..., segment_led[7] =9)
011~018	: segment_led[0]부터 segment_led[5]와 segment_led[7]는 LOW 신호를 부여, segment_led[6]는 HIGH 신호 부여 ⇒ 숫자 0을 표시합니다.
092~099	: segment_led[0]부터 segment_led[3]까지, segment_led[5]부터 segment_led[7]까지는 LOW 신호를 부여, segment_led[4]는 HIGH 신호를 부여 ⇒ 숫자 9를 표시합니다.

※ 애노트 타입 세그먼트는 LOW 신호를 줄 때 LED가 켜지고 HIGH 신호를 줄 때 LED가 꺼진다.

 동작 동영상

https://youtu.be/d8LOUEN3Mws

7 세그먼트 애노드(Anode) 타입을 2차원 배열과 이중 for 문으로 제어하기

학습 목표 다차원 배열과 이중 for 문을 사용하여 코드를 단순화 시킨 후 숫자 0부터 9까지 표현해 보기

준비물 애노드 타입 1개, 저항 330Ω 8개, 점퍼선 10개

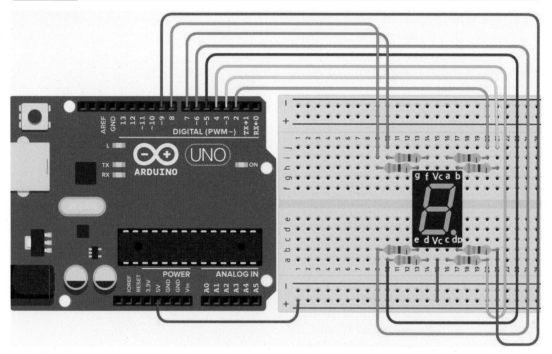

◆ 회로 구성

에노드 타입	아두이노	애노드 타입	아두이노
a(저항)	D2	e(저항)	D6
b(저항)	D3	f(저항)	D7
c(저항)	D4	g(저항)	D8
d(저항)	D5	dp(저항)	D9
•	•	VCC	5V

◆ 아두이노와 부품 연결 방법

문제 해결 프로그램

소스 파일명 : 09_13_02.ino

```
01 const int delay_time = 500;
02 int segment_led[8] = {2, 3, 4, 5, 6, 7, 8, 9};
03 int segment_num[10][8] = {
04   {0, 0, 0, 0, 0, 0, 1, 0},
05   {1, 0, 0, 1, 1, 1, 1, 0},
06   {0, 0, 1, 0, 0, 1, 0, 0},
07   {0, 0, 0, 0, 1, 1, 0, 0},
08   {1, 0, 0, 1, 1, 0, 0, 0},
09   {0, 1, 0, 0, 1, 0, 0, 0},
10   {0, 1, 0, 0, 0, 0, 0, 0},
11   {0, 0, 0, 1, 1, 1, 1, 0},
12   {0, 0, 0, 0, 0, 0, 0, 0},
13   {0, 0, 0, 0, 1, 0, 0, 0}
14 };
15
16 void setup() {
17   for (int i = 0; i < 8; i++) {
18     pinMode(segment_led[i], OUTPUT);
19   }
20 }
21
22 void loop() {
23   for (int i = 0; i <= 9; i++) {      //행 제어
24     for (int k = 0; k <= 7; k++) {    //열과 led 제어
25       digitalWrite(segment_led[k], segment_num[i][k]);
26     }
27     delay(delay_time);
28   }
29 }
```

02 : 정수형 8개로 이루어진 segment_led 변수를 상수화 시켜 배열로 선언

03~13 : segment_num[10][8]에서 첫 번째 첨자는 행(row)을 두 번째 첨자는 열(column)을 나타내며, 10행 8열의
요소를 갖는 다차원 배열을 나타냄. 애노드 타입은 0(LOW)일 때 led가 켜지기 때문에 각 단자 A, B, C, D, E,
F, G, DP까지의 led 상태를 0과 1로 설정하여 숫자 0에서 9까지 표현할 수 있는 배열을 선언

17 : for 문을 사용하여 배열 인덱스에 들어갈 i 값을 0부터 7까지 생성

18 : segment_led[i]에 i 값을 0부터 7까지 대입하여 출력 핀으로 설정
segment_led[0]=2, segment_led[1]=3, ..., segment_led[7]=9

23~25 : 이중 for 문을 사용하여 i가 0일 때, k가 0부터 7까지의 숫자가 명령문에 대입됨. 예, digitalWrite(segment_led[0],
segment_num[0][0]); 즉, 1행 1열의 A 단자에 segment_num의 (0, 0) 위치의 값 0이 대입되어 led가 켜짐. k가 8
이 되면 for 문을 벗어나서 다시 위쪽 for 문으로 되돌아가 i가 1일 때, k가 0부터 7까지의 숫자가 명령문에 대입
되어 실행이 반복됨. 이러한 반복이 i가 9일 때까지 계속 반복됨. i가 10이 되면 for 문을 벗어남

숫자(행) \ 단자(열)	A(1열)	B(2열)	C(3열)	D(4열)	E(5열)	F(6열)	G(7열)	DP(8열)
0(1행)	(0, 0)	(0, 1)	(0, 2)	(0, 3)	(0, 4)	(0, 5)	(0, 6)	(0, 7)
1(2행)	(1, 0)	(1, 1)	(1, 2)	(1, 3)	(1, 4)	(1, 5)	(1, 6)	(1, 7)
2(3행)	(2, 0)	(2, 1)	(2, 2)	(2, 3)	(2, 4)	(2, 5)	(2, 6)	(2, 7)
3(4행)	(3, 0)	(3, 1)	(3, 2)	(3, 3)	(3, 4)	(3, 5)	(3, 6)	(3, 7)
4(5행)	(4, 0)	(4, 1)	(4, 2)	(4, 3)	(4, 4)	(4, 5)	(4, 6)	(4, 7)
5(6행)	(5, 0)	(5, 1)	(5, 2)	(5, 3)	(5, 4)	(5, 5)	(5, 6)	(5, 7)
6(7행)	(6, 0)	(6, 1)	(6, 2)	(6, 3)	(6, 4)	(6, 5)	(6, 6)	(6, 7)
7(8행)	(7, 0)	(7, 1)	(7, 2)	(7, 3)	(7, 4)	(7, 5)	(7, 6)	(7, 7)
8(9행)	(8, 0)	(8, 1)	(8, 2)	(8, 3)	(8, 4)	(8, 5)	(8, 6)	(8, 7)
9(10행)	(9, 0)	(9, 1)	(9, 2)	(9, 3)	(9, 4)	(9, 5)	(9, 6)	(9, 7)

◆ segment_num[i][k]를 행렬로 나타낸 표

※segment_led[k]는 세그먼트 led A~DP 단자를 뜻함

27 : led가 켜질 수 있는 지연시간 1초

▶ 동작 동영상

https://youtu.be/puZsjohFhJw

7 세그먼트 애노드(Anode) 타입을 활용하여 조도 센서값 출력해 보기

학습 목표   map() 함수와 다중 if~else 문을 사용하여 조도 센서에서 측정한 값을 변환하여 7 세그먼트에 표시해 보기

준비물   애노드 타입 1개, 저항 330 Ω 8개, CdS 1개, 저항 10kΩ 1개, 점퍼선 14개

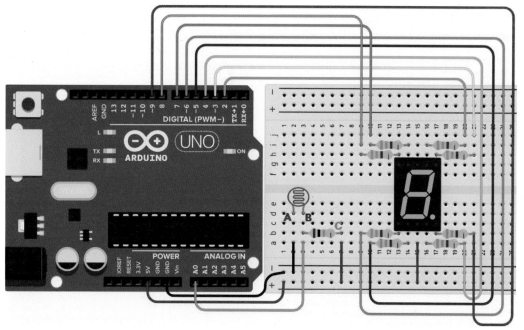

◆ 회로 구성

조도센서	에노드 타입	아두이노	애노드 타입	아두이노
·	a(저항)	D2	d(저항)	D5
·	b(저항)	D3	e(저항)	D6
·	c(저항)	D4	f(저항)	D7
A	·	GND	g(저항)	D8
C(저항 10kΩ)	·	5V	dp(저항)	D9
B(저항 10kΩ)	·	A0	VCC	5V

◆ 아두이노와 부품 연결 방법

문제 해결 프로그램

소스 파일명 : 09_13_03.ino

```
01 const int photoresistor = A0;
02 const int delay_time = 1000;
03 int segment_led[8] = {2, 3, 4, 5, 6, 7, 8, 9};
04 int segment_num[10][8] = {
05 {0, 0, 0, 0, 0, 0, 1, 0},
06 {1, 0, 0, 1, 1, 1, 1, 0},
07 {0, 0, 1, 0, 0, 1, 0, 0},
```

```
08   {0, 0, 0, 0, 1, 1, 0, 0},
09   {1, 0, 0, 1, 1, 0, 0, 0},
10   {0, 1, 0, 0, 1, 0, 0, 0},
11   {0, 1, 0, 0, 0, 0, 0, 0},
12   {0, 0, 0, 1, 1, 1, 1, 0},
13   {0, 0, 0, 0, 0, 0, 0, 0},
14   {0, 0, 0, 0, 1, 0, 0, 0}
15 };
16
17 void setup() {
18   Serial.begin(9600);
19   for (int i = 0; i < 8; i++) {
20       pinMode(segment_led[i], OUTPUT);
21   }
22 }
23
24 void loop() {
25   int read_value = analogRead(photoresistor);
26   int map_value = map(read_value, 0, 1023, 0, 9);
27   Serial.println(map_value);
28   if (map_value == 0) {
29       for (int k = 0; k < 8; k++) {
30           digitalWrite(segment_led[k], segment_num[0][k]);
31       }
32       delay(delay_time);
33   }
34   else if (map_value == 1) {
35       for (int k = 0; k < 8; k++) {
36           digitalWrite(segment_led[k], segment_num[1][k]);
37       }
38       delay(delay_time);
39   }
40   else if (map_value == 2) {
41       for (int k = 0; k < 8; k++) {
42           digitalWrite(segment_led[k], segment_num[2][k]);
43       }
44       delay(delay_time);
45   }
46   else if (map_value == 3) {
47       for (int k = 0; k < 8; k++) {
48           digitalWrite(segment_led[k], segment_num[3][k]);
49       }
50       delay(delay_time);
51   }
52   else if (map_value == 4) {
53       for (int k = 0; k < 8; k++) {
```

```
54          digitalWrite(segment_led[k], segment_num[4][k]);
55      }
56      delay(delay_time);
57  }
58  else if (map_value == 5) {
59      for (int k = 0; k < 8; k++) {
60          digitalWrite(segment_led[k], segment_num[5][k]);
61      }
62      delay(delay_time);
63  }
64  else if (map_value == 6) {
65      for (int k = 0; k < 8; k++) {
66          digitalWrite(segment_led[k], segment_num[6][k]);
67      }
68      delay(delay_time);
69  }
70  else if (map_value == 7) {
71      for (int k = 0; k < 8; k++) {
72          digitalWrite(segment_led[k], segment_num[7][k]);
73      }
74      delay(delay_time);
75  }
76  else if (map_value == 8) {
77      for (int k = 0; k < 8; k++) {
78          digitalWrite(segment_led[k], segment_num[8][k]);
79      }
80      delay(delay_time);
81  }
82  else if (map_value == 9) {
83      for (int k = 0; k < 8; k++) {
84          digitalWrite(segment_led[k], segment_num[9][k]);
85      }
86      delay(delay_time);
87  }
88 }
```

04 : segment_num[10][8]에서 첫 번째 첨자는 행(row)을 두 번째 첨자는 열(column)을 나타내며, 10행 8열의 요소를 갖는 다차원 배열을 나타냄. 애노드 타입은 0(LOW)일 때 led가 켜지기 때문에 각 단자 A, B, C, D, E, F, G, DP까지의 led 상태를 0과 1로 설정하여 숫자 0에서 9까지 표현할 수 있는 배열을 선언

19~20 : for 문을 사용하여 segment_led[i]를 출력 핀으로 설정

25 : analogRead() 함수로 조도 센서값을 읽어서 read_value에 저장

26 : read_value에 저장된 변환할 값은 0부터 1023까지의 값이 들어오며, 이 값을 0에서 9까지의 값으로 비례 하여 변환해 map_value 변수에 저장

28 : 만약에 map_value 값이 0이면

29~30 : for 문을 사용하여 k가 0부터 7까지의 숫자를 명령문에 대입 digitalWrite(segment_led[0], segment_num[0]

[0]); 즉, 1행 1열의 A 단자에 segment_num의 (0, 0) 위치의 값 0이 대입되어 led가 켜짐. segment_led[1],

segment_num[0][1]); 즉 1행 2열의 B 단자에 segment_num의 (0, 1) 위치의 값 0이 대입되어 led가 켜짐.

segment_num[0][k]의 행은 [0] 즉, 1행으로 고정되어 있으며 [k]의 결과 segment_led[k] 단자가 바뀌면서

0과 1에 따라서 켜지고 꺼지게 되며, k가 8이 되면 for 문을 벗어남

34~36 : 그렇지 않고 map_value 값이 1이면 digitalWrite(segment_led[0], segment_num[1][0]); 즉, 2행 1열의 A 단

자에 segment_num의 (1, 0) 위치의 값 1이 대입되어 led가 꺼짐. (segment_led[1], segment_num[1][1]); 즉, 2

행 2열의 B 단자에 segment_num의 (1, 1) 위치의 값 0이 대입되어 led가 켜짐. segment_num[1][k]의 행은

[1] 즉, 1행으로 고정되어 있으며 [k]의 열과 segment_led[k] 단자가 바뀌면서 0과 1에 따라서 켜지고 꺼지

게 되며, k가 8이 되면 for 문을 벗어남

※ 시리얼 모니터에 결괏값이 높을수록 주변 환경이 어둡고, 결괏값이 낮을수록 주변 환경이 밝다는 것을 나타냅니다.

▶ 동작 동영상

https://youtu.be/cl1OG8m5Mtg

7 세그먼트 애노드(Anode) 타입과 버튼을 활용하여 랜덤 제어하기

학습 목표	배열과 랜덤 함수를 사용하여 버튼을 눌렀을 때 나오는 무작위 숫자를 7 세그먼트에 표시해 보기
준비물	애노드 타입 1개, 저항 330Ω 8개, 버튼 1개, 저항 10㏀ 1개, 점퍼선 12개

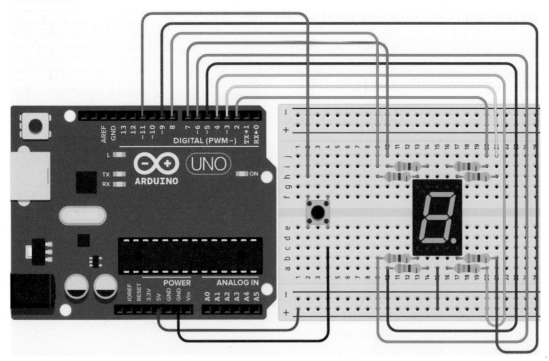

◆ 회로 구성

버튼	에노드 타입	아두이노	애노드 타입	아두이노
·	a(저항)	D2	d(저항)	D5
·	b(저항)	D3	e(저항)	D6
·	c(저항)	D4	f(저항)	D7
왼쪽	·	D11	g(저항)	D8
오른쪽	·	GND	dp(저항)	D9
·	·	·	VCC	5V

◆ 아두이노와 부품 연결 방법

문제 해결 프로그램

소스 파일명 : 09_13_04.ino

```
01 const int button = 11;
02 int segment_led[8] = {2, 3, 4, 5, 6, 7, 8, 9};
03 int segment_num[10][8] = {
04   {0, 0, 0, 0, 0, 0, 1, 0},
05   {1, 0, 0, 1, 1, 1, 1, 0},
06   {0, 0, 1, 0, 0, 1, 0, 0},
07   {0, 0, 0, 0, 1, 1, 0, 0},
08   {1, 0, 0, 1, 1, 0, 0, 0},
09   {0, 1, 0, 0, 1, 0, 0, 0},
10   {0, 1, 0, 0, 0, 0, 0, 0},
11   {0, 0, 0, 1, 1, 1, 1, 0},
12   {0, 0, 0, 0, 0, 0, 0, 0},
13   {0, 0, 0, 0, 1, 0, 0, 0}
14 };
15
16 void setup() {
17   Serial.begin(9600);
18   for (int i = 0; i < 8; i++) {
19     pinMode(segment_led[i], OUTPUT);
20   }
21   randomSeed(analogRead(A0));          //랜덤 초기화
22   pinMode(button, INPUT_PULLUP);
23 }
24
25 void loop() {
26   int button_state = digitalRead(button);
27   Serial.println(button_state);
28   if (button_state == LOW) {          //버튼이 누름 상태
29     int number = random(1, 7);        //무작이 숫자 뽑기(1~6)
30     Serial.println(number);
31     for (int k = 0; k < 8; k++) {
32       digitalWrite(segment_led[k], segment_num[number][k]);
33     }
34   }
```

```
35   delay(50);
36 }
```

26 : digitalRead() 함수를 사용하여 버튼의 눌러진 상태를 점검하여 button_state에 저장

28 : 만약에 button_state가 LOW(누름)이면

29 : random() 함수를 사용하여 최솟값(1)에서 최댓값(6) 사이의 무작위 숫자를 뽑아서 number에 저장

30 : number에 저장된 값을 시리얼 모니터에 출력

31 : for 문을 사용하여 배열 인덱스에 들어갈 k를 0부터 7까지의 숫자를 생성하여 명령문에 대입

32 : number에 저장된 값이 행을 결정하며, 열에는 배정된 K 값을 실행하면서 숫자를 표현

예 segment_led[k], segment_num[number][k]

number 값에 1이 들어오고, k에 0이 들어오면 digitalWrite(segment_led[0], segment_num[1][0]); 즉 2행 1열의 A
단자에 segment_num의 (1,0) 위치의 값 1이 대입되어 led가 꺼짐. (segment_led[1], segment_num[1][1]); 즉, 2행
2열의 B 단자에 segment_num의 (1,1) 위치의 값 0이 대입되어 led가 켜짐. segment_num[1][k]의 행은 [1] 즉, 1
로 고정되어 있으며 [k]의 열과 segment_led[k] 단자가
바뀌면서 0과 1에 따라서 켜지고 꺼지게 되고 k가 7일
때까지 반복하며, k가 8이 되면 for 문을 벗어남

▶ **동작 동영상**

https://youtu.be/ORRdDB_4PME

7 세그먼트 애노드(Anode) 타입에 함수를 활용하여 버튼으로 랜덤 제어하기

학습 목표 매개변수만 있는 세그먼트 함수, 매개변수와 반환 값이 모두 없는 버튼 함수 두 개를 사용하여 무작위
숫자를 7 세그먼트에 표현해 보기

준비물 애노드 타입 1개, 저항 330Ω 8개, 버튼 1개, 저항 10㏀ 1개, 점퍼선 12개

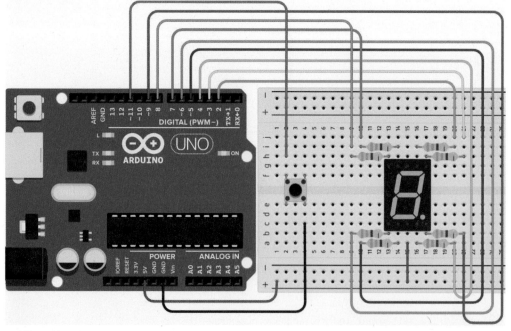

◆ 회로 구성

버튼	에노드 타입	아두이노	애노드 타입	아두이노
·	a(저항)	D2	d(저항)	D5
·	b(저항)	D3	e(저항)	D6
·	c(저항)	D4	f(저항)	D7
왼쪽	·	D11	g(저항)	D8
오른쪽	·	GND	dp(저항)	D9
·	·	·	VCC	5V

◆ 아두이노와 부품 연결 방법

문제 해결 프로그램

소스 파일명 : 09_13_05.ino

```
01 const int button = 11;
02 int number;
03 int segment_led[8] = {2, 3, 4, 5, 6, 7, 8, 9};
04 int segment_num[10][8] = {
05   {0, 0, 0, 0, 0, 0, 1, 0},
06   {1, 0, 0, 1, 1, 1, 1, 0},
07   {0, 0, 1, 0, 0, 1, 0, 0},
08   {0, 0, 0, 0, 1, 1, 0, 0},
09   {1, 0, 0, 1, 1, 0, 0, 0},
10   {0, 1, 0, 0, 1, 0, 0, 0},
11   {0, 1, 0, 0, 0, 0, 0, 0},
12   {0, 0, 0, 1, 1, 1, 1, 0},
13   {0, 0, 0, 0, 0, 0, 0, 0},
14   {0, 0, 0, 0, 1, 0, 0, 0}
15 };
16
17 void setup() {
18   Serial.begin(9600);
19   for (int i = 0; i < 8; i++) {
20     pinMode(segment_led[i], OUTPUT);
21   }
22   randomSeed(analogRead(A0));
23   pinMode(button, INPUT_PULLUP);
24 }
25
26 void loop() {
27   ButtonNum();
28   Segment(number);
29   delay(50);
30 }
31
```

```
32 void ButtonNum() {
33   int button_state = digitalRead(button);
34   Serial.println(button_state);
35   if (button_state == LOW) {
36     number = random(1, 7);
37     Serial.println(number);
38   }
39 }
40
41 void Segment(int t) {
42   for (int k = 0; k < 8; k++) {
43     digitalWrite(segment_led[k], segment_num[t][k]);
44   }
45 }
```

02   : 모든 함수 구문에 사용하기 위해서 정수형 전역 변수로 number를 선언, 여기에 랜덤 숫자를 저장함

03   : 세그먼트를 배열로 선언

04~14 : segment_num[10][8]에서 첫 번째 첨자는 행(row)을 두 번째 첨자는 열(column)을 나타내며, 10행 8열의
         요소를 갖는 다차원 배열을 나타냄. 애노드 타입은 0(LOW)일 때 led가 켜지기 때문에 각 단자 A, B, C, D, E,
         F, G, DP까지의 led 상태를 0과 1로 설정하여 숫자 0에서 9까지 표현할 수 있는 배열을 선언

27   : ButtonNum() 함수 호출

28   : Segment(number) 함수를 호출하여 ButtonNum() 함수에서 생성된 매개변수 number를 void Segment(int t)
         함수의 매개변수 t에 대입하여 7 세그먼트를 표현

32   : 매개변수와 반환 값이 없는 void ButtonNum() 함수 선언

33   : digitalRead로 button의 눌러진 상태를 읽어서 button_state에 저장

35   : 만약에 button_state가 LOW(누름 상태)이면

36   : random함수를 이용해 최솟값(1)~최댓값(6) 사이의 무작위 숫자를 number에 저장

41   : 매개변수만 있는 void Segment(int t) 함수 선언, 이때 number에 저장되어 있는 값을 t에 대입

42   : for 문을 사용하여 배열 인덱스에 들어갈 k를 0부터 7까지의 숫자를 생성하여 명령문에 대입

43   : 예시 : t에 1이 들어오고, k에 0이 들어오면
         digitalWrite(segment_led[0], segment_num[1][0]); 즉 2행 1열의 A 단자에 segment_num의 (1,0) 위치의 값
         1이 대입되어 led가 꺼짐. (segment_led[1], segment_num[1][1]); 즉, 2행 2열의 B 단자에 segment_num의
         (1,1) 위치의 값 0이 대입되어 led가 켜짐. segment_num[1][k]의 행은 [1] 즉, 1로 고정되어 있으며 [k]의 열
         과 segment_led[k] 단자가 바뀌면서 0과 1에 따라서 켜지고 꺼지게 되고 k가 7일 때까지 반복하며, k가 8
         이 되면 for 문을 벗어남

※ 버튼을 누르고 있으면 디스플레이에 1~6까지의 숫자가 지나감. 이때 버튼을 누르고 있는 손을 떼면 7 세그먼트에 랜덤
숫자가 표시됨

▣ 동작 동영상

https://youtu.be/R9pCDX39Htk

7 세그먼트 캐소드(Cathode) 타입 제어하기

배열과 이중 for 문을 사용하여 숫자 0부터 9까지 표현해 보기

캐소드 타입 1개, 저항 330Ω 8개, 점퍼선 10개

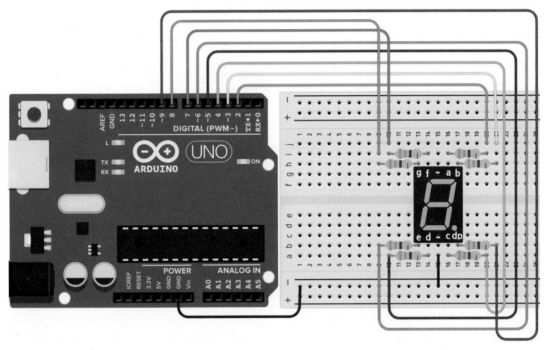

◆ 회로 구성

에노드 타입	아두이노	애노드 타입	아두이노
a(저항)	D2	e(저항)	D6
b(저항)	D3	f(저항)	D7
c(저항)	D4	g(저항)	D8
d(저항)	D5	dp(저항)	D9
·	·	−	GND

◆ 아두이노와 부품 연결 방법

문제 해결 프로그램

소스 파일명 : 09_13_06.ino

```
01 const int delay_time = 1000;
02 int segment_led[8] = {2, 3, 4, 5, 6, 7, 8, 9};
03 int segment_num[10][8] = {
04  {1, 1, 1, 1, 1, 1, 0, 1},
```

```
05    {0, 1, 1, 0, 0, 0, 0, 1},
06    {1, 1, 0, 1, 1, 0, 1, 1},
07    {1, 1, 1, 1, 0, 0, 1, 1},
08    {0, 1, 1, 0, 0, 1, 1, 1},
09    {1, 0, 1, 1, 0, 1, 1, 1},
10    {1, 0, 1, 1, 1, 1, 1, 1},
11    {1, 1, 1, 0, 0, 0, 0, 1},
12    {1, 1, 1, 1, 1, 1, 1, 1},
13    {1, 1, 1, 1, 0, 1, 1, 1}
14  };
15
16  void setup() {
17    for (int i = 0; i < 8; i++) {
18      pinMode(segment_led[i], OUTPUT);
19    }
20  }
21
22  void loop() {
23    for (int i = 0; i <= 9; i++) {
24      for (int k = 0; k <= 7; k++) {
25        digitalWrite(segment_led[k], segment_num[i][k]);
26      }
27      delay(delay_time);
28    }
29  }
```

03~13 : segment_num[10][8]에서 첫 번째 첨자는 행(row)을 두 번째 첨자는 열(column)을 나타내며, 10행 8열의 요소를 갖는 다차원 배열을 나타냄. 캐소드 타입은 1(HIGH)일 때 led가 켜지기 때문에 각 단자 A, B, C, D, E, F, G, DP까지의 led 상태를 0과 1로 설정하여 숫자 0에서 9까지 표현할 수 있는 배열을 선언

17~18 : for 문과 배열 인덱스를 사용하여 segment_led를 출력 핀으로 설정

23   : for 문을 사용하여 i가 0부터 9까지의 숫자를 생성하여 아래 명령문에 대입 (i 값은 행을 나타냄)

24   : for 문을 사용하여 k가 0부터 7까지의 숫자를 생성하여 명령문에 대입 (k 값은 열과 7 세그먼트 led 핀을 나타냄)

25   : 이중 for 문을 사용하여 i가 0일 때, k가 0부터 7까지의 숫자가 명령문에 대입됨. 예, digitalWrite(segment_led[0], segment_num[0][0]); 즉, 1행 1열의 A 단자에 segment_num의 (0, 0) 위치의 값 0이 대입되어 led가 켜짐. k가 8이 되면 for 문을 벗어나서 다시 위쪽 for 문으로 되돌아가 i가 1일 때, k가 0부터 7까지의 숫자가 명령문에 대입되어 실행이 반복됨. 이러한 반복이 i가 9일 때까지 계속 반복됨. i가 10이 되면 for 문을 벗어남

단자(열) 숫자(행)	A(1열)	B(2열)	C(3열)	D(4열)	E(5열)	F(6열)	G(7열)	DP(8열)
0(1행)	(0, 0)	(0, 1)	(0, 2)	(0, 3)	(0, 4)	(0, 5)	(0, 6)	(0, 7)
1(2행)	(1, 0)	(1, 1)	(1, 2)	(1, 3)	(1, 4)	(1, 5)	(1, 6)	(1, 7)
2(3행)	(2, 0)	(2, 1)	(2, 2)	(2, 3)	(2, 4)	(2, 5)	(2, 6)	(2, 7)
3(4행)	(3, 0)	(3, 1)	(3, 2)	(3, 3)	(3, 4)	(3, 5)	(3, 6)	(3, 7)
4(5행)	(4, 0)	(4, 1)	(4, 2)	(4, 3)	(4, 4)	(4, 5)	(4, 6)	(4, 7)
5(6행)	(5, 0)	(5, 1)	(5, 2)	(5, 3)	(5, 4)	(5, 5)	(5, 6)	(5, 7)
6(7행)	(6, 0)	(6, 1)	(6, 2)	(6, 3)	(6, 4)	(6, 5)	(6, 6)	(6, 7)
7(8행)	(7, 0)	(7, 1)	(7, 2)	(7, 3)	(7, 4)	(7, 5)	(7, 6)	(7, 7)
8(9행)	(8, 0)	(8, 1)	(8, 2)	(8, 3)	(8, 4)	(8, 5)	(8, 6)	(8, 7)
9(10행)	(9, 0)	(9, 1)	(9, 2)	(9, 3)	(9, 4)	(9, 5)	(9, 6)	(9, 7)

◆ segment_num[i][k]를 행렬로 나타낸 좌표

※segment_led[k]는 세그먼트 led A~DP 단자를 뜻함

27 : led가 켜질 수 있는 지연시간 1초

▶ 동작 동영상

https://youtu.be/Yg2DASCW2_E

03 _ 14 RTC(Real Time Clock) 모듈

RTC 모듈은 DS1302 칩을 사용하여 아두이노를 통해 실시간을 업로드시킨 후, 메인 전원을 차단해도 모듈에 연결된 배터리를 통해 전원 공급이 되어 실시간 값을 지속해서 유지할 수 있는 장치입니다. 이를 사용하기 위해서는 DS1302.h 라이브러리가 필요합니다. RTC 연결 단자는 VCC(전원), GND(접지), CLK(클록), DAT(데이터), RST(리셋) 핀의 5개로 구성되어 있습니다.

◆ RTC 모듈 구조

▶ 제품 특징

• 작동 전압 : 2V, 5V

• 작동 전류 : 300nA

• 통신 : 3wire 인터페이스

라이브러리 다운로드

💾 DS1302.h 라이브러리 다운로드 출처 : https://blog.naver.com/boilmint7/221911079454

• 통합 개발 환경(IDE)에서 상단 메뉴의 스케치 → 라이브러리 포함하기 → .ZIP 라이브러리 추가를 클릭하면 아래의 창이 나타납니다. 위 라이브러리 출처에서 사용자가 직접 다운로드 한 DS1302.zip 파일의 위치에서 해당한 파일을 선택하고 열기 버튼을 클릭하면 라이브러리 설치가 완료됩니다.

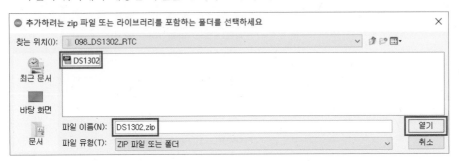

> **"** DS1302 RTC 모듈을 사용하기 위해서 라이브러리를 사용하여야 하는데, 라이브러리 제작자에 따라 사용되는 명령어와 스케치 코드가 다르기 때문에 라이브러리를 다운로드한 후 ZIP 파일에 포함된 예제 파일을 확인 후 사용합니다.

RTC(Real Time Clock) 모듈 제어하기

학습 목표	DS1302.h 라이브러리에서 제공하는 함수를 사용하여 시간과 날짜를 시리얼 모니터에 출력해 보기

준비물	DS1302 RTC 모듈1개, 점퍼선 7개

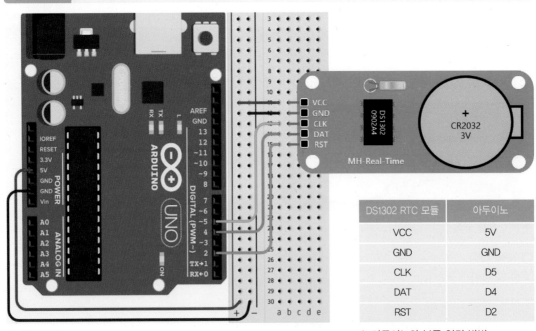

◆ 회로 구성

◆ 아두이노와 부품 연결 방법

DS1302 RTC 모듈	아두이노
VCC	5V
GND	GND
CLK	D5
DAT	D4
RST	D2

문제 해결 프로그램

```
01 #include <DS1302.h>
02 #define clk 5
03 #define dat 4
04 #define rst 2
05 DS1302 my_rtc(rst, dat, clk);
06 void setup() {
07   Serial.begin(9600);
08   my_rtc.halt(false);
09   my_rtc.writeProtect(false);
10   my_rtc.setDOW(WEDNESDAY);      //주석 처리 후 다시 업로드
11   my_rtc.setTime(12, 59, 55);    //주석 처리 후 다시 업로드
12   my_rtc.setDate(1, 9, 2021);    //주석 처리 후 다시 업로드
13 }
14
15 void loop() {
16   Serial.print(my_rtc.getDOWStr());
17   Serial.print("__");
18   Serial.print(my_rtc.getDateStr());
19   Serial.print("__");
20   Serial.println(my_rtc.getTimeStr());
21   delay(1000);
22 }
```

05 : DS1302 객체 설정, 객체 명 my_rtc는 사용자가 지정

08 : RTC를 동작 모드로 설정하기 위해서 false 작성

09 : RTC 시간 변경을 가능하게 설정하기 위해서 false 작성

10 : 요일을 설정, 대문자로 작성

11 : 시간 설정(시간, 분, 초)

12 : 날짜 설정(일, 월, 연도)

※ 10번부터 12번까지의 코드는 RTC를 처음에 세트업 하기 위해서 작성하는 코드이므로 아두이노에 업로드를 해주며, 10번
~12번의 명령문을 전체 주석 처리 후 아두이노에 다시 업로드시켜 주면 아두이노 보드에 전원을 on/off 시켜도 시간이 초기
화가 되지 않으며, 지속해서 시간이 흐르게 됩니다.

16 : 시리얼 모니터에 요일을 출력하는 함수

18 : 시리얼 모니터에 날짜를 출력하는 함수

20 : 시리얼 모니터에 시간을 출력하는 함수

▶ 동작 동영상

https://youtu.be/zUTFaQqT-RY

RTC(Real Time Clock) 모듈을 통해서 I2C LCD에 시간을 출력해 보기

학습 목표	DS1302.h 라이브러리에서 제공하는 함수를 사용하여 시간과 날짜를 LCD에 출력해 보기

준비물	DS1302 RTC 모듈1개, I2C LCD 1개, 점퍼선 11개

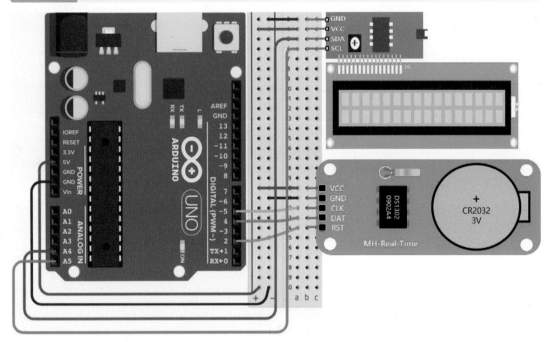

◆ 회로 구성

I2C LCD	DS1302 RTC 모듈	아두이노
VCC	VCC	5V
GND	GND	GND
.	CLK	D5
.	DAT	D4
.	RST	D2
SDA	.	A4
SCL	.	A5

◆ 아두이노와 부품 연결 방법

문제 해결 프로그램

소스 파일명 : 09_14_02.ino

```
01 #include<Wire.h>
02 #include<LiquidCrystal_I2C.h>
03 #include<DS1302.h>
04 LiquidCrystal_I2C my_lcd(0x27, 16, 2);
05
```

```
06 #define clk 5
07 #define dat 4
08 #define rst 2
09
10 DS1302 my_rtc(rst, dat, clk);
11
12 void setup() {
13   my_lcd.init();
14   my_lcd.backlight();
15   my_rtc.halt(false);
16   my_rtc.writeProtect(false);
17   my_rtc.setDOW(THURSDAY);      //주석 처리 후 다시 업로드
18   my_rtc.setTime(12, 59, 55);   //주석 처리 후 다시 업로드
19   my_rtc.setDate(2, 9, 2021);   //주석 처리 후 다시 업로드
20 }
21
22 void loop() {
23   my_lcd.setCursor(0, 0);
24   my_lcd.print(my_rtc.getDOWStr());
25   my_lcd.setCursor(8, 0);
26   my_lcd.print(my_rtc.getTimeStr());
27   my_lcd.setCursor(3, 1);
28   my_lcd.print(my_rtc.getDateStr());
29   delay(1000);
30 }
```

10 : DS1302 객체 설정, 객체 명 my_rtc는 사용자가 지정, rst는 리셋핀, dat는 데이터 핀, clk은 클록 핀

13 : LCD 초기화

14 : LCD 백라이트 켜기

15 : RTC를 동작 모드로 설정하기 위해서 false 작성

16 : RTC 시간 변경을 가능하게 설정하기 위해서 false 작성

17 : 요일을 설정, 대문자로 작성

18 : 시간 설정(시간, 분, 초)

19 : 날짜 설정(일, 월, 연도)

※ 17번부터 19번까지의 코드는 RTC를 처음에 세트업 하기 위해서 작성하는 코드이므로 아두이노에 업로드를 해주며, 17번
~19번의 명령문을 전체 주석 처리 후 아두이노에 다시 업로드시켜 주면 아두이노 보드에 전원을 on/off 시켜도 시간이 초기
화가 되지 않으며, 지속해서 시간이 흐르게 됩니다.

23 : LCD에 커서를 1열 1행에 가져다 놓아라

24 : LCD에 요일을 출력하기

25 : 커서를 9열 1행에 가져다 놓아라

26 : LCD에 시간을 출력하기

27 : 커서를 4열 2행에 가져다 놓아라

28 : LCD에 날짜를 출력하기

▶ 동작 동영상

https://youtu.be/Fg1XxwHRFco

03 _ 15 도트 매트릭스(dot matrix)_MAX7219

도트 매트릭스는 행과 열에 각각 8개씩, 총 64개의 도트로 구성되어 있는 8×8 LED입니다. 이는 그림, 도형, 문자를 표현할 수 있는 디스플레이 장치로, 각각의 LED를 쉽게 제어하기 위해서는 MAX7219 IC 칩과 라이브러리를 사용합니다. 도트 매트릭스의 연결 단자는 VCC(전원), GND(공통접지), DIN(데이터 입력), CS(칩 연결), CLK(클록 핀) 핀으로 구성되어 있습니다.

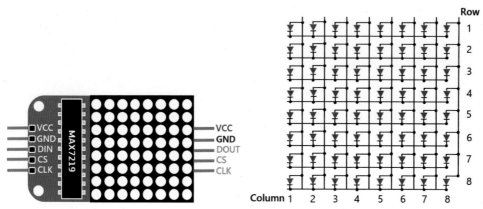

◆ 도트 매트릭스 모듈 구조 및 원리

라이브러리 다운로드

• 통합 개발 환경(IDE)에서 상단 메뉴의 스케치 → 라이브러리 포함하기 → 라이브러리 관리하기를 클릭하면 아래의 창이 나타납니다. 나음과 같은 화면이 나타나면 명령 창에 LedControl을 작성하고 엔터를 치면 찾고자 하는 라이브러리가 나타나며, [설치] 버튼을 클릭하면 라이브러리가 설치됩니다.

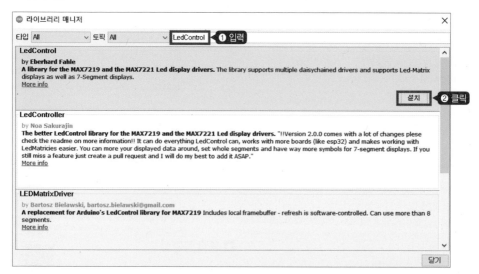

도트 매트릭스(dot matrix) 제어하기

준비물   도트 매트릭스(MAX7219) 모듈1개, 점퍼선 7개

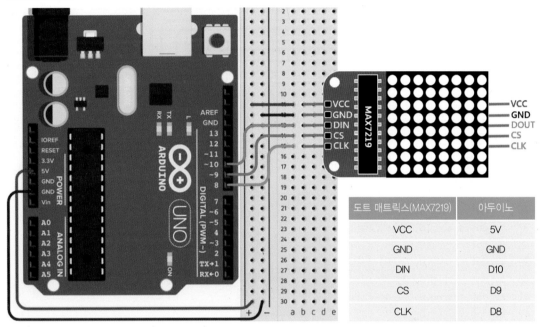

◆ 회로 구성

도트 매트릭스(MAX7219)	아두이노
VCC	5V
GND	GND
DIN	D10
CS	D9
CLK	D8

◆ 아두이노와 부품 연결 방법

문제 해결 프로그램

소스 파일명 : 09_15_01.ino

```
01 #include <LedControl.h>
02 #define din 10
03 #define cs 9
04 #define clk 8
05 #define dot_num 1
06 LedControl my_dot = LedControl(din, clk, cs, dot_num);
07 #define delay_time 1000
08
09 void setup() {
10   my_dot.shutdown(0, false);
11   my_dot.setIntensity(0, 4);
12   my_dot.clearDisplay(0);
13 }
14
15 void loop() {
16   my_dot.setLed(0, 1, 1, true);
17   my_dot.setLed(0, 1, 2, true);
18   my_dot.setLed(0, 1, 5, true);
```

```
19  my_dot.setLed(0, 1, 6, true);
20  my_dot.setLed(0, 2, 0, true);
21  my_dot.setLed(0, 2, 3, true);
22  my_dot.setLed(0, 2, 4, true);
23  my_dot.setLed(0, 2, 7, true);
24  my_dot.setLed(0, 3, 0, true);
25  my_dot.setLed(0, 3, 7, true);
26  my_dot.setLed(0, 4, 0, true);
27  my_dot.setLed(0, 4, 7, true);
28  my_dot.setLed(0, 5, 1, true);
29  my_dot.setLed(0, 5, 6, true);
30  my_dot.setLed(0, 6, 2, true);
31  my_dot.setLed(0, 6, 5, true);
32  my_dot.setLed(0, 7, 3, true);
33  my_dot.setLed(0, 7, 4, true);
34  delay(delay_time);
35  my_dot.setLed(0, 1, 1, false);
36  my_dot.setLed(0, 1, 2, false);
37  my_dot.setLed(0, 1, 5, false);
38  my_dot.setLed(0, 1, 6, false);
39  my_dot.setLed(0, 2, 0, false);
40  my_dot.setLed(0, 2, 3, false);
41  my_dot.setLed(0, 2, 4, false);
42  my_dot.setLed(0, 2, 7, false);
43  my_dot.setLed(0, 3, 0, false);
44  my_dot.setLed(0, 3, 7, false);
45  my_dot.setLed(0, 4, 0, false);
46  my_dot.setLed(0, 4, 7, false);
47  my_dot.setLed(0, 5, 1, false);
48  my_dot.setLed(0, 5, 6, false);
49  my_dot.setLed(0, 6, 2, false);
50  my_dot.setLed(0, 6, 5, false);
51  my_dot.setLed(0, 7, 3, false);
52  my_dot.setLed(0, 7, 4, false);
53  delay(delay_time);
54  }
```

01 : LedControl.h 라이브러리 불러오기

02 : din 매크로를 상수화 시켜 10으로 초기화

03 : cs 매크로를 상수화 시켜 9로 초기화

04 : clk 매크로를 상수화 시켜 8로 초기화

05 : 도트 매트릭스 개수를 1로 초기화(예, 두 개이면 2로 초기화 하면 됨)

06 : my_dot 객체 생성, LedControl(데이터, 클록, 칩 연결, 도트 개수)

10 : my_dot.shutdown(0, false); =〉 (도트 매트릭스 첫 번째, 상태)

예 첫 번째 장치 = 0, 두 번째 장치 = 1, 세 번째 장치 = 2 ....

절전모드 설정, 절전모드가 활성화되면 Led가 안 켜짐

false : 절전모드 비활성화, true : 절전 모드 활성화

11 : my_dot.setIntensity(0, 4); => (도트 매트릭스 첫 번째, 밝기) (0~15까지 가능) => 밝기 조절, 숫자가 높을수록 도트 매트릭스가 밝음

12 : my_dot.clearDisplay(0); => (도트 매트릭스 첫 번째) 이전에 출력하고 있던 내용을 초기화

16 : my_dot.setLed(0, 1, 1, true); (도트 매트릭스 첫 번째, 행, 열, 상태); 도트 매트릭스 첫 번째, 2행 2열의 Led를 켜라

17 : 상태 => true(HIGH), false(LOW)

       my_dot.setLed(0, 1, 2, true);

35 : 도트 매트릭스 첫 번째, 2행 3열의 Led를 켜라 my_dot.setLed(0, 1, 1, false); (도트 매트릭스 첫 번째, 행, 열, 상태); 도트 매트릭스 첫 번째, 2행 2열의 Led를 꺼라

▶ 동작 동영상

https://youtu.be/MBa5yTeE0vk

사용자가 직접 도트 매트릭스 디자인해 보기

학습 목표 도트 좌표를 사용하여 그리고 싶은 디자인을 직접 색칠한 후, 소스 파일명(09_15_01.ino)을 참고하여 코드 작성해 보기

예 1행 2열이면 => my_dot.setLed(0, 0, 1, true)

열(COL) 행(ROW)	1열	2열	3열	4열	5열	6열	7열	8열
1행	(0, 0)	(0, 1)	(0, 2)	(0, 3)	(0, 4)	(0, 5)	(0, 6)	(0, 7)
2행	(1, 0)	(1, 1)	(1, 2)	(1, 3)	(1, 4)	(1, 5)	(1, 6)	(1, 7)
3행	(2, 0)	(2, 1)	(2, 2)	(2, 3)	(2, 4)	(2, 5)	(2, 6)	(2, 7)
4행	(3, 0)	(3, 1)	(3, 2)	(3, 3)	(3, 4)	(3, 5)	(3, 6)	(3, 7)
5행	(4, 0)	(4, 1)	(4, 2)	(4, 3)	(4, 4)	(4, 5)	(4, 6)	(4, 7)
6행	(5, 0)	(5, 1)	(5, 2)	(5, 3)	(5, 4)	(5, 5)	(5, 6)	(5, 7)
7행	(6, 0)	(6, 1)	(6, 2)	(6, 3)	(6, 4)	(6, 5)	(6, 6)	(6, 7)
8행	(7, 0)	(7, 1)	(7, 2)	(7, 3)	(7, 4)	(7, 5)	(7, 6)	(7, 7)

열(COL) 행(ROW)	1열	2열	3열	4열	5열	6열	7열	8열
1행	(0, 0)	(0, 1)	(0, 2)	(0, 3)	(0, 4)	(0, 5)	(0, 6)	(0, 7)
2행	(1, 0)	(1, 1)	(1, 2)	(1, 3)	(1, 4)	(1, 5)	(1, 6)	(1, 7)
3행	(2, 0)	(2, 1)	(2, 2)	(2, 3)	(2, 4)	(2, 5)	(2, 6)	(2, 7)
4행	(3, 0)	(3, 1)	(3, 2)	(3, 3)	(3, 4)	(3, 5)	(3, 6)	(3, 7)
5행	(4, 0)	(4, 1)	(4, 2)	(4, 3)	(4, 4)	(4, 5)	(4, 6)	(4, 7)
6행	(5, 0)	(5, 1)	(5, 2)	(5, 3)	(5, 4)	(5, 5)	(5, 6)	(5, 7)
7행	(6, 0)	(6, 1)	(6, 2)	(6, 3)	(6, 4)	(6, 5)	(6, 6)	(6, 7)
8행	(7, 0)	(7, 1)	(7, 2)	(7, 3)	(7, 4)	(7, 5)	(7, 6)	(7, 7)

도트 매트릭스(dot matrix)에 2진수를 사용하여 제어하기

학습 목표	my_dot.setRow(0, 0, B00000000) 함수와 2진수를 사용하여 도트 매트릭스에 화살표 모양이 깜박이게 표현해 보기
준비물	도트 매트릭스(MAX7219) 모듈1개, 점퍼선 7개

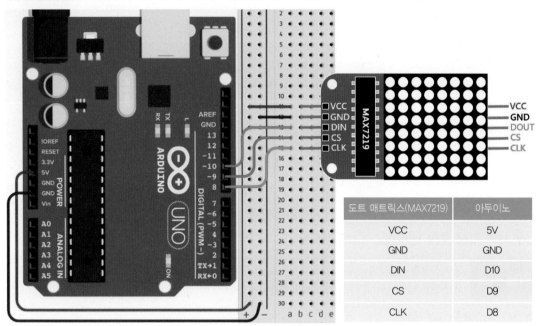

◆ 회로 구성

◆ 아두이노와 부품 연결 방법

도트 매트릭스(MAX7219)	아두이노
VCC	5V
GND	GND
DIN	D10
CS	D9
CLK	D8

문제 해결 프로그램

소스 파일명 : 09_15_02.ino

```
01 #include <LedControl.h>
02 #define din 10
03 #define cs 9
04 #define clk 8
05 #define dot_num 1
06
07 LedControl my_dot = LedControl(din, clk, cs, dot_num);
08 #define delay_time 1000
09
10 void setup() {
11   my_dot.shutdown(0, false);
12   my_dot.setIntensity(0, 4);
13   my_dot.clearDisplay(0);
14 }
15
16 void loop() {
```

```
17   my_dot.setRow(0, 0, B00001000);
18   my_dot.setRow(0, 1, B00001100);
19   my_dot.setRow(0, 2, B11111110);
20   my_dot.setRow(0, 3, B11111111);
21   my_dot.setRow(0, 4, B11111110);
22   my_dot.setRow(0, 5, B00001100);
23   my_dot.setRow(0, 6, B00001000);
24   my_dot.setRow(0, 7, B00000000);
25   delay(delay_time);
26   my_dot.setRow(0, 0, B00000000);
27   my_dot.setRow(0, 1, B00000000);
28   my_dot.setRow(0, 2, B00000000);
29   my_dot.setRow(0, 3, B00000000);
30   my_dot.setRow(0, 4, B00000000);
31   my_dot.setRow(0, 5, B00000000);
32   my_dot.setRow(0, 6, B00000000);
33   my_dot.setRow(0, 7, B00000000);
34   delay(delay_time);
35 }
```

17 : my_dot.setRow(0, 0, B00001000)

   => (도트 매트릭스 첫 번째, 1행, 5열의 Led에 HIGH 신호 (LED를 켠다), 나머지는 LOW 신호

※ 사용방법

my_dot.setRow(도트 매트릭스 몇 번째, 행(row), 바이트 배열) => 행(row) 값과 바이트 배열을 통해서 Led를 점등

my_dot.setColumn(도트 매트릭스 몇 번째, 열(column), 바이트 배열)=> 열(column) 값과 바이트 배열을 통해서 Led를 점등

18 : my_dot.setRow(0, 1, B00001100) => 도트 매트릭스 첫 번째, 2행의 5열, 6열의 Led에 HIGH 신호 (LED를 켠다.), 나머지는 LOW 신호

19 : my_dot.setRow(0, 2, B11111110) => 도트 매트릭스 첫 번째, 3행의 1열, 2열, 3열, 4열, 5열, 6열, 7열의 Led에 HIGH 신호, 8열은 LOW 신호

26 : my_dot.setRow(0, 0, B00000000); => 도트 매트릭스 첫 번째, 1행의 모든 열의 Led에 LOW 신호 (LED를 끈다.)

▶ 동작 동영상

https://youtu.be/cn-lb6cZCjo

LED Matrix Editor 활용하기

LED Matrix Editor 출처 : https://xantorohara.github.io/led-matrix-editor/#1824428181996600

위 링크는 도트 매트릭스 배열을 2진수, 16진수 등으로 생성할 수 있는 사이트입니다. 하단 화면 좌측의 8×8 도트 매트릭스 창에서 원하는 모양을 클릭합니다. 그리고 우측 상단 빨간 박스 ☑ As byte arrays를 체크한 후 Insert 버튼을 누르면, Arduino에서 사용할 수 있는 2진수 8bit 배열 값이 나타납니다. 완성된 모양을 회전하고 싶을 때는 회전 방향(↖, ↗) 화살표를 누르면 됩니다.

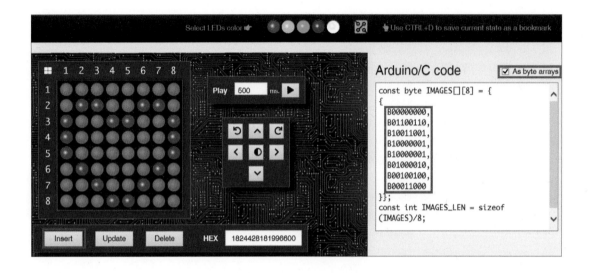

```
Arduino/C code                           ☑ As byte arrays
const byte IMAGES[][8] = {
{
  B00000000,
  B01100110,
  B10011001,
  B10000001,
  B10000001,
  B01000010,
  B00100100,
  B00011000
}};
const int IMAGES_LEN = sizeof
(IMAGES)/8;
```

Select LEDs color 👆   ⬤⬤⬤⬤◯   ✂   👆 Use CTRL+D to save current state as a bookmark

Play 600 ms. ▶

Insert   Update   Delete   HEX 1824428181996600

도트 매트릭스(dot matrix)에 2진수 배열을 사용하여 제어하기

학습 목표 my_dot.setRow() 함수와 2진수 배열을 사용하여 도트 매트릭스에 위에서 아래로 켜졌다 꺼지는 하트 모양 표현해 보기

준비물 도트 매트릭스(MAX7219) 모듈1개, 점퍼선 7개

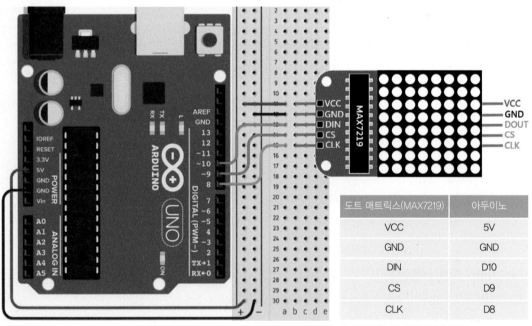

◆ 회로 구성

◆ 아두이노와 부품 연결 방법

도트 매트릭스(MAX7219)	아두이노
VCC	5V
GND	GND
DIN	D10
CS	D9
CLK	D8

문제 해결 프로그램

```
01 #include <LedControl.h>
02 #define din 10
03 #define cs 9
04 #define clk 8
05 #define dot_num 1
06 LedControl my_dot = LedControl(din, clk, cs, dot_num);
07
08 byte dot_pin[8] = {B00000000, B01100110, B10011001, B10000001,
09   B10000001, B01000010, B00100100, B00011000 };
10
11 byte dot_pin2[8] = { B00000000, B00000000, B00000000, B00000000,
12   B00000000, B00000000, B00000000, B00000000 };
13
14 void setup() {
15   my_dot.shutdown(0, false);
16   my_dot.setIntensity(0, 4);
17   my_dot.clearDisplay(0);
18 }
19
20 void loop() {
21   for (int row = 0; row <= 7; row++) {
22     my_dot.setRow(0, row, dot_pin[row]);
23     delay(100);
24   }
25   delay(500);
26   for (int row = 0; row <= 7; row++) {
27     my_dot.setRow(0, row, dot_pin2[row]);
28     delay(100);
29   }
30 }
```

01   : LedControl.h 라이브러리 불러오기
02   : din 매크로를 상수화 시켜켜 10으로 초기화
03   : cs 매크로를 상수화 시켜 9로 초기화
04   : clk 매크로를 상수화 시켜 8로 초기화
05   : dot_num 매크로를 상수화 시켜 1로 초기화
06   : my_dot 객체 생성, LedControl(데이터, 클록, 칩 연결, 도트 개수)
08~09 : 정수형 2진수 8개로 이루어진 dot_pin 변수를 배열로 선언 (하트 모양)
11~12 : byte 정수형을 사용한 이유는 데이터(배열) 용량이 크지 않기 때문 정수형 2진수 8개로 이루어진 dot_pin2 변수를 배열로 선언
21   : for 문을 사용하여 row 값을 0에서 7까지 1씩 증가시키면서 아래 코드에 대입
22   : my_dot.setRow(0, row, dot_pin[row]) ⇒ row 값에 0이 들어오면 (0, 0, dot_pin[0])은 도트 매트릭스 첫 번째, 1행, dot_pin[0]의 B00000000 실행, ... , row 값에 7이 들어오면 (0, 7, dot_pin[7])은 도트 매트릭스 첫 번째, 8행, dot_pin[7]의 B00011000 실행, row 값이 8이 되면 for 문을 벗어남

23   : for 문 안의 조건 실행 지연시간 0.1초
25   : for 문이 끝나고 지연시간 0.5초

▶ 동작 동영상

https://youtu.be/FwMEqpOSfmM

도트 매트릭스(dot matrix)에 함수를 사용하여 제어하기

학습 목표   매개변수만 있는 함수를 선언하여 도트 매트릭스에 사람이 달려가는 형상을 표현해 보기

준비물   도트 매트릭스(MAX7219) 모듈1개, 점퍼선 7개

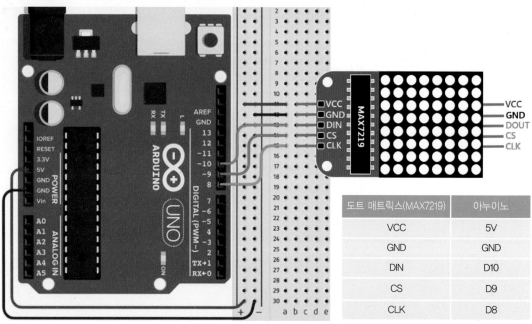

◆ 회로 구성

도트 매트릭스(MAX7219)	아두이노
VCC	5V
GND	GND
DIN	D10
CS	D9
CLK	D8

◆ 아두이노와 부품 연결 방법

문제 해결 프로그램

소스 파일명 : 09_15_04.ino

```
01 #include <LedControl.h>
02 #define din 10
03 #define cs 9
04 #define clk 8
05 #define dot_num 1
06 LedControl my_dot = LedControl(din, clk, cs, dot_num);
07
08 byte dot_pin[8] = {B00001100, B00001100, B00011000, B00111100,
```

```
09   B00111000, B00010100, B00110110, B00100000};
10 byte dot_pin2[8] = {B00001100, B00001100, B00111000, B01010111,
11   B01011000, B00010100, B01110100, B01000110};
12 byte dot_pin3[8] = {B00001100, B00001100, B00111111, B01001100,
13   B00001100, B00110100, B00100100, B00000110};
14
15 void setup() {
16   my_dot.shutdown(0, false);
17   my_dot.setIntensity(0, 4);
18   my_dot.clearDisplay(0);
19 }
20
21 void loop() {
22   DisplayHeart(2);
23   delay(800);
24   DisplayHeart(1);
25   delay(800);
26   DisplayHeart(0);
27   delay(800);
28 }
29
30 void DisplayHeart(int a) {
31   if (a == 2) {
32     for (int row = 0; row <= 7; row++) {
33       my_dot.setRow(0, row, dot_pin[row]);
34     }
35   }
36   else if (a == 1) {
37     for (int row = 0; row <= 7; row++) {
38       my_dot.setRow(0, row, dot_pin2[row]);
39     }
40   }
41   else {
42     for (int row = 0; row <= 7; row++) {
43       my_dot.setRow(0, row, dot_pin3[row]);
44     }
45   }
46 }
```

08~09 : 정수형 2진수 8개로 이루어진 dot_pin 변수를 배열로 선언

10~11 : 정수형 2진수 8개로 이루어진 dot_pin2 변수를 배열로 선언

12~13 : 정수형 2진수 8개로 이루어진 dot_pin3 변수를 배열로 선언

22   : DisplayHeart(2) 함수 호출, 매개변수에 2를 대입

24   : DisplayHeart(1) 함수 호출, 매개변수에 1를 대입

26   : DisplayHeart(0) 함수 호출, 매개변수에 0을 대입

30   : DisplayHeart(int a) 함수 선언, 정수형 매개변수 a에 차례로 2, 1, 0을 대입

31	: 만약에 매개변수에 2가 들어오면
32	: for 문을 사용하여 row 값을 0에서 7까지 1씩 증가시키면서 아래 코드에 대입
33	: my_dot.setRow(0, row, dot_pin[row]) => row 값에 0이 들어오면 (0, 0, dot_pin[0])은 도트 매트릭스 첫 번째, 1행, dot_pin[0]의 B00001100 실행, ..., row 값에 7이 들어오면 (0, 7, dot_pin[7])은 도트 매트릭스 첫 번째, 8행, dot_pin[7]의 B00100000 실행. row 값이 8이 되면 for 문을 벗어남
36	: 그렇지 않고 1이 들어오면
37	: for 문을 사용하여 row 값을 0에서 7까지 1씩 증가시키면서 아래 코드에 대입
38	: my_dot.setRow(0, row, dot_pin2[row]) => row 값에 0이 들어오면 (0, 0, dot_pin2[0])은 도트 매트릭스 첫 번째, 1행, dot_pin2[0]의 B00001100 실행, ..., row 값에 7이 들어오면 (0, 7, dot_pin2[7])은 도트 매트릭스 첫 번째, 8행, dot_pin2[7]의 B01000110 실행. row 값이 8이 되면 for 문을 벗어남
41	: 그밖에는, 0이 들어오면
42	: for 문을 사용하여 row 값을 0에서 7까지 1씩 증가시키면서 아래 코드에 대입
43	: my_dot.setRow(0, row, dot_pin3[row]) => row 값에 0이 들어오면 (0, 0, dot_pin3[0])은 도트 매트릭스 첫 번째, 1행, dot_pin3[0]의 B00001100 실행, ..., row 값에 7이 들어오면 (0, 7, dot_pin3[7])은 도트 매트릭스 첫 번째, 8행, dot_pin3[7]의 B00000110 실행. row 값이 8이 되면 for 문을 벗어남

▶ 동작 동영상

https://youtu.be/ldVp8Dfq614

도트 매트릭스(dot matrix)에 ABCD 문자 출력해 보기

학습 목표 배열, for 문, setRow를 사용하여 도트 매트릭스에 ABCD 문자 출력해 보기

준비물 도트 매트릭스(MAX7219) 모듈1개, 점퍼선 7개

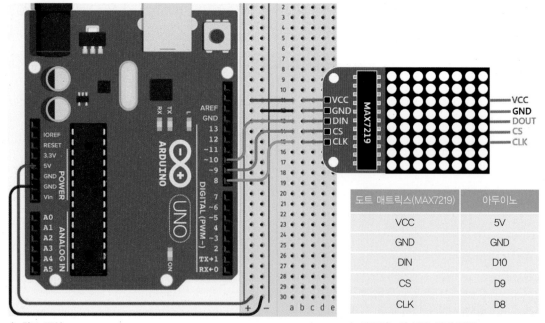

◆ 회로 구성

도트 매트릭스(MAX7219)	아두이노
VCC	5V
GND	GND
DIN	D10
CS	D9
CLK	D8

◆ 아두이노와 부품 연결 방법

문제 해결 프로그램

```
01 #include <LedControl.h>
02 #define din 10
03 #define cs 9
04 #define clk 8
05 #define dot_num 1
06 LedControl my_dot = LedControl(din, clk, cs, dot_num);
07 byte A[8] = { B00000000, B00111100, B01100110, B01100110,
08   B01111110, B01100110, B01100110, B01100110 };
09 byte B[8] = { B00000000, B01111100, B01100110, B01100110,
10   B01111100, B01100110, B01100110, B01111100 };
11 byte C[8] = { B00000000, B00111100, B01100110, B01100000,
12   B01100000, B01100000, B01100110, B00111100 };
13 byte D[8] = { B00000000, B01111100, B01100110, B01100110,
14   B01100110, B01100110, B01100110, B01111100 };
15
16 void setup() {
17   my_dot.shutdown(0, false);
18   my_dot.setIntensity(0, 4);
19   my_dot.clearDisplay(0);
20 }
21
22 void loop() {
23   for (int row = 0; row <= 7; row++) {
24     my_dot.setRow(0, row, A[row]);
25   }
26   delay(500);
27   for (int row = 0; row <= 7; row++) {
28     my_dot.setRow(0, row, B[row]);
29   }
30   delay(500);
31   for (int row = 0; row <= 7; row++) {
32     my_dot.setRow(0, row, C[row]);
33   }
34   delay(500);
35   for (int row = 0; row <= 7; row++) {
36     my_dot.setRow(0, row, D[row]);
37   }
38   delay(500);
39 }
```

07~08 : 정수형 2진수 8개로 이루어진 A 변수를 배열로 선언
09~10 : 정수형 2진수 8개로 이루어진 B 변수를 배열로 선언
11~12 : 정수형 2진수 8개로 이루어진 C 변수를 배열로 선언

13~14 : 정수형 2진수 8개로 이루어진 D 변수를 배열로 선언

23 : for 문을 사용하여 row 값을 0에서 7까지 1씩 증가시키면서 아래 코드에 대입

24 : my_dot.setRow(0, row, A[row]) => row 값에 0이 들어오면 (0, 0, A[0])는 도트 매트릭스 첫 번째, 1행, A[0]의 B00000000 실행, ..., row 값에 7이 들어오면 (0, 7, A[7])은 도트 매트릭스 첫 번째, 8행, A[7]의 B01100110 실행. row 값이 8이 되면 for 문을 벗어남

27 : for 문을 사용하여 row 값을 0에서 7까지 1씩 증가시키면서 아래 코드에 대입

28 : my_dot.setRow(0, row, B[row]) => row 값에 0이 들어오면 (0, 0, B[0])은 도트 매트릭스 첫 번째, 1행, B[0]의 B00000000 실행, ..., row 값에 7이 들어오면 (0, 7, B[7])은 도트 매트릭스 첫 번째, 8행, B[7]의 B01111100 실행. row 값이 8이 되면 for 문을 벗어남

▶ 동작 동영상

https://youtu.be/SZRtz7Wk0hE

도트 매트릭스(dot matrix)를 버튼으로 제어하기

학습 목표	switch~case 문을 사용하여 버튼으로 도트 매트릭스에 표정을 출력해 보기

준비물	도트 매트릭스(MAX7219) 모듈1개, 버튼 1개, 점퍼선 9개

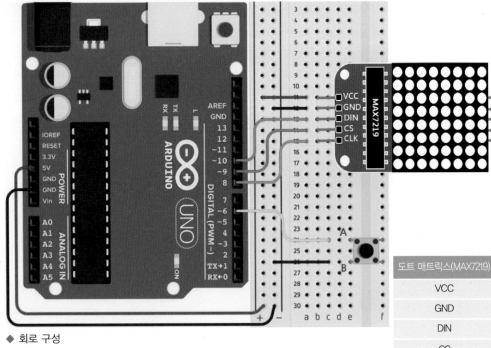

◆ 회로 구성

도트 매트릭스(MAX7219)	버튼	아두이노
VCC	·	5V
GND	B	GND
DIN	·	D10
CS	·	D9
CLK	·	D8
·	A	D6

◆ 아두이노와 부품 연결 방법

문제 해결 프로그램

```
01 #include <LedControl.h>
02 #define din 10
03 #define cs 9
04 #define clk 8
05 #define dot_num 1
06 LedControl my_dot = LedControl(din, clk, cs, dot_num);
07
08 #define button 6
09 boolean previous_button_state = true;
10 boolean button_state;
11 int counter = 0;
12
13 byte joy[8] = { B00111100, B01000010, B10010101, B10100001,
14  B10100001, B10010101, B01000010, B00111100 };
15 byte gloom[8] = { B00111100, B01000010, B10010101, B10010001,
16  B10010001, B10010101, B01000010, B00111100 };
17 byte sorrow[8] = { B00111100, B01000010, B10100101, B10010001,
18  B10010001, B10100101, B01000010, B00111100 };
19
20 void setup() {
21   pinMode(button, INPUT_PULLUP);
22   my_dot.shutdown(0, false);
23   my_dot.setIntensity(0, 4);
24   my_dot.clearDisplay(0);
25   Serial.begin(9600);
26 }
27
28 void loop() {
29   button_state = digitalRead(button);
30   if (previous_button_state == true && button_state == false) {
31     counter++;
32     Serial.print("counter: ");
33     Serial.println(counter);
34   }
35   previous_button_state = button_state;
36   switch (counter) {
37     case 1:
38       for (int row = 0; row <= 7; row++)
39         my_dot.setRow(0, row, joy[row]);
40       break;
41     case 2:
42       for (int row = 0; row <= 7; row++)
43         my_dot.setRow(0, row, gloom[row]);
```

```
44        break;
45    case 3:
46        for (int row = 0; row <= 7; row++)
47            my_dot.setRow(0, row, sorrow[row]);
48        counter = 0;
49        break;
50  }
51  delay(50);
52 }
```

08 : button 매크로를 상수화 시켜 6으로 초기화

09 : 논리형으로 이전 버튼 상태 변수를 선언하여 참을 저장

10 : 논리형으로 현재 버튼의 상태 변수 선언

11 : 버튼의 누른 횟수(counter) 변수 선언 후 0으로 초기화

13~18 : 도트 매트릭스에 표현할 표정의 2진수를 배열로 선언

29 : 현재 버튼의 누른 상태를 읽어서 button_state에 저장

30 : 만약에 이전 버튼 상태가 참이고, 현재 버튼 상태가 거짓인 두 조건을 만족하면 (이때 button_state의 false 는 버튼의 눌러진 상태 LOW 값과 같다)

31 : 버튼 횟수 1씩 증가

35 : 이전 버튼 상태에 현재 버튼 상태 값을 저장

36 : switch 문으로 counter 값을 조건으로 활용

37 : counter 값이 1이면

38 : for 문을 사용하여 row 값을 0에서 7까지 1씩 증가시키면서 아래 코드에 대입

39 : my_dot.setRow(0, row, joy[row]) => row 값에 0이 들어오면 (0, 0, joy[0])은 도트 매트릭스 첫 번째, 1행, joy[0]의 B00111100 실행, ..., row 값에 7이 들어오면 (0, 7, joy[7])는 도트 매트릭스 첫 번째, 8행, joy[7]의 B00111100 실행. row가 8이되면 for 문을 벗어남

40 : switch 문을 벗어남

45 : counter 값이 3이면

46 : for 문을 사용하여 row 값을 0에서 7까지 1씩 증가시키면서 아래 코드에 대입

47 : my_dot.setRow(0, row, sorrow[row]) => row 값에 0이 들어오면 (0, 0, sorrow[0])는 도트 매트릭스 첫 번째, 1행, sorrow[0]의 B00111100 실행, ..., row 값에 7이 들어오면 (0, 7, sorrow[7])은 도트 매트릭스 첫 번째, 8 행, sorrow[7]의 B00111100 실행. row가 8이되면 for 문을 벗어남

48 : counter가 3이 되면 0으로 초기화

49 : switch 문을 벗어남

▶ 동작 동영상

https://youtu.be/i-c8uNOrOuY

03 _ 16 사운드 센서(Sound Sensor)

사운드 센서는 우리 주변의 소리를 마이크로폰으로 받아들여 전기적 신호로 바꾸어 주는 소자입니다. 받아들인 소리를 디지털 신호로 출력할 경우에는 소리가 감지되지 않으면 0(LOW), 소리가 감지되면 1(HIGH)을 나타냅니다. 그리고 아날로그 신호로 출력할 경우에는 소리의 세기에 따라 0부터 1023 사이의 값을 비례하여 나타냅니다. 이는 IDE 시리얼 모니터를 통해서 확인이 가능합니다. 사운드 센서 연결 단자는 A0(아날로그 단자)와 DO(디지털 단자), GND(접지), VCC(전원)로 구성되어 있으며, 사용자가 원하는 데이터 값에 따라 A0(아날로그 단자)와 DO(디지털 단자)를 선택해 사용할 수 있습니다. 이 책에서 다루는 사운드 센서 모듈은 LM393입니다.

◆ 사운드 센서(LM393) 구조

▶ 조작 방법

• 사운드 센서의 음향 감지 감도 조정 나사를 왼쪽으로 돌리면 음향을 감지하는 감도가 민감해지고, 오른쪽으로 돌리면 음향을 감지하는 감도가 둔해집니다.

• 디지털 값으로 출력하기 위해 LED 2에 불이 들어올 때까지 음향 감지 감도 조정 나사를 오른쪽으로 돌린 다음, 살짝 왼쪽으로 돌려서 불이 꺼지는 상태를 만들어 줍니다. 그리고 음향을 체크하여 0과 1을 출력합니다. (감도가 너무 세면 출력값이 계속 1이 출력되기 때문에 시리얼 모니터를 보면서 출력값이 0이 나올 때까지 조정 나사를 돌려줍니다.)

> ❝ 나사를 너무 세게 돌리면 제품이 망가질 우려가 있으므로, 힘의 세기에 유의해서 나사를 돌려야 합니다

▶ 제품 특징

• 작동 전압 : 5V
• 출력 : 디지털, 아날로그
• 민감도 : 가변저항을 이용하여 조절 가능

사운드 센서(Sound Sensor)를 디지털 입력으로 제어하기

학습 목표	디지털 입력을 사용하여 박수 소리 횟수 카운트해 보기

준비물	사운드 센서 LM393 1개, 점퍼선 5개

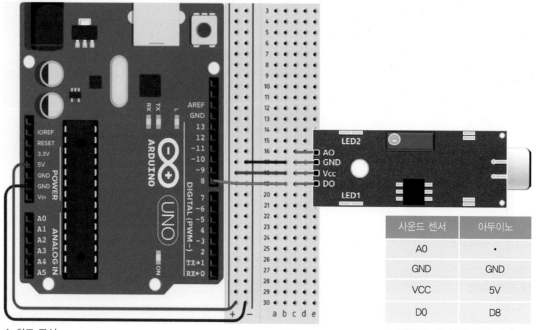

◆ 회로 구성

사운드 센서	아두이노
A0	·
GND	GND
VCC	5V
D0	D8

◆ 아두이노와 부품 연결 방법

문제 해결 프로그램

```
01 #define sound_sensor 8
02 int counter = 0;
03
04 void setup() {
05   Serial.begin(9600);
06   pinMode(sound_sensor, INPUT);
07 }
08
09 void loop() {
10   int sound_value = digitalRead(sound_sensor);
11   Serial.print("sound_value: ");
12   Serial.println(sound_value);
13
14   if (sound_value == HIGH) {
15     counter++;
16   }
```

```
17
18   Serial.print("counter: ");
19   Serial.println(counter);
20   delay(150);
21 }
```

02 : 박수 소리 카운트를 저장할 정수형 전역 변수를 선언하여 0으로 초기화

06 : 사운드 센서의 DO 핀을 입력 핀으로 설정

10 : 사운드 센서의 디지털 핀에서 감지한 값을 읽어서 sound_value 변수에 정수형으로 저장

11 : 시리얼 모니터에 문자열로 "sound_value:"를 출력

12 : sound_value 변수에 저장된 값을 시리얼 모니터에 출력

14 : 만약에 sound_value에 값이 1(HIGH)이면, 즉, 박수 소리가 측정되면

15 : 박수 소리를 카운트해서 1씩 증가

18 : 시리얼 모니터에 문자열로 "counter:"를 출력

19 : counter 변수에 저장된 값을 시리얼 모니터에 출력

▶ 동작 동영상

https://youtu.be/wzQuMXoCyBM

사운드 센서(Sound Sensor)를 박수 소리 횟수로 LED 제어하기

학습 목표 논리형과 산술 연산자를 사용하여 카운트된 박수 소리가 홀수일 때 LED ON/OFF 해보기

준비물 사운드 센서 LM393 1개, LED 1개, 저항 220Ω 1개, 점퍼선 6개

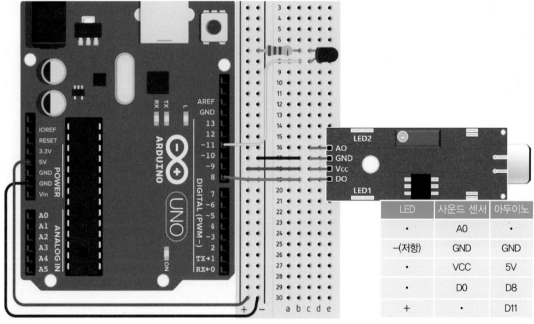

◆ 회로 구성

◆ 아두이노와 부품 연결 방법

LED	사운드 센서	아두이노
·	A0	·
−(저항)	GND	GND
·	VCC	5V
·	D0	D8
+	·	D11

문제 해결 프로그램

```
01 #define sound_sensor 8
02 #define led 11
03 boolean led_state = false;
04 int counter = 0;
05
06 void setup() {
07   Serial.begin(9600);
08   pinMode(sound_sensor, INPUT);
09   pinMode(led, OUTPUT);
10 }
11
12 void loop() {
13   int sound_value = digitalRead(sound_sensor);
14   Serial.print("sound_value: ");
15   Serial.println(sound_value);
16   if (sound_value == HIGH) {
17     counter++;
18     if (led_state == false && counter % 2 == 1) {
19       digitalWrite(led, HIGH);
20       led_state == true;
21     }
22     else {
23       digitalWrite(led, LOW);
24       led_state == false;
25     }
26   }
27   Serial.print("counter: ");
28   Serial.println(counter);
29 }
```

03 : 논리형으로 led 상태 변수를 선언하여 거짓을 저장

04 : 박수 소리 카운트를 저장할 전역 변수를 선언하여 0으로 초기화

16 : 만약에 sound_value 값이 1(HIGH)이면

17 : 박수 소리를 카운트해서 1씩 증가

18 : 만약에 led_state가 거짓이고, 카운트 횟수를 2로 나누어서 나머지가 1이면 (논리곱으로 두 가지 조건이 모두 만족할 때만 참)

19 : led를 켜라

20 : led_state에 참을 저장

22 : 그렇지 않으면

23 : led를 꺼라

24 : led_state에 거짓을 저장

▶ 동작 동영상

https://youtu.be/LKq91K_fl0o

사운드 센서(Sound Sensor)에 논리형을 활용하여 LED 제어하기

사운드 센서의 측정값과 LED 상태의 논리형 조건을 사용하여 LED ON/OFF 해보기

사운드 센서 LM393 1개, LED 1개, 저항 220Ω 1개, 점퍼선 6개

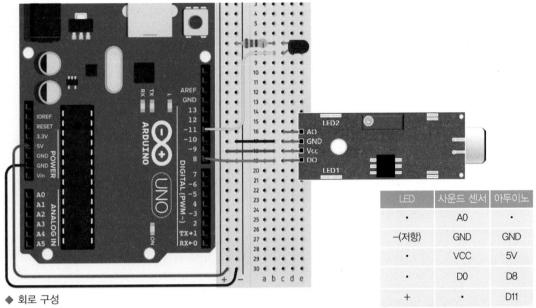

◆ 회로 구성

LED	사운드 센서	아두이노
·	A0	·
ㅡ(저항)	GND	GND
·	VCC	5V
·	D0	D8
+	·	D11

◆ 아두이노와 부품 연결 방법

문제 해결 프로그램

소스 파일명 : 09_16_03.ino

```
01 #define sound_sensor 8
02 #define led 11
03 boolean led_state = false;
04
05 void setup() {
06   Serial.begin(9600);
07   pinMode(sound_sensor, INPUT);
08   pinMode(led, OUTPUT);
09 }
10
11 void loop() {
12   int sound_value = digitalRead(sound_sensor);
13   Serial.print("sound_value: ");
14   Serial.println(sound_value);
15
16   if (sound_value == HIGH) {
17     if (led_state == false) {
18       digitalWrite(led, HIGH);
19       led_state = true;
20       delay(500);
```

```
21      }
22    else {
23       digitalWrite(led, LOW);
24       led_state = false;
25       delay(500);
26    }
27  }
28 }
```

03 : 논리형으로 led_state 변수를 선언하여 거짓을 저장

16 : 만약에 sound_value 값이 1(HIGH)이고

17 : 만약에 led_state가 거짓이면

18 : led를 켜라

19 : led_state에 참을 저장

22 : 그렇지 않으면

23 : led를 꺼라

24 : led_state에 거짓을 저장

▶ 동작 동영상
https://youtu.be/tFJsLgRwN2M

※ 교재에 있는 사운드 센서를 프로젝트에 활용 시 아날로그 핀을 사용하길 권장합니다. 디지털 핀보다 아날로그 핀에서 작동이 더 원활하기 때문입니다.

사운드 센서(Sound Sensor)를 아날로그 입력으로 LED 제어하기

학습 목표 아날로그 입력 핀을 사용하여 음악 소리의 세기에 따른 출력된 값을 if~else 문으로 다섯 개의 LED가 각각 반응할 수 있게 해보기

준비물 사운드 센서 LM393 1개, LED 5개, 저항 220Ω 5개, 점퍼선 10개

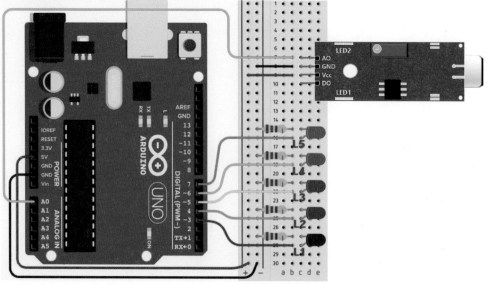

◆ 회로 구성

사운드 센서	LED 1	LED 2	LED 3	LED 4	LED 5	아두이노
A0	•	•	•	•	•	A0
GND	—(저항)	—(저항)	—(지항)	—(저항)	—(저항)	GND
VCC	•	•	•	•	•	5V
D0	•	•	•	•	•	•
•	+	•	•	•	•	D3
•	•	+	•	•	•	D4
•	•	•	+	•	•	D5
•	•	•	•	+	•	D6
•	•	•	•	•	+	D7

◆ 아두이노와 부품 연결 방법

문제 해결 프로그램

```
01 #define sound_sensor A0
02 int led[5] = {3, 4, 5, 6, 7};
03
04 void setup() {
05   Serial.begin(9600);
06   for (int i = 0; i < 5; i++) {
07     pinMode(led[i], OUTPUT);
08   }
09 }
10
11 void loop() {
12   int sound_value = analogRead(sound_sensor);
13   Serial.print("sound_value: ");
14   Serial.println(sound_value);
15
16   if (sound_value > 500) {
17     digitalWrite(led[0], HIGH);
18   }
19   else {
20     digitalWrite(led[0], LOW);
21   }
22   if (sound_value > 550) {
23     digitalWrite(led[1], HIGH);
24   }
25   else {
26     digitalWrite(led[1], LOW);
27   }
28   if (sound_value > 600) {
```

```
29     digitalWrite(led[2], HIGH);
30   }
31   else {
32     digitalWrite(led[2], LOW);
33   }
34   if (sound_value > 650) {
35     digitalWrite(led[3], HIGH);
36   }
37   else {
38     digitalWrite(led[3], LOW);
39   }
40   if (sound_value > 700) {
41     digitalWrite(led[4], HIGH);
42   }
43   else {
44     digitalWrite(led[4], LOW);
45   }
46 }
```

※ 핸드폰으로 음악을 틀어서 테스트하세요!

02: 정수형 5개로 이루어진 led 변수 배열 선언

06: for 문으로 0부터 4까지 1씩 증가

07 : 배열 인덱스 led[0]~led[4] 까지, 출력 핀으로 설정

   led[0] = 3, led[1] = 4, led[2] = 5, led[3] = 6, led[4] = 7

12: 사운드 센서를 analogRead() 함수로 읽어 들여서 sound_value에 값을 저장

※시리얼 모니터를 확인하여 기본값과 최댓값을 확인하여 스케치 코드 조건 활용

16 : 만약에 sound_value 값이 500보다 크면

17: 인덱스 led[0] 번을 켜라

19 : 그렇지 않으면

20 : 인덱스 led[0] 번을 꺼라

22 : 만약에 sound_value 값이 550보다 크면

23 : 인덱스 led[1] 번을 켜라

25 : 그렇지 않으면

26 : 인덱스 led[1] 번을 꺼라

※ 사운드 센서는 감도 조절기를 왼쪽으로 돌리면 출력값이 커지고, 오른쪽으로 돌리면 출력값이 작아지므로, 사용자가 시리얼 모니터에서 값을 확인한 후 수정해서 사용합니다.

예 sound_value > 500 => sound_value > 200

▶ 동작 동영상

https://youtu.be/CuAM1vmeXgQ

사운드 센서(Sound Sensor)에 map() 함수를 사용하여 LED 제어하기

학습 목표 아날로그 입력 핀을 사용하여 음악 소리의 세기에 따른 출력된 값을 map() 함수와 if~else 문으로 코드를 단순화 시켜 다섯 개의 LED가 각각 반응할 수 있게 해보기

준비물 사운드 센서 LM393 1개, LED 5개, 저항 220Ω 5개, 점퍼선 10개

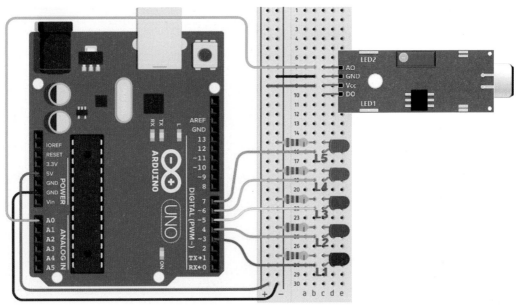

◆ 회로 구성

사운드 센서	LED 1	LED 2	LED 3	LED 4	LED 5	아두이노
A0	·	·	·	·	·	A0
GND	−(저항)	−(저항)	−(저항)	−(저항)	−(저항)	GND
VCC	·	·	·	·	·	5V
D0	·	·	·	·	·	·
·	+	·	·	·	·	D3
·	·	+	·	·	·	D4
·	·	·	+	·	·	D5
·	·	·	·	+	·	D6
·	·	·	·	·	+	D7

◆ 아두이노와 부품 연결 방법

문제 해결 프로그램

소스 파일명 : 09_16_05.ino

```
01 #define sound_sensor A0
02 int led[5] = {3, 4, 5, 6, 7};
03
04 void setup() {
```

```
05   Serial.begin(9600);
06   for (int i = 0; i < 5; i++) {
07      pinMode(led[i], OUTPUT);
08   }
09 }
10
11 void loop() {
12   int sound_value = analogRead(sound_sensor);
13   Serial.print("sound_value: ");
14   Serial.println(sound_value);
15   sound_value = map(sound_value, 500, 700, 0, 4);
16   Serial.println(sound_value);
17   if (sound_value <= 0) {
18      for (int i = 0; i < 5 ; i++) {
19         digitalWrite(led[i], LOW);
20      }
21   }
22   else {
23      for (int i = 0; i <= sound_value; i++) {
24         digitalWrite(led[i], HIGH);
25      }
26   }
27 }
```

※ 핸드폰으로 음악을 틀어서 테스트하세요!

02 : 정수형 5개로 이루어진 led 변수 배열 선언

06 : for 문으로 0부터 4까지 1씩 증가

07 : 배열 인덱스 led[0]~led[4] 번까지, 출력 핀으로 설정

　　led[0] = 3, led[1] = 4, led[2] = 5, led[3] = 6, led[4] = 7

12 : 사운드 센서를 analogRead() 함수로 읽어 들여서 sound_value에 값을 저장

※ 시리얼 모니터를 사용자가 확인하여 기본값과 최댓값을 확인하여 스케치 코드 조건 활용

15 : sound_value에 저장된 변환할 값은 500부터 700까지의 값으로 조정하고, 이 값을 0에서 4까지의 값으로 비
　　례하여 변환해 다시 sound_value에 저장

17 : 만약에 sound_value가 0보다 작거나 같으면

18 : for 문으로 0부터 4까지 1씩 증가

19 : digitalWrite(led[i], LOW); => i에 0이 들어오면 인덱스 led[0]의 3번 디지털 핀에 연결된 LED가 꺼짐, ... , i에 4가
　　들어오면 인덱스 led[4]의 7번 디지털 핀에 연결된 LED가 꺼짐

22 : 그렇지 않으면

23 : for 문으로 0부터 sound_value에 저장된 값까지 1씩 증가

24 : digitalWrite(led[i], LOW); => i에 0이 들어오면 인덱스 led[0]의 3번 디지털 핀에 연결된 LED가 켜짐, ... , i에 4가
　　들어오면 인덱스 led[0]의 3번 디지털 핀부터 인덱스 led[4]
　　의 7번 디지털 핀에 연결된 LED가 모두 켜짐

▶ 동작 동영상

https://youtu.be/7Sg_fGDIEp4

03 _ 17 알코올 센서(Alcohol Sensor)

알코올 센서는 대기 중의 알코올을 측징하는 센서로, 전류가 백금(Pt) 와이어에 흐르는 정도를 체크하여 알코올 양을 측정합니다. 이는 니켈(Ni)-크롬(Cr) 히팅 코일과 산화알루미늄(Al2O3) 기반 세라믹의 가열 시스템과, 이산화주석(SnO2), 백금(Pt) 와이어의 감지 시스템으로 구성되어 있습니다. 니켈(Ni)-크롬(Cr) 히팅 코일은 열을 발생시키고 이때 생긴 고열이 산화알루미늄(Al2O3) 기반 세라믹을 지나 이산화주석(SnO2)으로 전도가 됩니다. 이 과정에서 알코올 분자가 이산화주석(SnO2)에 닿게 되면 전자가 튀어나와 백금(Pt) 전극에 전류가 흐르게 됩니다. 대기 중에 알코올 분자가 많을수록 출력 전압이 높아져 많은 양의 전류가 흐르게 되며, 적을수록 출력 전압이 낮아져 적은 양의 전류가 흐르게 됩니다. 알코올 센서 연결 단자는 VCC(전원), GND(접지), DO(디지털), A0(아날로그)로 구성되어 있으며, 데이터 값에 따라 A0(아날로그)와 DO(디지털)를 선택하여 사용할 수 있습니다.

 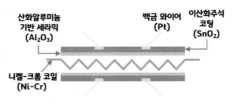

◆ 알코올 감지 센서(MQ-3) 구조 및 원리

▶ 조작 방법

- MQ-3 센서는 아날로그 핀(A0)으로 알코올의 농도를 측정하고, 디지털 핀(DO)으로 알코올의 유무를 측정합니다.
- 알코올 센서의 뒷면에 감도를 조절할 수 있는 가변저항이 달려있습니다. 가변저항을 시계방향으로 돌리면 감도가 커지고, 반시계 방향으로 돌리면 감도가 작아집니다.

❝ 알코올 값을 측정하기 위해서는 니켈(Ni)-크롬(Cr) 히팅 코일이 가열되어야 하므로, 준비 시간이 필요합니다.

▶ 제품 특징

- 작동 전압 : 5V
- 부하 저항 : 200㏀
- 히터 저항 : 33Ω
- 소비 전력 : 800㎽
- 알콜 감지 : 25~500ppm

알코올 센서(Alcohol Sensor)를 아날로그 신호로 제어하기

학습 목표 아날로그 입력값으로 우리 주변의 알코올 측정해 보기

준비물 MQ-3 센서 1개, 점퍼선 5개

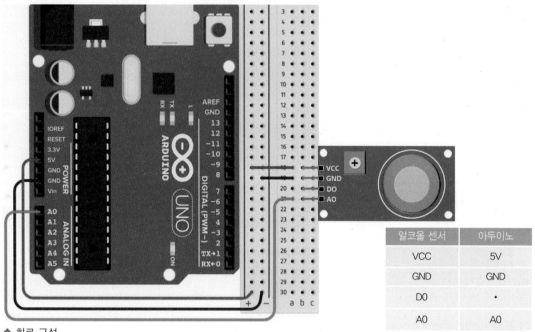

◆ 회로 구성

알코올 센서	아두이노
VCC	5V
GND	GND
DO	·
AO	AO

◆ 아두이노와 부품 연결 방법

문제 해결 프로그램

소스 파일명 : 09_17_01.ino

```
01 #define alcohol_sensor A0
02
03 void setup() {
04   Serial.begin(9600);
05   Serial.println("Alcohol sensor warming up!!");
06   delay(10000);
07 }
08
09 void loop() {
10   int alcohol_value = analogRead(alcohol_sensor);
11   Serial.print("alcohol_value: ");
12   Serial.println(alcohol_value);
13   delay(1000);
14 }
```

05 : 알코올 센서는 예열 준비가 필요하기 때문에 알리는 문구 출력

06 : 알코올 센서 히팅코일 예열시간 10초

10 : 알코올 센서에서 아날로그 신호로 읽어 들인 값을 alcohol_value에 저장

12 : 시리얼 모니터에 alcohol_value 값 출력

▶ 시리얼 모니터 출력

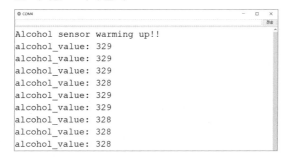

```
Alcohol sensor warming up!!
alcohol_value: 329
alcohol_value: 329
alcohol_value: 329
alcohol_value: 328
alcohol_value: 329
alcohol_value: 329
alcohol_value: 328
alcohol_value: 328
alcohol_value: 328
```

▶ 동작 동영상

https://youtu.be/ywcPeOEEd10

알코올 센서(Alcohol Sensor)로 LED와 피에조 버저 제어하기

학습 목표 if~else 문에 측정값을 대입하여 빨간색 LED와 파란색 LED, 피에조 버저 ON/OFF 해보기

준비물 MQ-3 센서 1개, LED 2개, 저항 220Ω 2개, 피에조 버저 1개, 점퍼선 9개

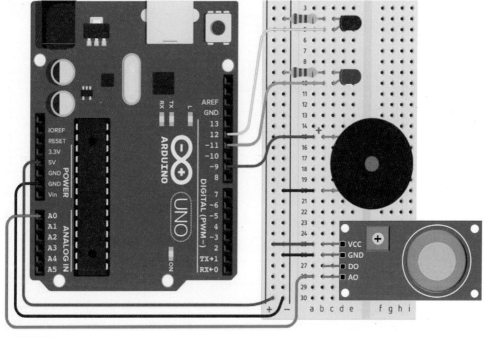

◆ 회로 구성

red_led	blue_led	피에조 버저	알코올 센서	아두이노
•	•	•	VCC	5V
−(저항)	−(저항)	−	GND	GND
•	•	•	DO	•
•	•	•	A0	A0
+	•	•	•	D12
•	+	•	•	D11
•	•	+	•	D9

◆ 아두이노와 부품 연결 방법

문제 해결 프로그램

소스 파일명 : 09_17_02.ino

```
01 #define alcohol_sensor A0
02 #define red_led 12
03 #define blue_led 11
04 #define piezo_pin 9
05
06 void setup() {
07   pinMode(red_led, OUTPUT);
08   pinMode(blue_led, OUTPUT);
09   pinMode(piezo_pin, OUTPUT);
10   Serial.begin(9600);
11   Serial.println("Alcohol sensor warming up!!");
12   delay(10000);
13 }
14
15 void loop() {
16   int alcohol_value = analogRead(alcohol_sensor);
17   Serial.print("alcohol_value: ");
18   Serial.println(alcohol_value);
19   if (alcohol_value >= 500) {
20     digitalWrite(red_led, HIGH);
21     digitalWrite(blue_led, LOW);
22     tone(piezo_pin, 33, 100);
23     delay(100);
24     tone(piezo_pin, 37, 100);
25     delay(100);
26   }
27   else {
28     digitalWrite(red_led, LOW);
29     digitalWrite(blue_led, HIGH);
30     noTone(piezo_pin);
31   }
32   delay(1000);
33 }
```

11	: 알코올 센서는 예열 준비가 필요하기 때문에 알리는 문구 출력
12	: 알코올 센서 히팅코일 예열시간 10초
16	: 알코올 센서에서 아날로그 신호로 읽어 들인 값을 alcohol_value에 저장
18	: 시리얼 모니터에 alcohol_value 값 출력
19	: 만약에 alcohol_value가 500보다 크거나 같으면
20~25	: 빨간색 LED 켜고, 파란색 LED 끄기, 피에조 버저 작동
27	: 그밖에는
28~30	: 빨간색 LED 끄고, 파란색 LED 켜기, 피에조 버저 작동 중지

▶ 동작 동영상

https://youtu.be/n86cwWFoLms

알코올 센서(Alcohol Sensor)로 도트 매트릭스 제어하기

학습 목표 다중 if~else 문에 측정값을 대입하여 좋음, 보통, 나쁨 표정 표현해 보기

준비물 MQ-3 센서 1개, 도트 매트릭스(MAX7219) 1개, 점퍼선 10개

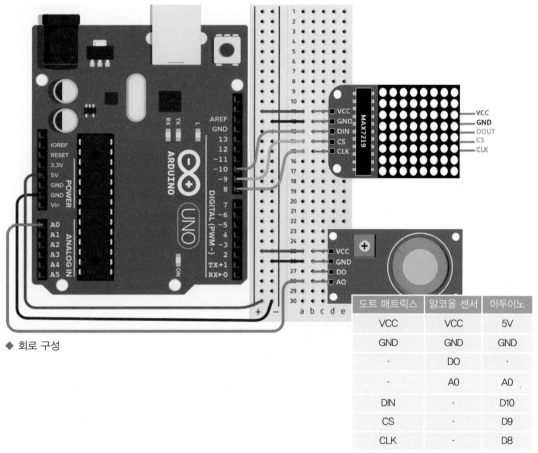

◆ 회로 구성

도트 매트릭스	알코올 센서	아두이노
VCC	VCC	5V
GND	GND	GND
·	DO	·
·	AO	AO
DIN	·	D10
CS	·	D9
CLK	·	D8

◆ 아두이노와 부품 연결 방법

문제 해결 프로그램

```
01 #include<LedControl.h>
02 #define din 10
03 #define cs 9
04 #define clk 8
05 #define dot_num 1
06 LedControl my_dot = LedControl(din, clk, cs, dot_num);
07 #define alcohol_sensor A0
08
09 byte joy[8] = {
10   B00111100,
11   B01000010,
12   B10010101,
13   B10100001,
14   B10100001,
15   B10010101,
16   B01000010,
17   B00111100
18 };
19 byte gloom[8] = {
20   B00111100,
21   B01000010,
22   B10010101,
23   B10010001,
24   B10010001,
25   B10010101,
26   B01000010,
27   B00111100
28 };
29 byte sorrow[8] = {
30   B00111100,
31   B01000010,
32   B10100101,
33   B10010001,
34   B10010001,
35   B10100101,
36   B01000010,
37   B00111100
38 };
39
40 void setup() {
41   my_dot.shutdown(0, false);
42   my_dot.setIntensity(0, 4);
43   my_dot.clearDisplay(0);
```

```
44    Serial.begin(9600);
45    Serial.println("Alcohol sensor warming up!!");
46    delay(10000);
47  }
48
49  void loop() {
50    int alcohol_value = analogRead(alcohol_sensor);
51    Serial.print("alcohol_value: ");
52    Serial.println(alcohol_value);
53    if (alcohol_value < 400) {
54      for (int row = 0; row <= 7; row++)
55        my_dot.setRow(0, row, joy[row]);
56    }
57    else if (400 < alcohol_value && alcohol_value < 600) {
58      for (int row = 0; row <= 7; row++)
59        my_dot.setRow(0, row, gloom[row]);
60    }
61    else {
62      for (int row = 0; row <= 7; row++)
63        my_dot.setRow(0, row, sorrow[row]);
64    }
65    delay(1000);
66  }
```

53 : 만약에 alcohol_value가 400보다 작으면

54 : for 문을 사용하여 row 값을 0에서 7까지 1씩 증가시키면서 아래 코드에 대입

55 : my_dot.setRow(0, row, joy[row]) => row 값에 0이 들어오면 (0, 0, joy[0])은 도트 매트릭스 첫 번째, 1행, joy[0]
의 B00111100 실행, ..., row 값에 7이 들어오면 (0, 7, joy[7])은 도트 매트릭스 첫 번째, 8행, joy[7]의 B00111100
실행. row 값이 8이되면 for 문을 벗어남

57 : 그렇지 않고 alcohol_value가 400보다 크고, 600보다 작으면

58 : for 문을 사용하여 row 값을 0에서 7까지 1씩 증가시키면서 아래 코드에 대입

59 : my_dot.setRow(0, row, gloom[row]) => row 값에 0이 들어오면 (0, 0, gloom[0])은 도트 매트릭스 첫 번째, 1
행, gloom[0]의 B00111100 실행, ..., row 값에 7이 들어오면 (0, 7, gloom[7])은 도트 매트릭스 첫 번째, 8행,
gloom[7]의 B00111100 실행, row 값이 8이되면 for 문을 벗어남

▶ 동작 동영상

https://youtu.be/2r0Dz1Dw0nl

03 _ 18 DC 모터(L9110 FAN MODULE)

DC 모터는 직류 전원으로 동작하는 전기 모터이며, 플레밍의 왼손 법칙인 힘, 자기장, 전류의 방향에 따라 모터가 작동하게 됩니다. 이 책에서 사용할 DC 팬 모터는 L9110 칩이 내장된 모듈로, DC 모터의 방향과 속도를 제어할 수 있으므로 트랜지스터와 다이오드를 따로 연결할 필요가 없습니다. DC 모터 모듈에는 RGB LED가 내장되어 있어, 시계방향으로 회전하면 녹색, 반시계 방향으로 회전하면 빨간색, 회전이 멈추면 LED가 꺼집니다. DC 모터는 다른 모터들에 비해 구조가 간단하고 가벼우며, 강한 회전력을 낼 수 있어 속도 제어가 쉽습니다. 다만, 다른 모터에 비해 발열이 많이 발생하여 수명이 짧습니다. DC 모터(L9110 FAN MODULE) 연결 단자는 INB(디지털 핀), INA(디지털 핀), VCC(전원), GND(접지)로 구성되어 있습니다. 이때 PWM이 가능한 디지털 핀에 연결해주면 아날로그 신호로 회전속도를 제어할 수 있습니다.

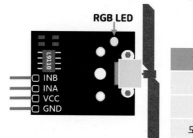

핀	신호			
INA	HIGH	LOW	LOW	HIGH
INB	LOW	HIGH	LOW	HIGH
모터방향	Right	Left	Stop	Stop

◆ DC 모터(L9110 FAN MODULE) 구조 및 원리

▶ 조작 방법

- DC 모터에는 (+)극, (−)극이 지정되어 있지 않습니다.
- DC 모터에 연결한 전원의 방향에 따라 모터의 회전 방향이 달라집니다.
- DC 모터를 단독으로 사용할 때는 꼭 트랜지스터와 다이오드를 같이 사용해야 합니다.
- 모터 드라이버를 같이 사용하면 트랜지스터와 다이오드를 따로 사용하지 않고도 DC 모터를 간편하게 제어할 수 있습니다.

▶ 제품 특징
- 작동 전압 : 3.3V~5V
- 사용 전류 : 최대 300mA
- L9110 모터 드라이버 내장
- 상태 표시 RGB LED 내장
- 모터 방향 및 속도 제어 가능
- 프로펠러 : 75㎜
- 모듈 크기 : 35×24×13

DC 모터(L9110 FAN MODULE)를 디지털 신호로 제어하기

digitalWrite() 함수를 사용하여 FAN이 시계방향, 반시계방향, 멈춤을 원하는 지연시간으로 설정해 작동시켜 보기

L9110 FAN MODULE 1개, 점퍼선 6개

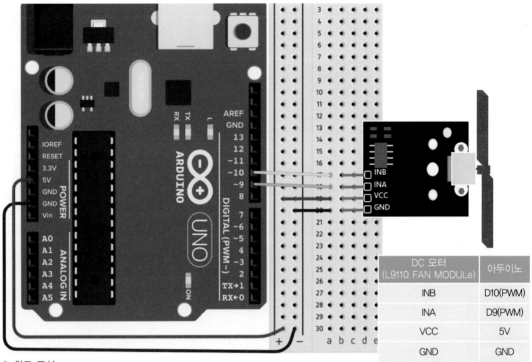

◆ 회로 구성

DC 모터 (L9110 FAN MODULe)	아두이노
INB	D10(PWM)
INA	D9(PWM)
VCC	5V
GND	GND

◆ 아두이노와 부품 연결 방법

문제 해결 프로그램

소스 파일명 : 09_18_01.ino

```
01 #define inA 9
02 #define inB 10
03
04 void setup() {
05   pinMode(inA, OUTPUT);
06   pinMode(inB, OUTPUT);
07 }
08
09 void loop() {
10   digitalWrite(inA, HIGH);
11   digitalWrite(inB, LOW);
12   delay(3000);
13
14   digitalWrite(inA, LOW);
15   digitalWrite(inB, HIGH);
```

```
16    delay(3000);
17
18    digitalWrite(inA, LOW);
19    digitalWrite(inB, LOW);
20    delay(2000);
21  }
```

01 : inA 매크로를 상수화 시켜 9로 초기화

02 : inB 매크로를 상수화 시켜 10으로 초기화

10 : inA에 HIGH 신호를 보냄

11 : inB에 LOW 신호를 보냄. 두 조건에 의해서 모터가 시계방향으로 회전

12 : 지연시간 3초

14 : inA에 LOW 신호를 보냄

15 : inB에 HIGH 신호를 보냄. 두 조건에 의해서 모터가 반시계 방향으로 회전

16 : 지연시간 3초

18 : inA에 LOW 신호를 보냄

19 : inB에 LOW 신호를 보냄. 두 조건에 의해서 모터가 멈춤

20 : 지연시간 2초

▶ 동작 동영상

https://youtu.be/rGFZAdUyVlk

DC 모터(L9110 FAN MODULE)를 아날로그 신호로 제어하기

학습 목표 아날로그 신호를 사용하여 FAN 회전 속도 제어해 보기

준비물 L9110 FAN MODULE 1개, 점퍼선 6개

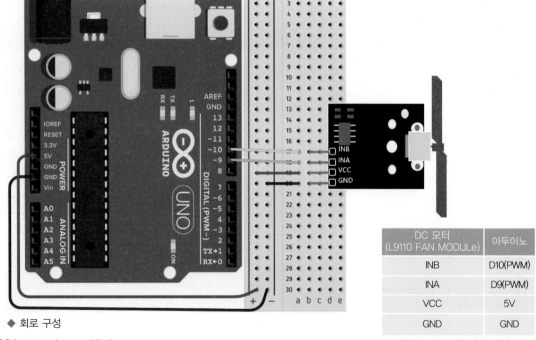

◆ 회로 구성

DC 모터 (L9110 FAN MODULe)	아두이노
INB	D10(PWM)
INA	D9(PWM)
VCC	5V
GND	GND

◆ 아두이노와 부품 연결 방법

문제 해결 프로그램

소스 파일명 : 09_18_02.ino

```
01 #define inA 9
02 #define inB 10
03
04 void setup() {
05   pinMode(inA, OUTPUT);
06   pinMode(inB, OUTPUT);
07 }
08
09 void loop() {
10   analogWrite(inA, 255);
11   analogWrite(inB, 0);
12   delay(3000);
13
14   analogWrite(inA, 0);
15   analogWrite(inB, 85);
16   delay(3000);
17
18   analogWrite(inA, 0);
19   analogWrite(inB, 0);
20   delay(2000);
21 }
```

01 : inA 매크로를 상수화 시켜 9로 초기화

02 : inB 매크로를 상수화 시켜 10으로 초기화

10 : inA에 255 값을 보냄

11 : inB에 0 값을 보냄, 두 조건에 의해서 실제 회로에서는 5V 전압을 공급하여 시계방향으로 빠른 속도로 회전

12 : 지연시간 3초

14 : inA에 0 값을 보냄

15 : inB에 85 값을 보냄, 두 조건에 의해서 실제 회로에서는 약 1.7V 전압을 공급하여 반시계 방향으로 천천히 회전

　(비례식 =〉 5V : 255 = X : 85, X= (5*85)/255, X = 1.7V)

16 : 지연시간 3초

18 : inA에 0 값을 보냄

19 : inB에 0 값을 보냄, 두 조건에 의해서 모터가 멈춤

20 : 지연시간 2초

▶ 동작 동영상

https://youtu.be/_7Hlxz82qqY

DC 모터(L9110 FAN MODULE)를 버튼 누름 횟수로 제어하기

학습 목표   버튼 누른 횟수를 사용하여 논리형과 switch~case 문으로 FAN을 원하는 속도로 회전 시켜 보기

준비물   L9110 FAN MODULE 1개, 버튼 1개, 점퍼선 8개, 내부 풀업 저항 사용

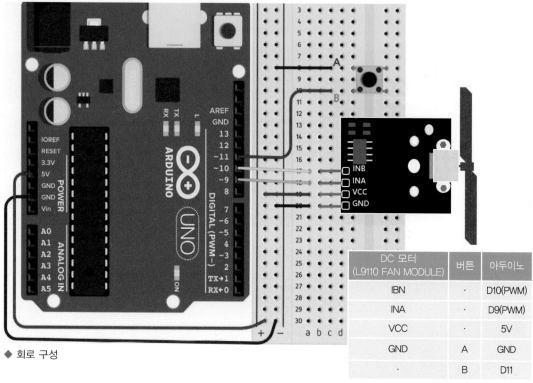

◆ 회로 구성

DC 모터 (L9110 FAN MODULE)	버튼	아두이노
IBN	·	D10(PWM)
INA	·	D9(PWM)
VCC	·	5V
GND	A	GND
·	B	D11

◆ 아두이노와 부품 연결 방법

문제 해결 프로그램

소스 파일명 : 09_18_03.ino

```
01 #define inA 9
02 #define inB 10
03 #define button 11
04 boolean previous_button_state = true;
05 boolean button_state;
06 int counter = 0;
07
08 void setup() {
09   Serial.begin(9600);
10   pinMode(inA, OUTPUT);
11   pinMode(inB, OUTPUT);
12   pinMode(button, INPUT_PULLUP);
13 }
14
```

```
15 void loop() {
16   button_state = digitalRead(button);
17   if (previous_button_state == true && button_state == false) {
18     counter++;
19     Serial.print("counter: ");
20     Serial.print(counter);
21     Serial.println(" 단");
22   }
23   previous_button_state = button_state;
24   switch (counter) {
25     case 1:
26       analogWrite(inA, 85);
27       analogWrite(inB, 0);
28       break;
29     case 2:
30       analogWrite(inA, 170);
31       analogWrite(inB, 0);
32       break;
33     case 3:
34       analogWrite(inA, 255);
35       analogWrite(inB, 0);
36       break;
37     case 4:
38       analogWrite(inA, 0);
39       analogWrite(inB, 0);
40       counter = 0;
41       break;
42   }
43   delay(50);
44 }
```

01	: inA 매크로를 상수화 시켜 9로 초기화
02	: inB 매크로를 상수화 시켜 10으로 초기화
03	: button 매크로를 상수화 시켜 11로 초기화
04	: 논리형으로 이전 버튼 상태 전역 변수를 선언하여 참을 저장
05	: 논리형으로 현재 버튼의 상태 전역 변수 선언
06	: 버튼의 누른 횟수(counter) 전역 변수 선언 후 0으로 초기화
12	: button을 입력 핀으로 설정하고, 내부 풀업 저항을 사용하기 위해서 INPUT_PULLUP을 사용
16	: 현재 버튼의 누른 상태를 디지털로 읽어서 button_state에 저장
17	: 만약에 이전 버튼 상태가 참이고, 버튼 상태가 거짓인 두 조건을 만족하면 (이때 button_state의 false는 버튼의 눌러진 상태 LOW 값과 같다.)
18	: 버튼 횟수 1씩 증가
23	: 이전 버튼 상태에 현재 버튼 상태 값을 저장
24	: switch 문으로 counter 값을 조건으로 활용
25	: counter 값이 1이면

26~27 : inA에 85, inB에 0값을 보냄. 실제 회로에서는 약 1.7V 전압을 공급하여 시계방향으로 회전

28   : break; => switch 문을 벗어남

29   : counter 값이 2이면

30~31 : inA에 170, inB에 0값을 보냄. 실제 회로에서는 약 3.3V 전압을 공급하여 시계방향으로 회전

33   : counter 값이 3이면

34~35 : inA에 255, inB에 0값을 보냄. 실제 회로에서는 5V 전압을 공급하여 시계방향으로 회전

37   : counter 값이 4이면

38~39 : inA에 0, inB에 0값을 보냄. 실제 회로에서는 0V 전압을 공급하여 회전이 멈춤

40   : counter 값이 4가 되면 다시 counter를 0으로 초기화

▶ 동작 동영상
https://youtu.be/Z2ozzkz8OKs

03 _ 19 진동 센서(Vibration Sensor) 모듈

진동 센서 모듈(801S)은 주변의 물리적 충격이나 진동을 감지하여 특정 임곗값을 넘으면 HIGH(1) 신호, 그렇지 않으면 LOW(0) 신호를 출력해 주는 장치입니다. 이때 충격과 진동이 제거된 후 출력이 LOW 신호로 복귀하는 데 최대 2초 이상 걸리는 특징을 가지고 있습니다. 진동 센서 부품으로 801S를 사용하며, 이 부품은 진동 방향을 제한하지 않고 모든 방향의 진동을 민감하게 감지합니다. 가변저항기를 통해서 진동의 감도를 조절할 수 있으며, 이러한 데이터를 처리하는 데 사용하는 IC 칩으로 LM393을 사용합니다. 모듈에 내장된 LED는 회로가 정상적으로 연결이 되어 있으면 켜져 있고, 충격이 감지되면 약간의 깜박임을 보입니다. 진동 센서(801S) 모듈 연결 단자는 GND(접지), DO(디지털 핀), VCC(전원)로 구성되어 있습니다.

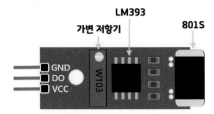

◆ 진동 센서 구조

▶ 작동 원리 및 조작 방법

• 설정된 임곗값 이상의 진동이 감지되었을 때 디지털 출력 신호 HIGH(1)를, 그렇지 않을 때 LOW(0) 신호를 내보냅니다.

• 출력 유효 신호를 벗어나면 LED를 OFF 합니다.

• 넓은 범위의 진동을 감지하며, 방향 제한은 없습니다.

• 모듈에 부착된 가변저항기를 시계방향으로 돌리면 감도가 세지며, 반시계방향으로 돌리면 감도가 약해집니다.

진동 센서(Vibration Sensor) 모듈 제어하기

디지털 입력 신호를 통해서 진동을 체크한 값을 출력해 보기

진동 센서(801S) 모듈 1개, 점퍼선 5개

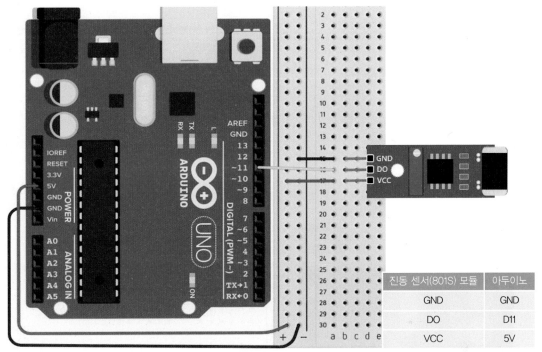

진동 센서(801S) 모듈	아두이노
GND	GND
DO	D11
VCC	5V

◆ 회로 구성   ◆ 아두이노와 부품 연결 방법

문제 해결 프로그램

소스 파일명 : 09_19_01.ino

```
01 #define vibration_sensor 11
02
03 void setup() {
04   Serial.begin(9600);
05   pinMode(vibration_sensor, INPUT);
06 }
07
08 void loop() {
09   int vibration_value = digitalRead(vibration_sensor);
10   Serial.print("vibration_value: ");
11   Serial.println(vibration_value);
12   delay(100);
13 }
```

01 : vibration_sensor 매크로를 상수화 시켜 11로 초기화

03 : 프로그램이 시작하면 한 번만 실행

04 : 시리얼 통신을 9600 속도로 시작

05 : vibration_sensor를 입력 핀으로 설정

08 : 프로그램 무한 반복 실행

09 : 진동 센서에서 디지털 신호로 읽어 들인 값을 vibration_value에 저장

10 : 시리얼 모니터에 "vibration_value:" 문자열을 출력

11 : 시리얼 모니터에 vibration_value에 저장된 값을 출력

12 : 지연시간 0.1초

▶ 동작 동영상

https://youtu.be/PdDBWSXvYhc

진동 센서(Vibration Sensor) 모듈로 LED와 피에조 버저 제어하기

| 학습 목표 | if~else 문을 사용하여 진동 값에 따라 LED와 피에조 버저 ON/OFF 해보기 |

| 준비물 | 진동 센서(801S) 모듈 1개, LED 1개, 저항 220Ω 1개, 피에조 버저 1개, 점퍼선 8개 |

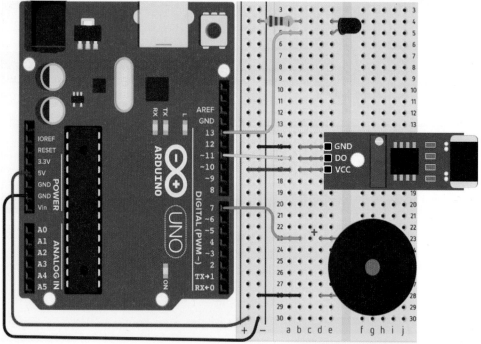

◆ 회로 구성

LED	진동 센서 모듈	피에조 버저	아두이노
−(저항)	GND	−	GND
·	DO	·	D11
·	VCC	·	5V
+	·	·	D13
·	·	+	D7

◆ 아두이노와 부품 연결 방법

문제 해결 프로그램

```
01 #define led 13
02 #define vibration_sensor 11
03 #define piezo_pin 7
04
05 void setup() {
06   Serial.begin(9600);
07   pinMode(led, OUTPUT);
08   pinMode(vibration_sensor, INPUT);
09   pinMode(piezo_pin, OUTPUT);
10 }
11
12 void loop() {
13   int vibration_value = digitalRead(vibration_sensor);
14   Serial.print("vibration_value: ");
15   Serial.println(vibration_value);
16   if (vibration_value == HIGH) {
17     digitalWrite(led, HIGH);
18     tone(piezo_pin, 4699, 50);
19     delay(100);
20     tone(piezo_pin, 4186, 50);
21     delay(100);
22   }
23   else {
24     digitalWrite(led, LOW);
25     noTone(piezo_pin);
26   }
27 }
```

01   : led 매크로를 상수화 시켜 13으로 초기화
02   : vibration_sensor 매크로를 상수화 시켜 11로 초기화
03   : piezo_pin 매크로를 상수화 시켜 7로 초기화
07~09 : led와 piezo_pin을 출력 핀으로, vibration_sensor를 입력 핀으로 설정
13   : vibration_sensor에 진동이 감지되면 digitalRead() 함수로 값을 읽어서 vibration_value에 저장
16   : 만약에 vibration_value가 HIGH(진동 감지)이면
17~21 : led를 켜라, 피에조 버저를 작동
23   : 그밖에는
24~25 : led를 꺼라, 피에조 버저 작동 중지

▶ 동작 동영상

https://youtu.be/O7_Xs1EWslg

진동 센서(Vibration Sensor) 모듈로 서보모터 제어하기

학습 목표   if~else 문을 사용하여 진동 값에 따라 서보모터 회전 시켜 보기

준비물   진동 센서(801S) 모듈 1개, 서보모터 1개, 점퍼선 8개

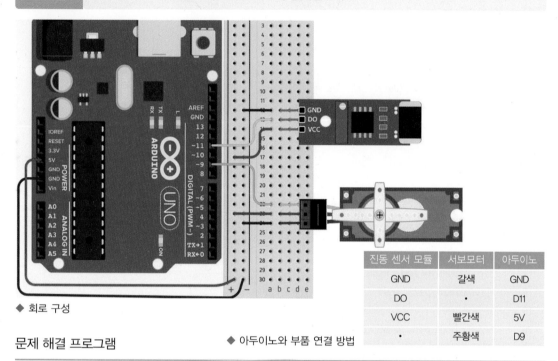

◆ 회로 구성

진동 센서 모듈	서보모터	아두이노
GND	갈색	GND
DO	·	D11
VCC	빨간색	5V
·	주황색	D9

◆ 아두이노와 부품 연결 방법

문제 해결 프로그램

소스 파일명 : 09_19_03.ino

```
01 #include<Servo.h>
02 Servo my_servo;
03 #define vibration_sensor 11
04
05 void setup() {
06   Serial.begin(9600);
07   pinMode(vibration_sensor, INPUT);
08   my_servo.attach(9);
09 }
10
11 void loop() {
12   int vibration_value = digitalRead(vibration_sensor);
13   Serial.print("vibration_value: ");
14   Serial.println(vibration_value);
15   if (vibration_value == HIGH) {
16     my_servo.write(90);
17     delay(1000);
18   }
19   else {
```

```
20      my_servo.write(0);
21    }
22 }
```

01 : Servo.h 라이브러리를 불러옴
02 : 서보모터를 제어할 객체 my_servo를 생성
03 : vibration_sensor 매크로를 상수화 시켜 11로 초기화
04 : vibration_sensor를 입력 핀으로 설정
08 : 서보모터를 디지털 9번 핀에 연결
15 : 만약에 vibration_value가 HIGH(진동 감지)이면
16 : 서보모터를 90°로 회전
19 : 그밖에는
20 : 서보모터를 0°로 회전

📤 동작 동영상
https://youtu.be/aS74Jx1-cCA

03 _ 20 적외선 근접 센서(Infrared Sensor)

적외선 근접 센서(FC-51)는 발광부에서 발산한 적외선이 사물에 반사되어 돌아온 적외선을 수광부에서
수신하여 사물의 근접 여부를 확인할 수 있는 센서입니다. 적외선이 사물에 닿을 때 사물의 성질과 색상
에 따라 빛의 흡수량과 반사량이 달라지며, 특히 검은색 물체는 적외선을 반사하지 않고 흡수하는 특징을
가지고 있어 자동차가 검은색 길을 따라갈 수 있도록 하는 라인트레이서 센서처럼 활용할 수 있습니다.
적외선 근접 센서(FC-51) 연결 단자는 DO(디지털 핀), GND(접지), VCC(전원)로 구성되어 있습니다.

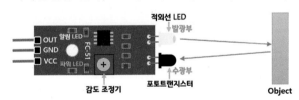

◆ 적외선 근접 센서(FC-51) 구조 및 원리

📤 조작 방법

• 작동 전압: 3.3~5V를 사용합니다.

• 감지 거리: 2~15㎝

• 감도 조정기 나사를 시계 방향으로 돌리면 센서 감지 거리가 증가하며, 반시계방향으로 돌리면 센
  서 감지 거리가 감소합니다.

• 내장된 LED로 별도의 LED 필요 없이도 사물이 근접했는지 확인할 수 있습니다.

• 사물을 측정하기 위해서는 감도 조정기 나사를 알림 LED에 불이 들어올 때까지 오른쪽으로 먼저
  돌린 다음 살짝 왼쪽으로 돌려서 알림 LED의 불이 꺼지는 상태를 만들어 줍니다. 그 상태가 되면
  사물을 체크하여 감지되면 0(=LOW)을, 감지가 되지 않으면 1(=HIGH)을 출력합니다.

• 라인트레이서 센서처럼 범위 내의 검은색을 구분할 수 있습니다.

적외선 근접 센서 제어하기

디지털 입력 신호를 통해서 물체를 감지하여 값을 출력해 보기

적외선 근접 센서(FC-51) 모듈 1개, 점퍼선 5개

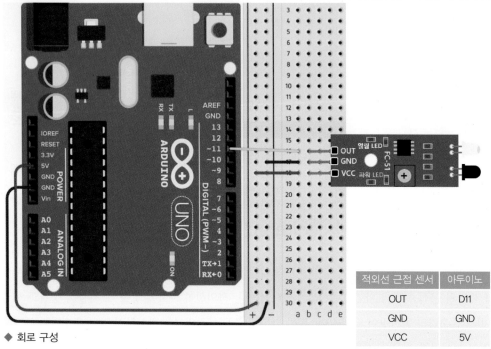

◆ 회로 구성

적외선 근접 센서	아두이노
OUT	D11
GND	GND
VCC	5V

문제 해결 프로그램

소스 파일명 : 09_20_01.ino

```
01 #define infrared_sensor 11
02
03 void setup() {
04   Serial.begin(9600);
05   pinMode(infrared_sensor, INPUT);
06 }
07
08 void loop() {
09   int infrared_value = digitalRead(infrared_sensor);
10   Serial.print("infrared_value: ");
11   Serial.println(infrared_value);
12 }
```

01 : infrared_sensor 매크로를 상수화 시켜 11로 초기화

03 : 프로그램이 시작하면 한 번만 실행

04 : 시리얼 통신을 9600 속도로 시작

05 : infrared_sensor를 입력 핀으로 설정

08 : 프로그램 무한 반복 실행

09 : 적외선 센서에서 디지털 신호로 읽어 들인 값을 infrared_value에 저장
   물체를 감지하면 0(=LOW), 감지되지 않으면 1(=HIGH) 값을 출력

10 : 시리얼 모니터에 "infrared_value:" 문자열을 출력

11 : 시리얼 모니터에 infrared_value에 저장된 값을 출력

▶ 동작 동영상

https://youtu.be/sq40C_-mBEs

적외선 근접 센서를 사용하여 LED와 서보모터 제어하기

학습 목표   if~else 문을 사용하여 물체 감지 유무에 따른 LED ON/OFF와 서보모터 회전 시켜 보기

준비물   적외선 근접 센서(FC-51) 모듈 1개, LED 1개, 저항 220Ω 1개, 서보모터 1개, 점퍼선 9개

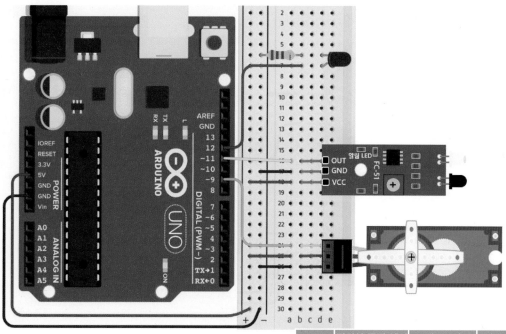

◆ 회로 구성

LED	적외선 근접 센서	서보모터	아두이노
•	OUT	•	D11
−(저항)	GND	갈색	GND
•	VCC	빨간색	5V
+	•	•	D12
•	•	주황색	D9

◆ 아두이노와 부품 연결 방법

문제 해결 프로그램

소스 파일명 : 09_20_02.ino

```arduino
01 #include<Servo.h>
02 Servo my_servo;
03 #define led 12
04 #define infrared_sensor 11
05
06 void setup() {
07   Serial.begin(9600);
08   pinMode(led, OUTPUT);
09   pinMode(infrared_sensor, INPUT);
10   my_servo.attach(9);
11 }
12
13 void loop() {
14   int infrared_value = digitalRead(infrared_sensor);
15   Serial.print("infrared_value: ");
16   Serial.println(infrared_value);
17   if (infrared_value == LOW) {
18     digitalWrite(led, HIGH);
19     for (int pos = 0; pos <= 180; pos++) {
20       my_servo.write(pos);
21       delay(10);
22     }
23     for (int pos = 180; pos > 0; pos--) {
24       my_servo.write(pos);
25       delay(10);
26     }
27   }
28   else {
29     digitalWrite(led, LOW);
30   }
31 }
```

14 : 적외선 센서에서 디지털 신호로 읽어 들인 값 infrared_value에 저장

17 : 만약에 infrared_value가 LOW(물체 감지)이면

18 : led를 켜라

19 : for 문으로 pos 값을 0부터 180까지 1씩 증가 시켜 아래 코드에 대입

20 : 서보모터를 pos에 저장된 값으로 회전

21 : 서보모터가 1°씩 회전하는데 지연시간 0.01초

23 : for 문으로 pos 값을 180부터 0까지 1씩 감소 시켜 아래 코드에 대입

24 : 서보모터를 pos에 저장된 값으로 회전

28 : 그밖에는

29 : led를 꺼라

▶ 동작 동영상

https://youtu.be/flx1elNiCZI

03 _ 21 휨 센서(Flex Sensor)

휨 센서(SEN-10264)는 센서가 휘어지게 되면 저항값을 증가시키는 특징을 이용해 휨의 정도를 측정할 수 있는 센서입니다. 센서 한쪽 면에 폴리머 잉크(Polymer Ink)라는 전도성 입자가 프린트되어 있어, 센서에 힘을 가하지 않으면 고정된 저항값을 유지하게 됩니다. 휨의 정도에 따라 저항값이 변하기 때문에 가변저항의 역할을 하는 장치라고도 볼 수 있습니다. 회로 구성은 센서의 한쪽 끝은 전원(5V)에 연결하고 다른 쪽 끝은 풀 다운 저항으로 GND(접지)와 10kΩ을 연결합니다. 이때 전압 분배를 통해 가변 전압을 측정하여 휨의 정도를 아날로그 신호로 값을 읽을 수 있습니다. 휨 센서는 극성이 없지만, 회로 구성 시 저항 쪽에 5V 또는 GND를 연결하는 방법에 따라 출력되는 값이 달라지기 때문에, 회로 연결 후 시리얼 모니터로 값을 확인한 다음 사용자의 프로젝트에 사용합니다.

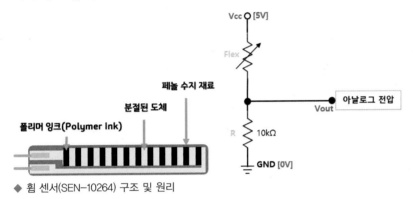

◆ 휨 센서(SEN-10264) 구조 및 원리

📥 조작 방법

- 편평한 상태 저항값: 25kΩ
- 굽힘 저항값: 45~125kΩ
- 크기 : 5.6㎝
- 허용 전력 : 1W
- 연결 단자 핀이 매우 약하고 부러질 수 있기 때문에 주의 해서 사용합니다.
- 전원을 연결하는 방법에 따라서 출력값이 달라집니다.
- 휨 센서는 전도성 잉크에서 멀어지는 쪽 방향으로만 구부러지도록 설계되어 있기 때문에, 센서를 전도성 잉크 쪽으로 구부리면 손상될 수 있습니다.
- 참고: 폴리머 잉크가 프린트된 쪽으로 구부리면 출력값이 커지며, 없는 쪽으로 구부리면 출력값이 작아집니다.

휨 센서 제어하기

학습 목표 아날로그 입력 신호를 통해서 휨의 정도를 측정하여 값을 출력해 보기

준비물 휨 센서(SEN–10264) 1개, 저항 10㏀ 1개, 점퍼선 5개

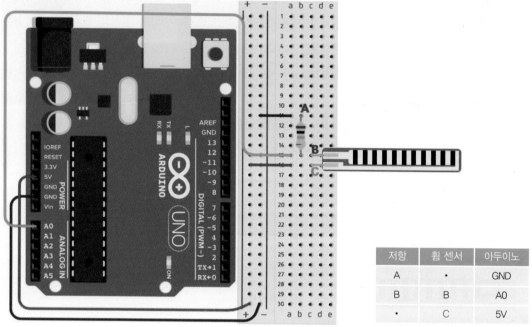

◆ 회로 구성

저항	휨 센서	아두이노
A	·	GND
B	B	A0
·	C	5V

◆ 아두이노와 부품 연결 방법

문제 해결 프로그램

소스 파일명 : 09_21_01.ino

```
01 #define flex_sensor A0
02
03 void setup() {
04   Serial.begin(9600);
05 }
06
07 void loop() {
08   int flex_value = analogRead(flex_sensor);
09   Serial.print("flex_value: ");
10   Serial.println(flex_value);
11 }
```

▣ 동작 동영상

https://youtu.be/KaeYezHabPw

휨 센서를 사용하여 LED와 서보모터 제어하기

휨 센서에서 측정한 값에 map()함수를 사용하여 서보모터와 LED 작동시켜 보기

휨 센서(SEN-10264) 1개, 저항 10㏀ 1개, LED 1개, 저항 220Ω 1개, 서보모터 1개, 점퍼선 9개

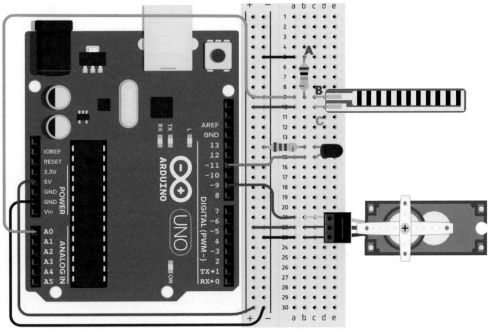

◆ 회로 구성

저항(10㏀)	휨 센서	LED	서보모터	아두이노
A	·	−(저항)	갈색	GND
B	B	·	·	A0
·	C	·	빨간색	5V
·	·	+	·	D11
·	·	·	주황색	D9

◆ 아두이노와 부품 연결 방법

문제 해결 프로그램

```
01 #include<Servo.h>
02 Servo my_servo;
03 #define flex_sensor A0
04 #define led 11
05
06 void setup() {
07   Serial.begin(9600);
```

```
08  pinMode(led, OUTPUT);
09  my_servo.attach(9);
10 }
11
12 void loop() {
13  int flex_value = analogRead(flex_sensor);
14  Serial.print("flex_value: ");
15  Serial.println(flex_value);
16  int angle_value = map(flex_value, 279, 118, 0, 180);
17  Serial.print("angle_value: ");
18  Serial.println(angle_value);
19  my_servo.write(angle_value);
20  if (flex_value <= 200) {
21    digitalWrite(led, HIGH);
22  }
23  else {
24    digitalWrite(led, LOW);
25  }
26 }
```

13 : 휨 센서에서 아날로그 신호로 읽어 들인 값을 flex_value에 저장

16 : flex_value에 저장된 변환할 값은 279부터 118까지의 값이 들어오며, 이 값을 0에서 180까지의 값으로 비례하여 변환해 다시 angle_value에 저장

※ 휨 센서에 힘을 가하지 않을 때 출력값 279, 전도성 잉크가 없는 쪽으로 힘을 최대로 가해시 구부릴 때 출력값 118, 서보 모터를 원하는 회전 각도를 0°에서 180°로 지정 (위에 나오는 출력값은 시리얼 모니터를 통해서 확인할 수 있으며, 실험 환경과 제품에 따라서 달라집니다.)

19 : 서보모터를 angle_value에 저장된 값으로 회전
20 : 만약에 flex_value가 200보다 작거나 같으면
21 : led를 켜라
23 : 그밖에는
24 : led를 꺼라

▶ 동작 동영상

https://youtu.be/4b5c1TfFixU

03 _ 22 포토 인터럽터 센서(Photo Interrupter Sensor)

포토 인터럽터 센서(FC-33)는 물체의 유무를 감지할 수 있는 소자입니다. 송신부의 적외선 다이오드에서는 적외선을 발산하고, 발산된 적외선을 수신부 포토트랜지스터에서 받아들입니다. 이때 포토트랜지스터에 광전류가 흘러 LOW 신호를 출력함과 동시에 내장된 LED에 빨간불이 들어옵니다. 송신부와 수신부 사이에 검출할 물체가 있어 적외선을 차단하게 되면, 포토트랜지스터에 광전류가 흐르지 않게 됩

니다. 그리고 HIGH 신호를 출력함과 동시에 내장된 LED에 불이 꺼지게 됩니다. 포토 인터럽터 센서
(FC-33) 연결 단자는 DO(디지털 핀), GND(접지), VCC(전원)로 구성되어 있습니다.

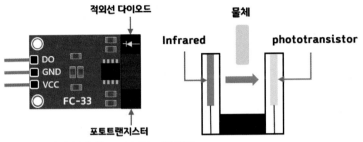

◆ 포토 인터럽터 센서(FC-33) 구조 및 원리

📥 조작 방법

• 메인칩: LM393

• 작업 전압: DC 5V

• 신호 출력: 한 방향

• 출력 유효 신호: 로우 레벨

포토 인터럽터 센서 제어하기

학습 목표	센서를 통하여 물체가 감지되면 digitalRead() 함수를 통해 값을 출력해 보기

준비물	포토 인터럽터 센서(FC-33) 1개, 점퍼선 5개

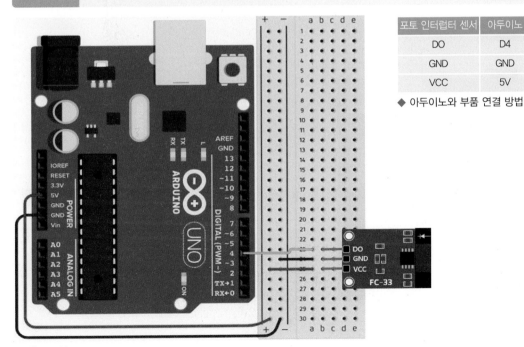

포토 인터럽터 센서	아두이노
DO	D4
GND	GND
VCC	5V

◆ 아두이노와 부품 연결 방법

◆ 회로 구성

문제 해결 프로그램

소스 파일명 : 09_22_01.ino

```
01 #define photo_interrupter 4
02
03 void setup() {
04   Serial.begin(9600);
05   pinMode(photo_interrupter, INPUT);
06 }
07
08 void loop() {
09   int photo_value = digitalRead(photo_interrupter);
10   Serial.print("photo_value: ");
11   Serial.println(photo_value);
12 }
```

01 : photo_interrupter 매크로를 상수화 시켜 4로 초기화

05 : photo_interrupter를 입력 핀으로 설정

09 : photo_interrupter에 물체가 감지되면 digitalRead() 함수로 값을 읽어서 photo_value에 저장

10 : 시리얼 모니터에 "photo_value: " 문자열을 출력하기

11 : 시리얼 모니터에 photo_value에 저장된 값을 출력하기

▶ 동작 동영상

https://youtu.be/T03Z2pTW8L8

포토 인터럽터 센서를 사용하여 감지 물체를 카운트 하기

학습 목표 물체가 감지될 때 이중 if 문을 사용하여 10회 카운트 해보기

준비물 포토 인터럽터 센서(FC-33) 1개, 점퍼선 5개

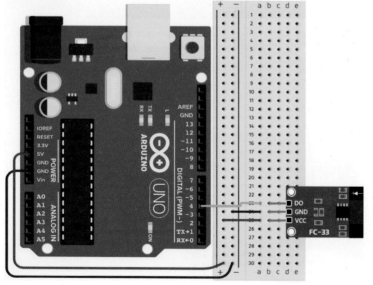

◆ 회로 구성

포토 인터럽터 센서	아두이노
DO	D4
GND	GND
VCC	5V

◆ 아두이노와 부품 연결 방법

문제 해결 프로그램

```
01 #define photo_interrupter 4
02 int counter = 0;
03
04 void setup() {
05   Serial.begin(9600);
06   pinMode(photo_interrupter, INPUT);
07 }
08
09 void loop() {
10   int photo_value = digitalRead(photo_interrupter);
11   Serial.print("photo_value: ");
12   Serial.println(photo_value);
13
14   if (photo_value == HIGH) {
15     counter++;
16     if (counter == 10) {
17       counter = 0;
18     }
19   }
20   Serial.print("counter: ");
21   Serial.println(counter);
22   delay(500);
23 }
```

02 : counter 정수형 전역 변수를 선언하여 0으로 초기화

10 : photo_interrupter에 물체가 감지되면 digitalRead() 함수로 값을 읽어서 photo_value에 저장

14 : 만약에 photo_value 값이 HIGH(물체 감지)가 되면, if 문은 counter가 10이 될 때까지 계속 실행됨

15 : 카운터 1을 증가

16 : 만약에 counter가 10이 되면

17 : counter를 0으로 초기화

▶ 동작 동영상

https://youtu.be/Cxr6pCK876k

포토 인터럽터 센서를 사용하여 LED와 피에조 버저 제어하기

물체가 감지될 때 이중 if~else 문을 사용하여 LED ON/OFF와 피에조 버저 작동 시켜 보기

포토 인터럽터 센서(FC-33) 1개, LED 1개, 저항 220Ω 1개, 피에조 버저 1개, 점퍼선 8개

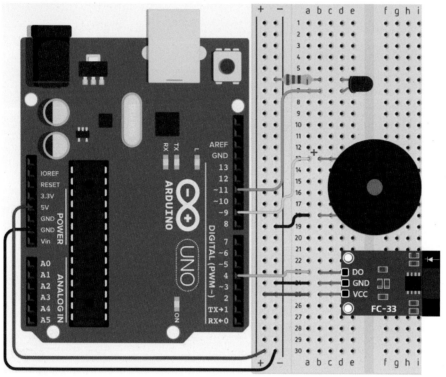

◆ 회로 구성

LED	피에조 버저	포토 인터럽터 센서	아두이노
•	•	DO	D4
−(저항)	−	GND	GND
•	•	VCC	5V
+	•	•	D11
•	+	•	D9

◆ 아두이노와 부품 연결 방법

문제 해결 프로그램

소스 파일명 : 09_22_03.ino

```
01 #define led 11
02 #define piezo_pin 9
03 #define photo_interrupter 4
04 int counter = 0;
05
```

```
06  void setup() {
07    Serial.begin(9600);
08    pinMode(led, OUTPUT);
09    pinMode(piezo_pin, OUTPUT);
10    pinMode(photo_interrupter, INPUT);
11  }
12
13  void loop() {
14    int photo_value = digitalRead(photo_interrupter);
15    Serial.print("photo_value: ");
16    Serial.println(photo_value);
17    if (photo_value == HIGH) {
18      counter++;
19      Serial.print("counter: ");
20      Serial.println(counter);
21      if (counter <= 10) {
22        digitalWrite(led, HIGH);
23        tone(piezo_pin, 262, 500);
24        delay(100);
25        tone(piezo_pin, 294, 500);
26        delay(100);
27      }
28      else {
29        counter = 0;
30      }
31    }
32    else {
33      digitalWrite(led, LOW);
34      noTone(piezo_pin);
35    }
36    delay(200);
37  }
```

04   : counter 정수형 전역 변수를 선언하여 0으로 초기화
14   : photo_interrupter에 물체가 감지되면 digitalRead() 함수로 값을 읽어서 photo_value에 저장
17   : 만약에 photo_value 값이 HIGH(물체 감지)가 되면
18   : 카운터 1을 증가
21   : 만약에 counter가 10보다 작거나 같으면
22~26 : led를 켜고, 피에조 버저 작동
28   : 그밖에는
29   : counter를 0으로 초기화
32   : 그밖에는
33~34 : led를 끄고, 피에조 버저 작동 중지

※ 이중 if∼else 구문이기 때문에 코드의 진행을 주의 깊게 봐야 합니다.

▶ 동작 동영상

https://youtu.be/GXSynTyOKLc

03 _ 23 레이저 센서(Laser Sensor)

레이저 센서(Laser Sensor)는 레이저 광원을 발산하는 송신기(KY-008 Laser)와 레이저를 받아주는 레이저 검출기(Laser Detector)를 함께 사용합니다. 레이저 광원과 레이저 검출기 사이에 특정한 물체가 있어 레이저 광원을 막게 되면, 레이저 검출기에서 레이저 광원을 검출하지 못하게 됩니다. 이때 프로그램을 통해서 LED와 피에조 버저, 서보모터 등 각종 전자 부품으로 알림을 표현할 수 있습니다. 만약 사용자가 레이저 검출기(Laser Detector)를 준비하지 못했을 경우에는 조도 센서를 대신 사용할 수 있습니다. 조도 센서는 주변 빛의 세기를 감지하는 센서이기 때문에, 출력값을 적절히 활용하면 다양한 프로젝트를 고안할 수 있습니다. 레이저 센서(KY-008) 연결 단자는 DO(디지털 핀), VCC(전원), GND(접지)로 구성되어 있습니다.

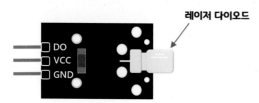

◆ 레이저 센서(KY-008) 구조

조작 방법

• 작동 전압: 5V

• 출력 파워: 5㎽

• 파장: 650㎚

• 작동 전류: 40mA 미만

> 레이저의 광원을 사람 눈에 직접 쏘게 되면 위험하므로 주의해서 사용해야 합니다.

레이저 센서를 디지털 신호로 제어하기

디지털 신호를 사용하여 레이저 센서를 1초간 ON/OFF 해보기

준비물 레이저 센서(KY-008) 1개, 점퍼선 5개

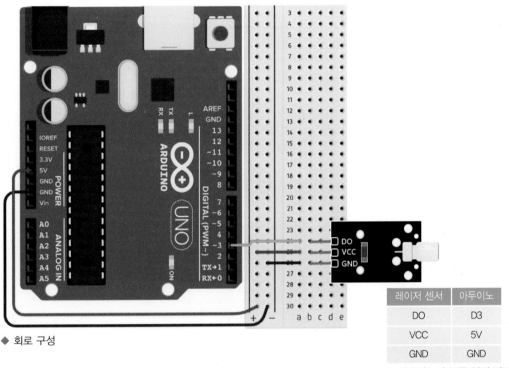

◆ 회로 구성

레이저 센서	아두이노
DO	D3
VCC	5V
GND	GND

◆ 아두이노와 부품 연결 방법

문제 해결 프로그램

소스 파일명 : 09_23_01.ino

```
01 #define laser_sensor 3
02
03 void setup() {
04   pinMode(laser_sensor, OUTPUT);
05 }
06
07 void loop() {
08   digitalWrite(laser_sensor, HIGH);
09   delay(1000);
10   digitalWrite(laser_sensor, LOW);
11   delay(1000);
12 }
```

01 : laser_sensor 매크로를 상수화 시켜 3으로 초기화

04 : laser_sensor를 출력 핀으로 설정

08 : digitalWrite() 함수로 laser_sensor를 켜라

09 : 지연시간 1초
10 : digitalWrite() 함수로 laser_sensor를 꺼라
11 : 지연시간 1초

➡ 동작 동영상

https://youtu.be/_Pynjil8yEl

레이저 센서를 아날로그 신호로 제어하기

학습 목표	아날로그 신호로 레이저 빛의 양 조절해 보기

준비물	레이저 센서(KY-008) 1개, 점퍼선 5개

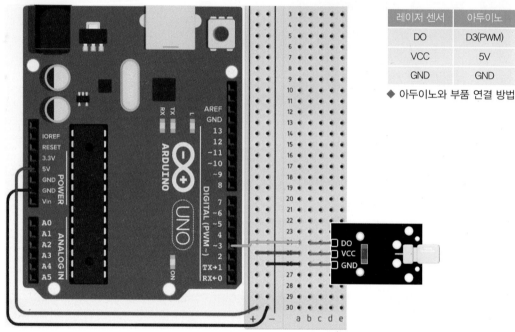

레이저 센서	아두이노
DO	D3(PWM)
VCC	5V
GND	GND

◆ 아두이노와 부품 연결 방법

◆ 회로 구성

문제 해결 프로그램

소스 파일명 : 09_23_02.ino

```
01 #define laser_sensor 3
02
03 void setup() {
04   pinMode(laser_sensor, OUTPUT);
05 }
06
07 void loop() {
08   analogWrite(laser_sensor, 64);
09   delay(2000);
```

```
10    analogWrite(laser_sensor, 0);
11    delay(2000);
12 }
```

01 : laser_sensor 매크로를 상수화 시켜 3으로 초기화

04 : laser_sensor를 출력 핀으로 설정

08 : analogWrite() 함수로 laser_sensor에 64를 대입하여 켜라

※실제 회로에서는 약 1.3V가 공급되어 레이저 센서의 밝기를 조절
  (비례식 =〉 5V : 255 = X : 64, X = (5*64)/255, X = 1.3V)

09 : 지연시간 2초

10 : analogWrite() 함수로 laser_sensor를 꺼라

11 : 지연시간 2초

▶ 동작 동영상

https://youtu.be/E2pVl6UJds4

레이저 센서를 버튼으로 제어하기

학습 목표 if~else 문을 사용하여 버튼으로 레이저 ON/OFF 해보기

준비물 레이저 센서(KY-008) 1개, 버튼 1개, 점퍼선 7개

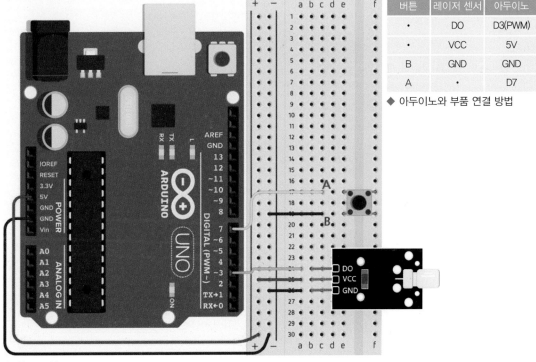

버튼	레이저 센서	아두이노
·	DO	D3(PWM)
·	VCC	5V
B	GND	GND
A	·	D7

◆ 아두이노와 부품 연결 방법

◆ 회로 구성

문제 해결 프로그램

```
01 #define button 7
02 #define laser_sensor 3
03
04 void setup() {
05   Serial.begin(9600);
06   pinMode(button, INPUT_PULLUP);
07   pinMode(laser_sensor, OUTPUT);
08 }
09
10 void loop() {
11   int button_value = digitalRead(button);
12   Serial.print("button_value: ");
13   Serial.println(button_value);
14
15   if (button_value == LOW) {
16     digitalWrite(laser_sensor, HIGH);
17     Serial.println("operation!");
18 }
19   else {
20     digitalWrite(laser_sensor, LOW);
21     Serial.println("No laser!");
22   }
23   delay(100);
24 }
```

01 : button 매크로를 상수화 시켜 7로 초기화
02 : laser_sensor 매크로를 상수화 시켜 3으로 초기화
06 : button을 입력 핀, 내부 풀업 저항 사용 설정
07 : laser_sensor를 출력 핀으로 설정
11 : button을 digitalRead() 함수로 값을 읽어서 button_value에 저장
15 : 만약에 button_value가 LOW(누름)이면
16 : laser_sensor를 켜라
17 : 시리얼 모니터에 "operation!" 문자열을 출력
19 : 그밖에는
20 : laser_sensor를 꺼라
21 : 시리얼 모니터에 "No laser!" 문자열을 출력

▶ 동작 동영상

https://youtu.be/6afu-AclBlk

레이저 센서와 조도 센서를 사용하여 LED와 피에조 버저 제어하기

조도 센서의 측정값에 따라 LED와 피에조 버저 ON/OFF 해보기

레이저 센서(KY-008) 1개, 조도 센서 1개, 저항 10㏀ 1개, LED 1개, 저항 220Ω 1개, 피에조 버저 1개, 점퍼선 11개

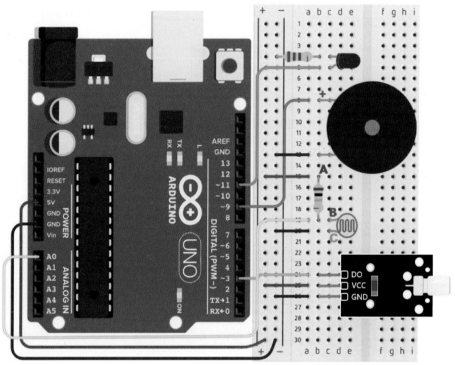

◆ 회로 구성

LED	피에조	저항(10㏀)	조조 센서	레이저	아두이노
·	·	·	·	DO	D3
·	·	A	·	VCC	5V
−(저항)	−	·	C	GND	GND
+	·	·	·	·	D11
·	·	B	B	·	A0
·	+	·	·	·	D9

◆ 아두이노와 부품 연결 방법

문제 해결 프로그램

```
01 #define led 11
02 #define piezo_pin 9
03 #define laser_sensor 3
04 #define photoresistor A0
05
```

```
06 void setup() {
07   Serial.begin(9600);
08   pinMode(led, OUTPUT);
09   pinMode(piezo_pin, OUTPUT);
10   pinMode(laser_sensor, OUTPUT);
11 }
12
13 void loop() {
14   digitalWrite(laser_sensor, HIGH);
15   int read_value = analogRead(photoresistor);
16   Serial.print("read_value: ");
17   Serial.println(read_value);
18   if (read_value >= 100) {
19     digitalWrite(led, HIGH);
20     delay(50);
21     digitalWrite(led, LOW);
22     delay(50);
23     tone(piezo_pin, 988);
24     delay(80);
25     tone(piezo_pin, 932);
26     delay(80);
27   }
28   else {
29     digitalWrite(led, LOW);
30     noTone(piezo_pin);
31   }
32 }
```

14   : laser_sensor를 켜라

※ laser_sensor와 조도 센서가 서로 마주 볼 수 있게 배치하여 레이저 센서의 빛을 조도 센서가 감지할 수 있게 하는 게 중요함

15   : photoresistor에 감지된 빛의 양을 analogRead() 함수로 값을 읽어서 read_value에 저장

18   : 만약에 read_value 값이 100보다 크거나 같으면

19~26 : led를 깜박이고, 피에조 버저 작동

28   : 그밖에는

29~30 : led를 끄고, 피에조 버저 작동 중지

▶ 동작 동영상

https://youtu.be/8KNV7j0J55c

03 _ 24 조이스틱(joystick)

조이스틱(joystick)은 두 개의 전위차계(potentiometer)와 짐벌(Gimbal) 메커니즘(Mechanism)을 사용하여 수평 이동을 하는 X 축, 수직 이동을 하는 Y 축으로 구성된 장치입니다. 축의 이동 좌푯값을 아두이노 보드의 ADC(Analog to Digital Conversion)를 통해 10bit 해상도인 0~1023의 정숫값으로 변환해서 출력해 줍니다. 아두이노와 조이스틱을 연결하여 통합 개발 환경(IDE) 시리얼 모니터를 통해 확인해 보면, 조이스틱이 X 축 왼쪽 끝으로 이동할 때의 좌푯값은 X = 0, Y = 512이며, 오른쪽 끝으로 이동할 때의 좌푯값은 X = 1023, Y = 512를 나타냅니다. 조이스틱이 Y 축 위쪽 끝으로 이동할 때의 좌푯값은 X = 512, Y = 0이며, 아래쪽 끝으로 이동할 때의 좌푯값은 X = 512, Y = 1023을 나타냅니다. 그리고 조이스틱이 중앙에 있을 때의 좌푯값은 X = 512, Y = 512를 나타냅니다. 조이스틱 캡을 중앙에서 아래로 누르면 스위치 버튼이 활성화됩니다. 또한 스케치 코드에서 스위치 버튼을 내부 풀업(INPUT_PULLUP)의 입력으로 사용하는데, 조이스틱 캡을 누르지 않을 때는 1(HIGH)을 출력하고, 누를 때는 0(LOW)을 출력합니다. 조이스틱(joystick) 연결 단자는 GND(접지), +5V(전원), VRx(아날로그 핀, X 축), VRy(아날로그 핀, Y 축), SW(스위치 핀)로 구성되어 있습니다.

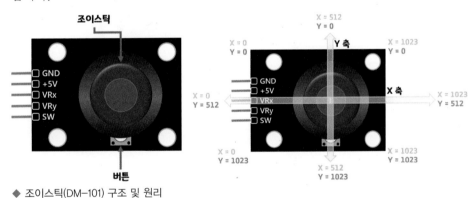

◆ 조이스틱(DM-101) 구조 및 원리

▶ 조작 방법

• 구성 : 5pin Joystic Module

• 정격 전압 : DC 5V

• 위치값 센싱 : 가변 저항 2개, 푸시 버튼

• 아날로그 입력 : VRx, VRy

• 디지털 입력 : SW

조이스틱 제어하기

준비물   조이스틱(DM-101) 1개, 점퍼선 7개

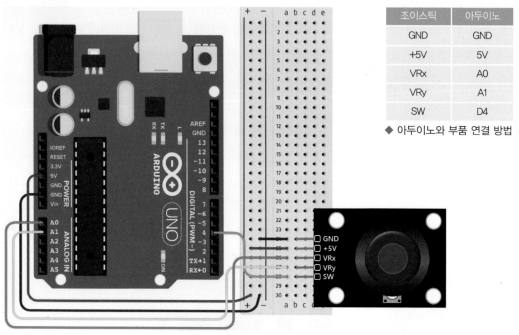

조이스틱	아두이노
GND	GND
+5V	5V
VRx	A0
VRy	A1
SW	D4

◆ 아두이노와 부품 연결 방법

◆ 회로 구성

문제 해결 프로그램

소스 파일명 : 09_24_01.ino

```
01 #define vr_x A0
02 #define vr_y A1
03 #define sw 4
04
05 void setup() {
06   Serial.begin(9600);
07   pinMode(sw, INPUT_PULLUP);
08 }
09
10 void loop() {
11   int sw_value = digitalRead(sw);
12   Serial.print("sw_value: ");
13   Serial.print(sw_value);
14   Serial.print("¦¦");
15   int x_axis = analogRead(vr_x);
16   Serial.print("x_axis: ");
17   Serial.print(x_axis);
```

```
18    Serial.print("||");
19    int y_axis = analogRead(vr_y);
20    Serial.print("y_axis: ");
21    Serial.println(y_axis);
22    delay(100);
23  }
```

01 : vr_x 매크로를 상수화 시켜 A0로 초기화
02 : vr_y 매크로를 상수화 시켜 A1으로 초기화
03 : sw 매크로를 상수화 시켜 4로 초기화
07 : sw를 출력 핀, 내부 풀업 저항 사용 설정
11 : sw 상태를 digitalRead() 함수를 사용하여 값을 읽어서 sw_value에 저장
13 : 시리얼 모니터에 sw_value에 저장된 값을 출력
15 : vr_x 상태를 analogRead() 함수를 사용하여 값을 읽어서 x_axis에 저장
17 : 시리얼 모니터에 x_axis에 저장된 값을 출력
19 : vr_y 상태를 analogRead() 함수를 사용하여 값을 읽어서 y_axis에 저장
21 : 시리얼 모니터에 y_axis에 저장된 값을 출력

▶ 동작 동영상

https://youtu.be/MpKqiKBQHY8

조이스틱을 사용하여 LED 네 개 제어하기

학습 목표   조이스틱을 사용하여 동서남북 위치에 있는 LED 각각 제어해 보기

준비물   조이스틱(DM-101) 1개, LED 4개, 저항 220Ω 4개, 점퍼선 12개

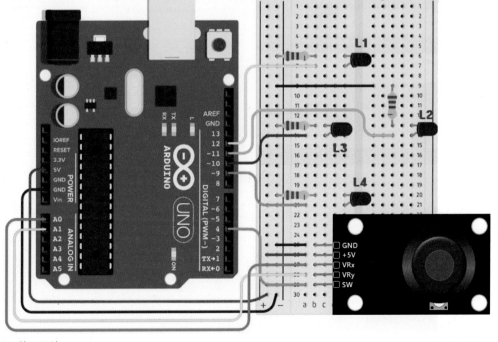

◆ 회로 구성

LED 1	LED 2	LED 3	LED 4	조이스틱	아두이노
−(저항)	−(저항)	−(저항)	−(저항)	GND	GND
·	·	··	·	+5V	5V
·	·	·	·	VRx	A0
·	·	·	·	VRy	A1
·	·	·	·	SW	D4
+	·	·	·	·	D12
·	+	·	·	·	D11
·	·	+	·	·	D10
·	·	·	+	·	D9

◆ 아두이노와 부품 연결 방법

문제 해결 프로그램

소스 파일명 : 09_24_02.ino

```
01 #define vr_x A0
02 #define vr_y A1
03 #define sw 4
04 int led_pins[4] = {12, 11, 10, 9};
05
06 void setup() {
07   Serial.begin(9600);
08   pinMode(sw, INPUT_PULLUP);
09   for (int i = 0; i < 4; i++) {
10     pinMode(led_pins[i], OUTPUT);
11   }
12 }
13
14 void loop() {
15   int sw_value = digitalRead(sw);
16   Serial.print("sw_value: ");
17   Serial.print(sw_value);
18   Serial.print("¦¦");
19   int x_axis = analogRead(vr_x);
20   Serial.print("x_axis: ");
21   Serial.print(x_axis);
22   Serial.print("¦¦");
23   int y_axis = analogRead(vr_y);
24   Serial.print("y_axis: ");
25   Serial.println(y_axis);
26   if (x_axis < 300) {
27     digitalWrite(led_pins[0], HIGH);
28   }
29   else if (x_axis > 700) {
```

```
30        digitalWrite(led_pins[3], HIGH);
31    }
32    else if (y_axis < 300) {
33        digitalWrite(led_pins[1], HIGH);
34    }
35    else if (y_axis > 700) {
36        digitalWrite(led_pins[2], HIGH);
37    }
38    else if (sw_value == LOW) {
39        for (int i = 0; i < 4; i++) {
40            digitalWrite(led_pins[i], HIGH);
41        }
42    }
43    else {
44        for (int i = 0; i < 4; i++) {
45            digitalWrite(led_pins[i], LOW);
46        }
47    }
48    delay(100);
49 }
```

01 : vr_x 매크로를 상수화 시켜 A0로 초기화

02 : vr_y 매크로를 상수화 시켜 A1으로 초기화

03 : sw 매크로를 상수화 시켜 4로 초기화

04 : 정수형 4개로 이루어진 전역 변수 led_pins을 배열 선언

08 : sw를 출력 핀. 내부 풀업 저항 설정

09 : for 문으로 i 값을 0에서 3까지 1씩 증가시켜 아래 코드에 대입

10 : 배열 인덱스를 사용하여 4개의 led 핀을 출력 핀으로 설정

※ led_pins[i] => led_pins[0] = 12, led_pins[1] = 11, led_pins[2] = 10, led_pins[3] = 9

26 : 만약에 x_axis가 300보다 작으면

27 : 디지털 12번 핀에 연결된 LED를 켜라(서쪽)

29 : 그렇지 않고 x_axis가 700보다 크면

30 : 디지털 9번 핀에 연결된 LED를 켜라(동쪽)

32 : 그렇지 않고 y_axis가 300보다 작으면

33 : 디지털 11번 핀에 연결된 LED를 켜라(북쪽)

35 : 그렇지 않고 y_axis가 700보다 크면

36 : 디지털 10번 핀에 연결된 LED를 켜라(남쪽)

38 : 그렇지 않고 sw_value 가 LOW(누름)이면

39 : for 문으로 i 값을 0에서 3까지 1씩 증가시켜 아래 코드에 대입

40 : 배열 인덱스를 사용하여 12번부터 9번까지의 LED 모두를 켜라

43 : 그밖에는

44 : for 문으로 i 값을 0에서 3까지 1씩 증가시켜 아래 코드에 대입

45 : 배열 인덱스를 사용하여 12번부터 9번까지의 LED 모두를 꺼라

▶ 동작 동영상

https://youtu.be/WZbdFGob-7I

조이스틱을 사용하여 서보모터 두 개와 LED 한 개 제어하기

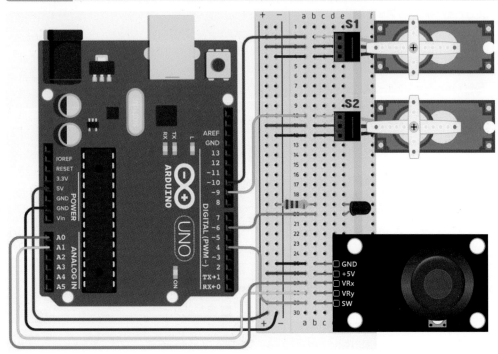

◆ 회로 구성

서보 모터 1	서보 모터 2	LED	조이스틱	아두이노
갈색	갈색	−(저항)	GND	GND
빨간색	빨간색	·	+5V	5V
·	·	·	VRx	A0
·	·	·	VRy	A1
·	·	·	SW	D4
주황색	·	·	·	D10
·	주황색	·	·	D9
·	·	+	·	D6

◆ 아두이노와 부품 연결 방법

문제 해결 프로그램

소스 파일명 : 09_24_03.ino

```
01 #include <Servo.h>
02 Servo my_servo1;
03 Servo my_servo2;
04 #define vr_x A0
```

```
05 #define vr_y A1
06 #define led 6
07 #define sw 4
08
09 void setup() {
10   Serial.begin(9600);
11   my_servo1.attach(10);
12   my_servo2.attach(9);
13   pinMode(led, OUTPUT);
14   pinMode(sw, INPUT_PULLUP);
15   my_servo1.write(0);
16   my_servo2.write(0);
17 }
18
19 void loop() {
20   int sw_value = digitalRead(sw);
21   Serial.print("sw_value: ");
22   Serial.print(sw_value);
23   Serial.print("¦¦");
24
25   if (sw_value == LOW) {
26     digitalWrite(led, HIGH);
27   }
28   else {
29     digitalWrite(led, LOW);
30   }
31
32   int x_axis = analogRead(vr_x);
33   Serial.print("x_axis: ");
34   Serial.print(x_axis);
35   Serial.print("¦¦");
36   int x_angle = map(x_axis, 0, 1023, 0, 180);
37   my_servo1.write(x_angle);
38
39   int y_axis = analogRead(vr_y);
40   Serial.print("y_axis: ");
41   Serial.println(y_axis);
42   int y_angle = map(y_axis, 0, 1023, 0, 180);
43   my_servo2.write(y_angle);
44
45   delay(15);
46 }
```

01 : Servo.h라는 라이브러리를 불러옴

02 : 서보모터 1을 제어할 객체 생성

03 : 서보모터 2를 제어할 객체 생성

11 : 서보모터 1을 디지털 핀 10번에 연결

12 : 서보모터 2를 디지털 핀 9번에 연결

15 : 서보모터 1을 처음 시작 시 회전 각도를 0으로 조정

16 : 서보모터 2를 처음 시작 시 회전 각도를 0으로 조정

25 : sw_value가 LOW(누름)이면

26 : led를 켜라

28 : 그밖에는

29 : led를 꺼라

36 : map() 함수를 사용하여 아날로그로 읽어드린 x_axis 값, 0〜1023을 0〜180으로 비례하여 변환해 x_angle 변수에
저장

37 : 서보모터 1을 x_angle 각도로 회전

42 : map() 함수를 사용하여 아날로그로 읽어드린 y_axis 값, 0〜1023을 0〜180으로 비례하여 변환해 y_angle 변수에
저장

43 : 서보모터 2를 y_angle 각도로 회전

 동작 동영상

https://youtu.be/aGkG4A_BAZs

참고 문헌

- 네이버 지식백과
- 위키백과
- 최상복, "산업안전대사전", 골드, 2004.
- https://www.arduino.cc/
- https://kocoafab.cc/
- https://roboindia.com/tutorials/arduino-lm35-temperature-sensor-2
- https://blog.naver.com/boilmint7/221911079454
- https://xantorohara.github.io/led-matrix-editor/#1824428181996600
- https://lastminuteengineers.com/mq3-alcohol-sensor-arduino-tutorial/
- https://m.blog.naver.com/yuyyulee/220325361752
- https://blog.naver.com/boilmint7/221911079454
- https://codingrun.com/
- https://blog.naver.com/PostView.nhn?isHttpsRedirect=true&blogId=kaiserkhan21&logNo=221038449097&widgetTypeCall=true
- https://www.youtube.com/watch?v=3e6GMl4Szwk&list=PLf8roV9OYDiHCOrnXllbrzbeQ0pJsaH8v
- https://www.youtube.com/watch?v=COXgb7lHl28
- https://www.youtube.com/watch?v=gtWSrDPtKUI
- https://www.youtube.com/watch?v=fJWR7dBuc18&list=PLGs0VKk2DiYw-L-RibttcvK-WBZm8WLEP
- https://github.com/adafruit/Adafruit_Sensor
- https://github.com/adafruit/DHT-sensor-library
- https://github.com/johnrickman/LiquidCrystal_I2C
- https://github.com/junwha0511/LiquidCrystal_I2C_Hangul
- https://www.arduino.cc/en/Tutorial/BuiltInExamples/toneMelody
- https://github.com/wayoda/LedControl
- https://www.tinkercad.com/

한 권으로 끝내는
두이노 입문+실전(종합편)
기초부터 수준 높은 프로젝트까지

서민우 저 | 20,000원

만들면서 배우는
아두이노와 40개의 작품들
기초 작품부터 다양한 사물인터넷 및 인공지능 작품
만들기까지

장문철 저 | 20,000원

블루투스와 와이파이 통신을 이용한
아두이노와 앱인벤터 입문+실전(종합편)
기초부터 인공지능, 스마트자동차, 스마트홈 등 수준 높은
프로젝트까지

장문철 저 | 20,000원

진짜 코딩하며 배우는 라즈베리파이 4
기초 예제부터 음성인식과 인공지능으로 대화하기
까지

서민우 저 | 21,000원